一生モノの
ジャズ・ヴォーカル
名盤500

後藤雅洋
Goto Masahiro

小学館新書

目次

*《PART 1》～《PART 3》の紹介アルバムのタイトル上段はオリジナル・タイトル、下段のカタカナ表記は国内盤タイトルです。国内盤が発売されていないアルバムはオリジナルの読みをカタカナ表記にしています。

まえがき

この本の目的は、多くの方々が想像している以上に幅広いスタイルがあるジャズ・ヴォーカルの魅力を、わかりやすく紹介することにあります。そのため、シチュエーション別で「お奨めアルバム」を選定する構成をとりました。

というのも、私たちは音楽を聴くとき、無意識のうちに「状況によって」聴く音楽を変えているからです。わかりやすい話、朝起きぬけに聴きたい音楽と、一日の仕事を終え、「さあ、ゆっくりしよう」というときに聴きたい音楽は、当然違うはずです。

ですから、どんな名盤でも、状況によってはしんどすぎたり、あるいは生ぬるく感じられたりするものなのです。一般論ですが、朝は爽やかな音楽、そして夕暮れから夜半にかけて聴きたいのは、落ち着いた音楽ではないでしょうか。もちろんそれ以外にも、気分を活性化させたいときや、疲れた心身を癒したいときなど、気分や状況によって聴きたい音楽は変わるはずです。

また、私たちは「歌」というとヒット・ソングを思い浮かべがちですが、じつをいうとある歌い手を好きになったり嫌いになったりする大きな理由は、歌っている歌もさることながら、「声質」に対する好みが思いのほか大きいのですね。

わかりやすいたとえをするなら、料理の話題の大きなテーマが「中華料理」や「フランス料理」だとしたら、人々の好みを決めているのは、それぞれ店ごとに微妙に違う「味付け」だ、ということにでもなるでしょうか。料理ジャンルが歌う「楽曲」なら、歌手の「声質」は味付けに当たります。

というわけでこの本ではそのときの「状況・気分」別に項目を分け、またサブジャンルとして「ハスキー・ヴォイス」や「ヴェルヴェット・タッチの声」といった、「声の質感」による分類も設けました。

多くの人がその日の気分によって「今日は焼き肉が食べたいな」とか、あるいは「さっぱり蕎麦といくか」といった具合に食事の献立を変えるように、この本の項目別、あるいは声質ガイドを参考にしていただき、「日替わりお好みメニュー」で多彩極まりないジャズ・ヴォーカルの世界を楽しんでいただければと思います。

５００枚のアルバムの選択基準は、「ジャズ・ヴォーカリストたちの名盤」だけではなく、「ジャズ・ヴォーカルとして聴いて面白いアルバム」も含めた、より幅広いものとしました。ですから、ビートルズのポール・マッカートニーから、ボサ・ノヴァ・シンガー、アストラッド・ジルベルトまで、極めて多彩なヴォーカリストのアルバムが含まれています。

　こうした選択方針を採った理由は、「ジャズ・ヴォーカルを通して、ジャズの魅力・聴き所にも触れていただきたい」という、サブテーマがこの本にはあるからです。サラ・ヴォーンやメル・トーメといった生粋のジャズ・ヴォーカリストのアルバムは、当然１００％ジャズ的ですが、ポピュラー・ミュージックに親しんできた方々にとっては、若干「敷居が高い」と感じられるかもしれません。

　他方、フランク・シナトラのようにポピュラー、ジャズの両ジャンルで評価されたヴォーカリストや、ロックの頂点を極めたポール・マッカートニーのような歌い手の「ジャズ的な歌唱」には、「ふだんの彼らの歌い方」とは少しばかり違った面が見えるはずです。そうしたところにご注目いただくことによって、他ジャンル音楽ファンにもジャズに親しんでいただきたいという「下心」が、この本には隠されているのです。

《PART 1》〝気分〟で聴くジャズ・ヴォーカルの名盤

第1章 目覚めのジャズ・ヴォーカル

―一日の始まりは前向きな歌声から―

＊ PART 1では声の質を下記の記号をつけて紹介しています。

B ビター（苦みの利いたコクのある声）
C クリア（明快な声）
D ディープ（深みを感じさせる声）
H ハスキー（掠《かす》れ声）
S ソフト（柔らかな声）
V ヴェルヴェット（なめらかな声）
W ウォーム（優しく温かみのある声）

このコーナーで紹介するヴォーカル・アルバムは、朝目覚めのとき聴くのにピッタリなものを選んでみました。誰しも朝起きぬけは頭もボーッとしており、身体もまだ活動態勢に入っておりません。

こういうときにあまり過激なサウンドや深刻な内容の音楽を聴いても、身体が受け付けず「消化不良」を起こしてしまいがちです。一日の始まりに聴くにふさわしい音楽は、次の条件を満たしていなければいけません。まずは「爽やか」であること。次いで、少しずつ穏やかに心身を活性化させること。

声質は明るい方がいいですね。そしてサウンド的には前向き。ただし、ビッグ・バンド・サウンドのようにあまり元気が良すぎても、これは逆効果。準備体操なしにスポーツをするような結果に終わりがち。

そうした条件を満たしていると思えるヴォーカル・アルバムを選んでみると、面白い結果が出てきました。圧倒的に白人歌手が多いのですね。例外はジョージ・ベンソンですが、彼も一昔前のブルース系黒人ヴォーカリストとは違い、70年代フュージョン・スターらしく声質、歌い回しともに軽やかで明るい。もうひとりの例外はサッチモ（ルイ・アームストロング）ですが、彼もここで挙げたアルバムは明るく爽やか。

このコーナーの典型はやはりジューン・クリスティあたりではないでしょうか。まずもって彼女の声は明るい。それもただ明るいだけではなくハスキーな明るさなのですね。ここがキモ。つまり、朝急にお日様を浴びちゃうと眩しいですが、紗のカーテン越しの陽の光ならOKということなのです。

そして重要なのは声の湿度感です。彼女の声に湿度計を当ててみれば間違いなく湿度30％以下。つまり爽やかなのです。誰だって朝は雨模様より晴れていた方が快適ですよね。白人歌手が多いということを別の視点で見ると、ロック、フォーク、ポップス寄りの歌唱が朝向きということでもあります。ジョニ・ミッチェル、ベッカ・スティーヴンス、そして大御所ビング・クロスビーなどの歌は、典型的黒人ヴォーカリスト、サラ・ヴォーンなどの歌唱に比べれば、相対的にあっさりしており、まだ完全に活性化していない身体でも受け止められるのです。

早い話、よほど頑健な胃腸の持ち主でなければ、朝からステーキやうな重はいくら美味しそうでも胃が受け付けないということなのです。

June Christy/June's Got Rhythm

H

ジューン・クリスティ/ジューン・ガット・リズム

①ロック・ミー・トゥ・スリープ
②ジプシー・イン・マイ・ソウル
③アイム・グラッド・ゼア・イズ・ユー
④誰も奪えぬこの想い
⑤スイングがなければ
⑥マイ・ワン・アンド・オンリー・ラヴ
⑦ホエン・ライツ・アー・ロウ
⑧アイ・キャン・メイク・ユー・ラヴ・ミー
⑨イージー・リヴィング
⑩ブルー・ムーン
⑪神の子はみな踊る

Capitol●1958年録音　DATA≫P289

目覚めのヴォーカルの必須条件は、明るくそして軽いこと。暗ければ気が滅入るし、重いのは勤労意欲を削ぐ。白人女性の声質は軽いのでまずこの条件はクリア。ただ、軽さが難しい。軽快と軽薄は紙一重。その差はやはり歌唱力と歌い手のスタンスが決める。クリスティの歌唱力に問題などないが、「スタンス」とはどういうことか。言ってみればこれはジャズに対するリスペクトのこと。してみれば、ちょっと凝りすぎとも思えるケントン・サウンドを引っ提げたジャズの研究家、ケントンのお眼鏡にかなったことが、すなわち合格の印。

　クリスティの個性は、彼女のトレード・マーク「ハスキー・ヴォイス」を分析すると見えてくる。同じ掠れ声で知られたアニタ・オデイはホットなハスキーなのに対し、クリスティはクール。また、ヘレン・メリルの声は陰影感のあるウェットなハスキーと言えるが、クリスティはむしろ明るくドライ。聴き所はそうした特徴が活きる「スイングがなければ」。

Andy Williams/Young At Heart　S
アンディ・ウィリアムス/ヤング・アット・ハート

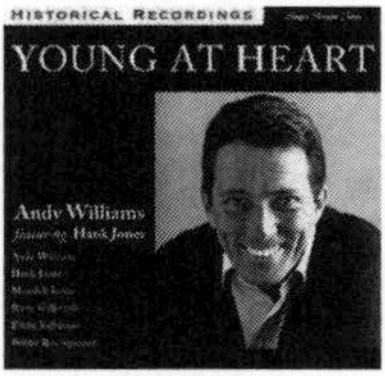

SSJ 1960年録音

DATA➤P316

ジャズとポップスはアメリカン・ミュージックという大きな坩堝の中で生まれた親戚音楽だ。だからアンディのようなもっぱらポップス・シーンで名を成した歌手でも、シチュエーションによっては極めてジャズ寄りな歌唱もこなせることがこのアルバムを聴くとよくわかる。聴き所は何といっても屈託のない軽やかさで、朝目覚めに聴くにはちょうどよい。

Betty Bennett/Nobody Else But Me　C
ベティ・ベネット/ノーバディ・エルス・バット・ミー

Atlantic 1955年録音

DATA➤P312

癖がなくスッキリとした声質は典型的な白人ヴォーカリスト。ジャズ・ヴォーカリストにしては上品でおしとやかな歌唱で、その分押し出しが弱いとも言えるが、これはこれで貴重な個性と言っていいだろう。聴き所はあまりメロディ・ラインをいじらない素直な歌唱であるにもかかわらず滲み出るしみじみとした情感で、言ってみれば昭和映画の好ましさ。

Bing Crosby/Bing: A Musical Autobiography　V
ビング・クロスビー/音楽自叙伝

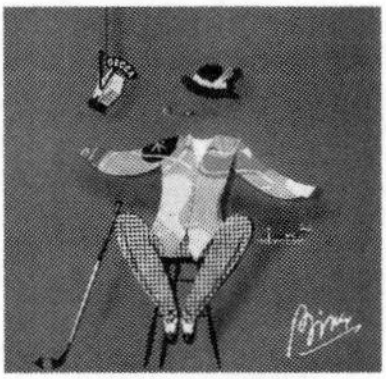

Decca 1954年発表

DATA➤P311

デッカ専属20周年を記念し、過去のヒット曲をビング自身のナレーションを交えて紹介した企画もの。彼が関わった2000枚を超えるレコードのうち、ビング自身が「私がよかろうと同意した何曲」という紹介が一番適切だろう。それにしても、聴いているだけでいい湯加減の温泉に浸かっている心地にさせてくれる歌い手は、彼ぐらいではなかろうか。

B：ビター　C：クリア　D：ディープ　H：ハスキー　S：ソフト　V：ヴェルヴェット　W：ウォーム

Cæcilie Norby/Cæcilie Norby

C

セシリア・ノービー

Blue Note 1994年録音

DATA>P309

64年デンマーク生まれ、セシリアのデビュー・アルバム。最初っから声に力があるので驚いた。歌に何を託そうとするのかが非常に明快なのだ。かといって極端なことをやっているわけではなく、ジャズ・ヴォーカルの王道に沿った唱法を採っているので、伝統的ジャズ・ファンならすぐ気に入るだろう。目玉は気合の入った「サマータイム」。

Cæcilie Norby/My Corner Of The Sky

C

セシリア・ノービー/マイ・コーナー・オブ・ザ・スカイ

Blue Note 1996年録音

DATA>P309

良い意味でジャケ写のイメージを裏切るヴォーカリストだ。見た目のかわいこちゃんぶりからは想像のつかない凛とした声がいい。けっしてお高くとまっているわけではないが、気位は高そう。その誇りは自分に向けられたものではなく、ジャズに対するリスペクトがもたらすものと歌声から伝わってくる。姿勢の正しい王道ジャズ歌手。

Camille Bertault/En Vie

C

カミーユ・ベルトー/アン・ヴィ

Sunnyside 2015年録音

DATA>P309

フェイスブックでのパフォーマンスが注目を浴びデビューという、いかにも21世紀的なフランスの新人女性ヴォーカリスト。聴き所は、ハンコック、ショーターといったジャズマンたちのオリジナル楽曲に自作詞を付けたトラック。聴き慣れたナンバーがフランス語詞に乗って繰り出される新鮮さ。カミーユ自身の自作曲も負けずに斬新。

Cleo Laine/Portrait　W

クレオ・レーン/ポートレイト

Philips 1970年代録音

DATA≫P306

アフリカ系イギリス人のクレオ・レーンはスケールの大きな歌手だ。若干ハスキーながら通りの良い明快な声質から繰り出される堂々たる歌唱は、聴き手の気分も壮大にさせる。楽曲によって親しみ深く語りかけるような調子も交える多彩な歌唱テクニックはなかなか。しかし一番印象的なのはオペラもこなせる彼女ならではの圧倒的な声の伸び感。

Dino: The Essential Dean Martin　S

ディーノ：ジ・エッセンシャル・ディーン・マーティン

Capitol, Reprise 1949-69年録音

DATA≫P305

シナトラ一家の俳優兼歌手として知られたマーティンはシナトラと同じイタリア系。このアルバムは彼が40年代から60年代にかけキャピトル、リプリーズに吹き込んだ楽曲を2枚組CDとしたもの。すべてがジャジーというわけではないが、アメリカン・ポップスがジャズから大きな影響を受けていることがよくわかる。嫌みのない気持ちの良い歌だ。

Dorothy Collins/Picnic　W

ドロシー・コリンズ/ピクニック

Coral 1957年発表

DATA≫P303

格好をつけるわけではないが、私はあまりジャケ買いはしない。その私が気に入っているのがコレ。まさに古き良き時代のアメリカ風景。しかしドロシーはカナダ生まれなのですね。どちらかというとポピュラー・シーンで活躍したのでジャズ界での知名度は低いが、素直で嫌みのない歌いぶりは聴き手の気持ちを和らげる効果抜群。

B：ビター　C：クリア　D：ディープ　H：ハスキー　S：ソフト　V：ヴェルヴェット　W：ウォーム

George Benson/Breezin'
D

ジョージ・ベンソン/ブリージン

Warner Bros. 1976年録音

DATA≫P297

　これぞ日本のフュージョン・ブームを決定的にしたエポック・メーキングなアルバム。しかし今聴くとベンソンの歌は思いのほか骨太なのですね。気合入りまくりの「ジス・マスカレード」を聴け！　確かにバック・サウンドは懐かしの“フュージョン”なのだが、歌に的を絞ればこれは真正ジャズ・ヴォーカル。ベンソンの深みを感じさせる声がじつにいい。

George Benson/Tenderly
D

ジョージ・ベンソン/テンダリー

Warner Bros. 1989年発表

DATA≫P297

「ブリージン」の大ヒットは今思い返すと問題もあった。それは“フュージョン名盤”のうたい文句に幻惑され、ベンソンのジャズ・ヴォーカリストとしての優れた資質が見えにくくなっていたこと。このアルバムはマッコイ・タイナー、ロン・カーターといった純ジャズ・ミュージシャンをバックに、縦横にスタンダードを歌いまくるベンソンが堪能できる。

George Benson/Inspiration
D

ジョージ・ベンソン/インスピレーション

Concord 2013年録音

DATA≫P297

　サブタイトルが「ア・トリビュート・トゥ・ナット・キング・コール」。冒頭には8歳のベンソンが歌う「モナ・リザ」が収録されている。健気懸命に情感を込めようとしているところが可愛い。しかし、この真摯な「気持ちの込めよう」は年月を経たこのアルバムでも変わっていない。テクニカルなスキャット・ヴォーカルも凄みがあり、彼の実力が知れる傑作。

Gisele MacKenzie/In Person At The Empire Room　C
ジゼル・マッケンジー/イン・パーソン

Everest 1959年録音

DATA≫P296

堂々とした歌だ。ジゼルは27年カナダ生まれ。だから英語だけでなくフランス語も堪能。50年代からはアメリカでも活躍。このアルバムはニューヨークのホテルでのライヴ・レコーディング。エミール・コールマン楽団の華麗な伴奏に乗って聴衆とのやり取りを交えつつ華やかに歌うジゼルは、なかなかのエンターティナー。声に特徴があり、そこが魅力。

Joni Mitchell/The Hissing Of Summer Lawns　C
ジョニ・ミッチェル/夏草の誘い

Asylum 1975年発表

DATA≫P290

「青春の光と影」で知られたロック・シンガー、ジョニ・ミッチェルがジャズの影響を受け始めた。このアルバムが発表された75年はフュージョンが注目されだしており、ジョー・サンプル、ラリー・カールトンらフュージョン・ミュージシャンがバックに参加している。まだ純ジャズ・ヴォーカリストとまではいえないが、個性的表現が全面に出てきている。

Joni Mitchell/Hejira　C
ジョニ・ミッチェル/逃避行

Asylum 1976年発表

DATA≫P290

ジャコ・パストリアスの参加が話題となり、ジョニが大物ジャズマンたちと共演するきっかけとなったアルバム。前作に比べ声の質感も力強くなり、明確な意志を感じさせる。バック・ミュージシャンの影響は思いのほか大きいのかも。個性的な彼女の歌唱スタイルは、後にレベッカ・マーティンなど現代ジャズ・ヴォーカリストに影響を与えることになる。

B：ビター　C：クリア　D：ディープ　H：ハスキー　S：ソフト　V：ヴェルヴェット　W：ウォーム

June Christy/Something Cool

ジューン・クリスティ/サムシング・クール

Capitol 1953-55年録音

DATA≫P289

ハスキー・ヴォイスで知られたクリスティの人気はこのアルバムから始まった。録音はモノラル。同じタイトルで似たジャケットのステレオ盤が60年に再録音され、曲目・曲順まで同じなので両者は混同されている。違いは若い時に吹き込んだこちらの方が声が若々しく、相対的にメロー。とはいえステレオ盤にも聴き所があるのでマニアは両方ゲット。

June Christy/The Misty Miss Christy

ジューン・クリスティ/ザ・ミスティ・ミス・クリスティ

Capitol 1955-56年録音

DATA≫P289

ジャズ・ヴォーカリストの実力は難曲をどう歌いこなすかで見えてくる。モンクの名曲「ラウンド・ミッド・ナイト」はその完成度の高さゆえ、マイルスなど一握りの大物でしか良さを活かしきれない難曲。それを、ふだんはクールなクリスティが思い入れたっぷりに見事に歌いこなしている。こうした場面では、ハスキー・ヴォイスが凄みとなっている。

June Christy/The Cool School

ジューン・クリスティ/ザ・クール・スクール

Capitol 1959年録音

DATA≫P289

「美声」と違いハスキー、つまり「掠れ声」は、聴き手の意識に一種の「引っ掛かり」を与える。だから慣れるまで嫌でもその部分に注目するうち、「愛好ポイント」に変わっちゃったりするところがジャズ・ヴォーカルの面白いところ。スモール・コンボをバックに明るいハスキーで迫るクリスティ、聴くほどに点数が上がってくる好アルバム。

June Christy/Something Cool [stereo] **H**
ジューン・クリスティ/サムシング・クール［ステレオ］

Capitol 1960年録音

DATA≫P289

　この再録音盤は歳のせいかハスキー度数が上がった分だけ個性が強烈。タイトルの「サムシング・クール」は何か涼しくなる飲み物のことだが、期せずして彼女の個性は“クール”。こちらの意味は「感情的にならず冷静」、またスラングとして「毅然とした冷静さがカッコいい」という含意もある。クールという点ではこちらのアルバムがわかりやすい。

Keely Smith/Keely Sings Sinatra **C**
キーリー・スミス/キーリー・シングス・シナトラ

Concord 2001年頃録音

DATA≫P288

　キーリー・スミスはアイリッシュ系白人とネイティヴ・アメリカンの血を引くヴォーカリスト。フランク・シナトラとの共演体験があり、このアルバムはシナトラが採り上げたナンバーを歌っている。聴き所はクリアーでストレートなキーリーの歌いぶりで、意外とこうしたタイプは少数派かもしれない。朝目覚めに聴けば、気分爽快に一日が始まる。

Kirsten Cambell/Key Of Love **C**
カーステン・キャンベル/キー・オブ・ラヴ

Marshmallow 1993年録音

DATA≫P287

　子供声というのだろうか、若干舌足らず風な発声が妙に魅力的だ。こういうのはひとつ間違えると「カマトト」（今風に言えば「ぶりっ子」か）的嫌みになりかねないが、カーステンは地からこういう声なので、すっと歌に入って行ける。彼女はカナダ出身でこのアルバムが初リーダー作。サイドはマニア好みのピアニスト、ジーン・ディノヴィ。

B：ビター　C：クリア　D：ディープ　H：ハスキー　S：ソフト　V：ヴェルヴェット　W：ウォーム

Louis Armstrong/Carifornia Concerts D
ルイ・アームストロング/カリフォルニア・コンサート

Decca 1951/55年録音
DATA>P284

聴き所はメドレー「シャドラック〜聖者の行進」。ところで「シャドラック」って何だ？じつはこれ旧約聖書に出てくる人名で、シャドラック、ミーシャク、アベデネゴという3人の若者がバビロンを目指して旅に出たというお話。また、「聖者」って、キリストのこと？って思っている方もおいでかと思うが、神様を信じている人たちのことも指している。

Margret/Com Voce W
マーグレット/コン・ヴォセ

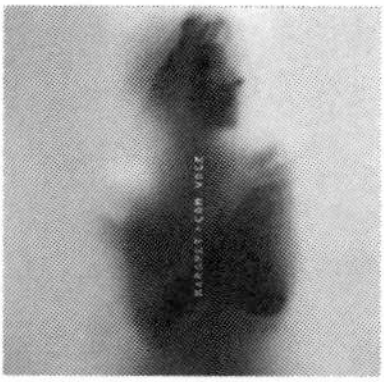

Sunnyside 2010年頃録音
DATA>P283

本名Margret Grebowicz、73年生まれ。ポーランドの哲学研究者にして何冊もの著作がある。彼女の唯一らしいアルバムがこれ。？マークが3つぐらい浮かびつつ聴けば、それが極上のジャズ・ヴォーカル。優しい声だ。商売っ気を感じさせない歌い方は素朴とも言えるが、けっして下手ではない。むしろ自然で真摯なスタンスが好感度を高めている。

Rosa Passos & Ron Carter/Entre Amigos S
ホーザ・パッソス&ロン・カーター/イパネマの娘

Chesky 2003年録音
DATA>P273

ホーザ・パッソスは52年ブラジル、バイーア地方生まれの新世代ボサ・ノヴァ・シンガー。故郷の大先輩ジョアン・ジルベルトに刺激され、ギターを手に歌い始める。このアルバムを聴くと全盛期60年代ボサと21世紀ボサの違いが見えてくる。ボサ・ノヴァの特徴である抑制された気怠さの質感が近代化され、明るくポジティヴな気分が増している。

Sara Gazarek/Distant Storm　C
サラ・ガザレク/ディスタント・ストーム

Core Port 2018年録音

DATA≫P272

サラ・ガザレクは西海岸シアトルに生まれ、カリフォルニアの音楽大学でジャズを学ぶ。明るく明快な声質はまさにウエスト・コースト・ジャズ。歌唱スタイルは真っ向勝負の剛速球。にもかかわらず強張ったところがなく優しさ、親しみを感じさせるのが魅力。バック・バンドも気合充分で、インストとヴォーカルが対等に渡り合う現代ジャズの典型。

Sara K./Closer Than They Appear　C
セーラ　K/クローザー・ザン・ゼイ・アピアー

Chesky 1991年録音

DATA≫P271

ジャズは混交音楽なので、隣接した音楽の影響を受けてきた。昔はブルース、ゴスペル、ソウル、少し経つとロック。だが、ある時期（80年代ぐらいか）からフォーク系のミュージシャンがかなりジャジーなテイストを感じさせるケースが増えてきた。セーラもそのひとり。ひと言でいうとジョニ・ミッチェルをもう少しソフトにした感じか。悪くない。

Stacey Kent/Breakfast On The Morning Tram　C
ステイシー・ケント/市街電車で朝食を

Parlophone 2007年録音

DATA≫P269

明るく爽やかな歌唱だ。チャーミングで癖がない。と言っても無個性ではなく、ちゃんと好ましい人柄を思わせるオリジナリティは備えている。そっと人の心の内に忍び込むような親しみ感があるが、押しつけがましさがないので安心して彼女の歌声に浸れ、オリジナル楽曲にも親しみを感じる。何とノーベル賞作家カズオ・イシグロの作詞も4曲含まれる。

B：ビター　C：クリア　D：ディープ　H：ハスキー　S：ソフト　V：ヴェルヴェット　W：ウォーム

Steve Haines And The Third Floor Orchestra C
スティーヴ・ヘインズ・アンド・ザ・サード・フロアー・オーケストラ

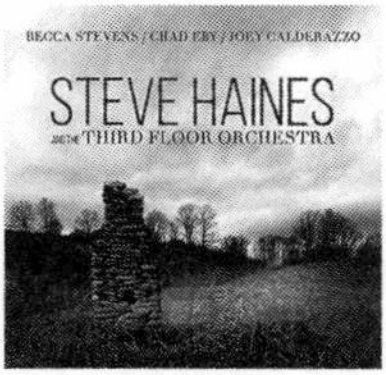

Justin Time 2019年録音

DATA ➤ P313

本書では、シチュエーションで区切り「気分に合わせた」アルバム紹介をしているが、ジャズは圧倒的に「夜の音楽」であることが浮き彫りにされた。そんな中、透明感のあるベッカ・スティーヴンスの歌声は朝に聴くに適した少数派。このスティーヴ・ヘインズの爽快なオーケストラ・サウンドをバックに歌うベッカは、まさに目覚めの音楽。

《PART 1》〝気分〟で聴くジャズ・ヴォーカルの名盤

第2章

夕暮れから深夜のジャズ・ヴォーカル

―日常を離れ、歌の世界へ―

あらかじめ予想していたことですが、ほとんどのジャズ・ヴォーカル・アルバムがこのコーナーに入ってしまうのですね。今更ながらジャズが「夜の音楽」であることを実感させられました。

その理由を考察する前に、まずもって受け手の心理状態を探ってみましょう。おおよその人は朝から午後にかけて仕事をし、夕暮れ時から夜にかけては寛ぎの時間帯となります。リラックス・タイムですね。そういうとき、人が求めるものは何か？　いろいろあると思いますが、私は「非日常性」を重要なキーワードとして挙げてみたいと思います。日々の仕事、それにまつわる煩雑な人間関係とは関わりないばかりでなく、日常生活とも関係のないもの。つまり「別世界の音楽」です。

音楽が耳に入る状況を考えてみると、職場の労働生産性を高めたりショッピングモールでの購買促進を目的とする「ＢＧＭ」のように、その場の状況に合った違和感のないものが多くある半面、あえて「違うもの」を求めるという受け手側の心理も少なからずあると思うのです。

そうしてみると、〝ジャズ〟はまさにこの条件を１００％満たしているのですね。まずもってジャズは「外来音楽」です。ジャズは１９６０年代以降ジャズ喫茶経由でファンの増加を見ましたが、同じ外来音楽である洋楽ポップス・ファンに比べれば、その数は十分の一にも満たないでしょう。ですから、多くの人々にとって〝ジャズ〟はいまだに「異次元音楽」なのです。結果、ジャズはヴォーカルに限らず「非日常的」であり続け、それを聴くことが仕事疲れを癒すための別世界ミニ・トリップ体験足りえるのです。

「歌」としての具体的条件となると、これもいろいろありますが、まずは「しっとり感」でしょう。声質でいえば、第一条件は味わい深い声ですね。「味」の中身は個性の多彩さを反映し、さまざまです。暖かみはまず大事、でも、渋さや苦みという「大人の味」があっても、夜なら心地よい異世界探訪として容易に受け入れられるのです。

　その条件に当てはまる歌い手はジャズ・ヴォーカルのど真ん中、エラ、サラ、カーメンは言うに及ばず、別格のカリスマ、ビリー・ホリデイから国民的歌手フランク・シナトラ、黒人男性歌手のトップに君臨するナット・キング・コールまで、まさに豪華絢爛です。

Sarah Vaughan/After Hours At London House D
サラ・ヴォーン/アフター・アワーズ・アット・ザ・ロンドン・ハウス

①ライク・サムワン・イン・ラヴ
②デトゥア・アヘッド
③スリー・リトル・ワーズ
④アイル・ストリング・アロング・ユー
⑤ユード・ビー・ソー・ナイス・トゥ・カム・ホーム・トゥ
⑥スピーク・ロウ
⑦オール・オブ・ユー
⑧サンクス・フォー・ザ・メモリー

Mercury●1958年録音　DATA≫P271

私たちがジャズ・クラブに行くのは日々の若干スクエアな職場環境や人間関係から逃れ、一種の「非日常空間」に遊びたいという心理が働いているんだと思う。だいたいにおいてジャズ・クラブは暗く、またそこで歌われる「ジャズ」も、ちょっと大袈裟ではあるけれど若干背徳的な匂いがしないでもない。例えばミステリーやスリラー映画では、よくジャズ・クラブのシーンが挿入されたりもする。

　これはそんなクラブ・ライヴの名盤。決定版とも思われたヘレン・メリルの「ユード・ビー・ソー・ナイス・トゥ・カム・ホーム・トゥ」を取り上げ、メリルとはまったく異なる風情を醸しだす技は見事としか言いようがない。続くこれも名曲「スピーク・ロウ」の素晴らしさは絶品。圧倒的な歌唱技術によって、余裕で聴衆の心情に分け入る様は圧巻。エンディングのちょっと気怠い「サンクス・フォー・ザ・メモリー」の背後の物音など、まさしく本場ジャズ・クラブの濃密な気配が横溢。

Aaron Neville/Nature Boy: The Standards Album S
アーロン・ネヴィル/ネイチャー・ボーイ

Verve 2003年録音

DATA≫P316

黒人男性ヴォーカリストというと腰が強く分厚い声質がイメージされがちだが、裏声の一種であるファルセットという秘密兵器があるのだ。ネヴィル・ブラザーズの一員アーロン・ネヴィルはその名手にしてソウル・テイスト満載の個性派R&B歌手。その彼が放つジャズ・アルバムからはスタンダードの可能性、情感表現の新たな魅力が迸る。

Anita O'Day/At Mister Kelly's H
アニタ・オデイ/アット・ミスター・ケリーズ

Verve 1958年録音

DATA≫P315

“ジャズ・ヴォーカリスト”の定義のひとつに、声を楽器のように使って自在にスキャットをこなす能力が挙げられる。アニタはこうした器楽的ジャズ・テクニックも完璧。ライヴの観客を前に、よく知られたスタンダード「ティー・フォー・トゥー」でみせるジャズマンたちとの達者なフレーズの交換は、じつに見事。ジャジーなセンスが光るライヴ盤。

Anita O'Day & The Three Sounds H
アニタ・オデイ&ザ・スリー・サウンズ

Verve 1962年録音

DATA≫P315

ブルーノート・レーベルで活躍した黒人3人組ピアノ・トリオ、ジーン・ハリス率いるスリー・サウンズと共演した異色作。聴き所は、ベニー・ゴルソンのペンによる名曲「ウィスパー・ノット」の名唱。コロコロと小気味よく弾むハリスのピアノに乗ってアニタがゆったりと歌い出すと、まさにアニタならではの気怠くも心地よい世界が浮かび上がる。

B：ビター　C：クリア　D：ディープ　H：ハスキー　S：ソフト　V：ヴェルヴェット　W：ウォーム

Beady Belle/Belvedere
ビーディー・ベル/ベルヴェデール

S

Jazzland 2008年発表

DATA≫P313

ビーディー・ベルはノルウェーの女性ヴォーカリスト、ベアテ・レックとベース奏者マリス・レクショーによるユニット。聴き所は、なんといっても心地よい気怠さを伴ったベアテの声。“セクシー”というのともちょっと違う親密感に満ちた声質には、不思議な魅力がある。曲想もポップで気軽に聴けるが、じっくり聴き込んでも飽きが来ない深みがある。

Billie Holiday/Billie Holiday
ビリー・ホリデイ/奇妙な果実

D

Commodore 1939/44年録音

DATA≫P311

リンチにあって木に吊るされた黒人を「奇妙な果実」に見立てた極めて深刻なタイトル曲が、ビリーのカリスマ・イメージを確立させた。聴くべきはビリーの共感力の深さと、それを裏付ける絶妙の歌唱テクニック。感動させようと「狙う」のではなく、また歌に「自己耽溺」するのでもない微妙な「距離感」が、言いようのない迫力を生む。

Billie Holiday/Solitude
ビリー・ホリデイ/ソリチュード

B

Clef 1952年録音

DATA≫P311

名プロデューサー、ノーマン・グランツ率いるクレフ（後のヴァーヴ）初吹き込み。聴き所はグランツらしい豪華な伴奏陣。トランペットのチャーリー・シェイバース以下サックスのフィリップ・フィリップスら、J.A.T.P.の錚々たるメンバーが彼女を支える。そしてそれに応えるようにビリーもしっとりとチャーミングな歌声を聴かせる。

Billie Holiday/All Or Nothing At All **B**
ビリー・ホリデイ/オール・オア・ナッシング・アット・オール

Verve 1956-57年録音

DATA≫P312

率直に言って、晩年のビリーの声には艶が失われ、フレージングにも若かりし頃の闊達さは見られない。しかし、作曲家が「私の書いた曲とは違うが、彼女の歌い方の方が良い」としたエピソードが示す、ビリーの天才的楽曲解釈の力は失われてはいない。楽曲を自分のものとし、そこに心情を込めるというジャズ・ヴォーカルの基本は貫かれている。

Carmen McRae/By Special Request **C**
カーメン・マクレエ/バイ・スペシャル・リクエスト

Decca 1955年録音

DATA≫P308

チャーリー・パーカーのバップ名曲「ヤードバード組曲」がこんなに優しい表情を見せるとは！　そして、男女の別れの歌「ジャスト・ワン・オブ・ゾーズ・シングス」を湿っぽくなくさらりと歌うカーメンは、まさに大人の歌手。彼女の「大人」たる所以を歌声から探ってみれば、毅然とした姿勢の良い歌唱のもたらす効果だということがよくわかる。

Carmen McRae/Torchy! **C**
カーメン・マクレエ/トーチ

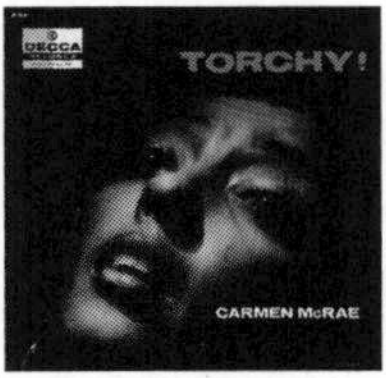

Decca 1955年録音

DATA≫P308

トーチとは松明のことで、「トーチ・ソング」と言えば、恋焦がれる心情を歌った歌。かみ砕けば「片想いの歌」とも言えるだろう。こうしたジャンルは歌い手のキャラクターによって微妙に訴えかけてくる気分に違いが出るもの。カーメンの恋心は切実ではあるけれどあまりジメジメしておらず、思いのほかクール。だから聴き手も安心して歌に浸れる。

B：ビター　C：クリア　D：ディープ　H：ハスキー　S：ソフト　V：ヴェルヴェット　W：ウォーム

Carmen McRae/Blue Moon　C

カーメン・マクレエ/ブルー・ムーン

Decca 1956年録音

□ DATA❯P308

ビル・エヴァンスの極め付き名盤『ワルツ・フォー・デビー』冒頭の名曲「マイ・フーリッシュ・ハート」を、カーメンが心を込めて歌い上げる。ドラマチックでありながらけれん味を感じさせない端正な歌いぶりは、彼女の優れた持ち味だ。張りのある明快な声質も、この楽曲の清冽な魅力を引き立てている。エヴァンスの名演に匹敵する名唱。

Carmen McRae/After Glow　C

カーメン・マクレエ/アフター・グロウ

Decca 1957年録音

□ DATA❯P308

レイ・ブライアント率いるピアノ・トリオをバックに、カーメンがしっとりと、そして切々とスタンダード名曲を歌い上げる。原曲に忠実ながら、微妙なメロディの「崩し」のテクニックによってカーメンらしさが浮き彫りとなる、ジャズ・ヴォーカルのお手本。数ある「マイ・ファニー・ヴァレンタイン」の極め付きが収録されているのも嬉しい。

Carol Welsman/Inclined　C

キャロル・ウェルスマン/インクラインド

Justin Time 1996年録音

□ DATA❯P307

キャロル・ウェルスマンは61年カナダ、トロント出身でバークリー音楽院を出た後、ピアノ、ヴォーカルをこなす実力派。明るく健康的な歌いぶりで歌唱テクニックもしっかりしており、ウルサ型が多いヴォーカル・ファンを満足させる力量は十分。軽やかなスキャット・ヴォーカルからメロディ・ラインに乗り替わる変わり身の見事さは、いかにも現代的。

Cassandra Wilson/Blue Skies　D
カサンドラ・ウィルソン/ブルー・スカイ

Bamboo/JMT 1988年録音

DATA≫P307

それまで、スティーヴ・コールマン率いるブルックリン派のメンバーとしてトンがった存在だったカサンドラが、微妙に方向転換を図ったアルバム。タイトルに象徴されるスタンダード・ナンバーを歌っているのだ。だが、その歌い様はやはり相当アヴァンギャルドで、従来のスタンダード解釈とは一線を画する斬新なもの。日本への紹介盤でもあった。

Cassandra Wilson/Traveling Miles　D
カサンドラ・ウィルソン/トラヴェリング・マイルス

Blue Note 1997-98年録音

DATA≫P307

タイトル通りマイルスを題材とした作品だが、本人がプロデュースしただけあって極めてカサンドラ的色彩の強いアルバムになっている。つまり具体的なマイルスの演奏というより、彼の音楽に対する前向きのスタンスに対するオマージュなのだ。聴き所はブルージーで密度の高い「レザレクション・ブルース」。カサンドラならではの深い声の効果が圧倒的。

Cassandra Wilson/Loverly　D
カサンドラ・ウィルソン/ラヴァリー～恋人のように

Blue Note 2007年録音

DATA≫P307

カサンドラにしては珍しい「恋人よ我に帰れ」など、よく知られたスタンダードを歌ったアルバムで、最初に買うカサンドラのアルバムに最適かもしれない。とはいえ、低く深みのある声質から繰り出されるユニークなフレージングに変わりはなく、80年代後半彼女の存在がジャズ・ヴォーカルを大きく変えたことが実感的にわかる内容でもある。

B：ビター　C：クリア　D：ディープ　H：ハスキー　S：ソフト　V：ヴェルヴェット　W：ウォーム

Chet Baker/It Could Happen To You　S
チェット・ベイカー/イット・クッド・ハプン・トゥ・ユー

Riverside 1958年録音

DATA➤P306

チェットをモデルにした優れた映画『ブルーに生まれついて』を観ると、彼の音楽のヒントがいくつか出てくる。彼、子供の頃から歌を歌うのが好きで、トランペットを習う前からよく歌っていたという。つまり、彼の歌は技巧的なものではなく自然体なのだ。だから、一聴ヘタウマみたいに聴こえるけれど、素直に聴き手の心に浸透してくるのだろう。

Chris Connor/Chris　H
クリス・コナー/クリス

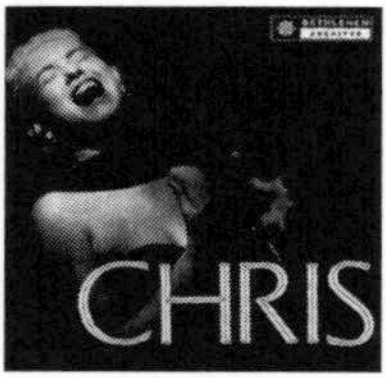

Bethlehem 1953-55年録音

DATA➤P306

アニタ・オデイのことを白人女性ヴォーカリストのトップに挙げたが、個人的好みではクリスがトップ。見事なダブル・スタンダード。好きの理由の第一はクリスならではのハスキー・ヴォイス。同じ「掠れ声」でも、彼女の霧の彼方から聴こえてくるような声はハートに直撃。聴き所はJ.J.ジョンソンらを従えた「この瞬間からは」の絶唱。

Chris Connor/Sings Lullabys Of Birdland　H
クリス・コナー/バードランドの子守歌

Bethlehem 1953-54年録音

DATA➤P306

「バードランドの子守歌」は名曲だけにサラ・ヴォーン、エラ・フィッツジェラルドといった大物黒人女性ヴォーカリストが採り上げている。しかし個人的感想であるけれど、この曲が人口に膾炙したのはクリスの名唱があったからではないか。逆にいえば、クリスの名がファンに知られたのはこのアルバムのおかげという見方もできるだろう。

Chris Connor/This Is Chris H
クリス・コナー/ジス・イズ・クリス

Bethlehem 1955年録音

DATA➤P306

アニタとクリスはともに西海岸の雄、スタン・ケントン楽団のバンド・シンガー。タイプこそ異なれともにハスキー・ヴォイス。私なりにその理由を考えた。おそらくはカリフォルニアの空のようなクリアーなケントン・サウンドとの対比を考え、あえてケントンは霞がかったクリスの声を使ったのでは。聴き所はハスキー効果満点の「スリル・イズ・ゴーン」。

Chris Connor/A Jazz Date With Chris Connor H
クリス・コナー/ジャズ・デート・ウィズ・クリス・コナー

Atlantic 1956年録音

DATA➤P306

ヴォーカリストは年齢による声質の変化は免れがたい。クリスも年を経るごとにハスキー度数が上がる。ベツレヘムからアトランティックへ、僅か1年後ではあるが若々しさから「熟女」(といってもまだ20代なのだが)の魅力を備えつつあるよう。しかしこれはこれでいいのだ。聴き所はマニア好みの好曲「ムーン・レイ」のしみじみとした味わい。

Chris Connor/Chris In Person H
クリス・コナー/クリス・イン・パーソン

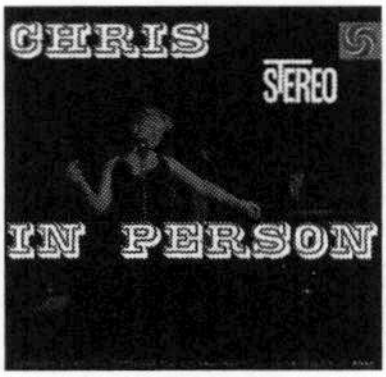

Atlantic 1959年録音

DATA➤P306

これぞアトランティック時代の最高傑作。勢い、ドライヴ感、どれをとっても極めて好調。名曲ながら完成度の高さゆえ難曲でもある「ミスティ」を、持ち前のハスキー・ヴォイスで見事にクリスの世界に。そしてこの頃から、歌に彼女ならではの感情表現が。おそらくは彼女の「男女観」に由来するのだろうが、そのベタつかないクールな感覚が好ましい。

B：ビター　C：クリア　D：ディープ　H：ハスキー　S：ソフト　V：ヴェルヴェット　W：ウォーム

Chris Connor/A Weekend In Paris

H

クリス・コナー/パリの週末

FM 1963年録音

DATA≫P306

このパリ録音はスタジオのせいもあるのだろう、ハスキー度数が好ましい方向でヴォルテージ・アップ。微妙な掠れ具合が聴き手の背筋をゾワゾワさせるのだ。それは聴覚というよりむしろ触覚刺激。「クライミー・リヴァー」での「迫り方」には尋常ならざる妖しい気配が漂う。ヴォーカルの魅力とは、畢竟声に対する好き嫌いだという説に1票。

Chris Connor/At The Village Gate

H

クリス・コナー/ヴィレッジ・ゲイトのクリス・コナー

FM 1963年録音

DATA≫P306

『クリス・イン・パーソン』と並ぶライヴ名盤。面白いのは年の功か4年後のこちらの方が醸しだす気分が落ち着いている。歌伴マンデル・ロウのギター効果か、安定感というのだろうかハスキー&クールはそのままながら暖かみが感じられるのだ。軽快に歌い飛ばす「セントルイスからはるばると」の洒脱な小気味よさは三十路を越えたからこそ。

Chris Connor/Classic

H

クリス・コナー/クラシック

Contemporary 1986年録音

DATA≫P306

御年59歳、熟年クリスの声は1オクターヴも下がったよう。ハスキー・ヴォイスも迫力を増す。しかしこれがいいのだ。あたかも年代物シングルモルトのような芳醇なコクが聴き手の気分を豊かにさせる。「人生経験の厚み」といった陳腐な形容が頭をよぎるが、やはりこの歌声には歳を重ねた自信と、それによる「存在の確かさ」が確実に宿っている。

Diana Krall/When I Look In Your Eyes　H

ダイアナ・クラール/ホエン・アイ・ルック・イン・ユア・アイズ

Verve 1999年発表

DATA≫P304

歌い手にも果実のような「食べ頃」がある。ある程度熟さないと甘み旨みが出てこない。デビューから数年、クラールならではの持ち味が誰にでもわかるレヴェルに達した傑作。通好み名曲「レッツ・フェイス・ザ・ミュージック・アンド・ダンス」で聴かせる、ふてぶてしい（褒め言葉です）ほどの余裕が聴き手を強引にクラール・ワールドに惹き込むのだ。

Diana Krall/The Look Of Love　H

ダイアナ・クラール/ザ・ルック・オブ・ラヴ

Verve 2001年録音

DATA≫P305

ジャズ・ヴォーカリストの定義、その一。歌を自分のものとすること。ダイアナはそれを自信をもってやれるようになった。誰にでも原曲のメロディがわかるストレートな歌い方なのに、フレーズ、声質から極めて色濃いクラール色が滲み出ている。「お色気」といってしまえば簡単だが、それに留まらないサムシングを彼女は持っている。

Diana Krall/Turn Up The Quiet　H

ダイアナ・クラール/ターン・アップ・ザ・クワイエット

Verve 2017年録音

DATA≫P304

クラール・フルーツの味わいはいよいよ濃厚の度合いを増している。セクシーという発想は男性目線だが、クラールの歌声はむしろ強い女からの挑発なのですね。草食系男子はこのアマゾネス・ヴォイスに耐えられるのだろうか、などと無粋な想像を誘う強力声。このテイストは明らかに現代的。そしてそれが極めてジャジーな味わいを醸しだしている。

B：ビター　C：クリア　D：ディープ　H：ハスキー　S：ソフト　V：ヴェルヴェット　W：ウォーム

Dianne Reeves/For Every Heart **C**
ダイアン・リーヴス/フォー・エヴリー・ハート

TBA 1984年録音

DATA➤P304

一昔前は大方の爺《じじ》いファンと同様にフュージョンを毛嫌いしていたが、最近それが偏見だとわかってきた。当たり前だがものによりけりなのだ。とりわけヴォーカルではフュージョン・サウンドが歌い手を活かすケースがあることに気がついた。このアルバムがいい例で、ダイアンは無理にジャズっぽくするより軽やかなバックで伸び伸び歌った方が良い。

Ellen Andersson/I'll Be Seeing You **H**
エレン・アンデション/アイル・ビー・シーイング・ユー

Prophone 2016年録音

DATA➤P300

エレンは91年スウェーデン生まれというのだから、当時まだ20代半ば。それにしてはいささか濃厚な味わいを持った歌い方をする。声質はキュートなのだが、インパクトが強いのだ。聴き所は、北欧を代表するトランペッター、アルト奏者がゲスト参加することで、単なるヴォーカル＋歌伴でないジャズ・テイストに満ちたアルバムになっているところ。

Esther Phillips/And I Love Him **B**
エスター・フィリップス/アンド・アイ・ラヴ・ヒム

Atlantic 1964年録音

DATA➤P300

エスターは一聴してわかる極めてブルージーなテイストが聴き所。それだけに、タイトルともなっているビートルズ・ナンバーを歌っても完全に彼女の歌になっている。かなりアクの強いタイプなので好き嫌いも出そうだが、黒人的唱法が好きな方なら気に入るはずだ。えぐ味とも思える超個性的声質でシャウトするスタイルはまさしくR&B。

Esther Phillips/Confessin' The Blues　B
エスター・フィリップス/コンフェッシン・ザ・ブルース

Atlantic 66/70年録音

DATA▶P300

ブルース・シンガーとしてのエスターの魅力が満喫できるアルバムで、66年のスタジオ録音と70年のロスでのライヴからなっている。刺激的とも思える味の濃い歌いぶりはまさに正統ブラック・ミュージック。スタンダード「アイ・ラヴ・パリ」「バイ・バイ・ブラック・バード」の解釈も完全にR&B調で、このあたりの強引さはかえって小気味よい。

Frank Sinatra/Swing Easy! & Songs For Lovers　S
フランク・シナトラ/スイング・イージー&ソングス・フォー・ラヴァーズ

Capitol 1953-54年録音

DATA▶P298

25センチLP２枚をまとめたシナトラ入門お徳用CD。軽やかに明るく歌い飛ばすが、その歌唱テクニックは飛び切り。よく知られたスタンダード「マイ・ファニー・ヴァレンタイン」を原曲に忠実にていねいに歌い上げるが、そこに込められた感情表現の深みはシナトラならでは。彼がポピュラー、ジャズの双方で一流視された理由がよくわかる名盤。

Frank Sinatra/Only The Lonely　S
フランク・シナトラ/オンリー・ザ・ロンリー

Capitol 1958年録音

DATA▶P298

シナトラの凄みを見せた極め付き名盤。要するに失恋バラード集なのだが、幾多の女性遍歴を経たシナトラならではのリアルな手応えが強烈。じつは悲惨な歌「エンジェル・アイズ」での激烈とも思える感情表現の迫力。彼が単なるポピュラー・スターに留まらないホンモノであることを知らしめる絶唱だ。ただ、気軽に聴けないという説も一理あり。

B：ビター　C：クリア　D：ディープ　H：ハスキー　S：ソフト　V：ヴェルヴェット　W：ウォーム

Frankie Randall/Sings And Swings S
フランキー・ランドール/シングズ・アンド・スウィングズ

RCA 1964年録音

DATA>P297

別名チコ・ランドールでもアルバムを出しているフランキーは、38年生まれのイタリア系。その縁で同じイタリア系のシナトラの前で歌ったこともあるという。知名度こそないが歌は本格派。若干苦みを感じさせる声から繰り出される張りあるフレーズはなかなか心地よい。テクニシャンとは言えないが、真剣味を感じさせる情感表現は悪くない。

Georgia Gibbs/Music And Memories B
ジョージア・ギブス/ミュージック・アンド・メモリーズ

Mercury 53-55年録音

DATA>P296

52年に情熱的なヒット曲「キッス・オブ・ファイア」でポピュラーな人気を獲得したギブスのジャズ・アルバム。ポップな感じはしないが迫力に満ちた歌いぶりはポピュラー・シンガー時代と変わらない。とにかく歌詞を確信を込め力強く歌うのが特徴で、それが彼女の歌を確かなものにしている。ジャケットのイメージとは裏腹だが力のある歌手だ。

Harry Connick Jr./Blue Light, Red Light S
ハリー・コニック・ジュニア/ブルー・ライト、レッド・ライト

Columbia 1991年録音

DATA>P296

めちゃくちゃ歌が上手い。しかも嫌みがない。ハリーを初めて聴いたときの感想だ。こうしたタイプはじつは少ないんですね。上手い人は得てして「どうだ、凄いだろう」と鼻に付くところがある。それがないのは彼がホンモノの歌い手だという証拠。明らかにシナトラの影響を受けつつもそれを血肉化し、自分の表現、スタイルとしているところが凄い。

Harry Connick Jr./In Concert On Broadway **S**

ハリー・コニック・ジュニア/イン・コンサート・オン・ブロードウェイ

Columbia 2010年録音

DATA＞P295

デビューから20年、ハリーはほんとうに大歌手になった。歌の巧さに磨きがかかり、声に味わいが出ている。このアルバムはブロードウェイの大舞台でのライヴ・レコーディング。観客に臆することなく自分の歌を歌い切る、シナトラばりエンターテイナーの風格がじつにチャーミング。彼はアメリカン・ショービズの伝統に連なるジャズ・ヴォーカリストだ。

Helen Merrill/Parole E Musica **H**

ヘレン・メリル/ローマのナイトクラブで

RCA 1960年録音

DATA＞P295

曲間に挿入されるイタリア語の詩が独特の気分を醸しだし、それに誘われるようにしてメリルが悩ましく歌い出す。異色作ながらこの演出は素敵。メリルがローマに滞在中に当地で録音し、バックにはトランペッター、ニニ・ロッソが参加している。デビュー時に比べ、メリルの歌に自由で闊達な勢いが加わっており、それがこのアルバムの魅力でもある。

Helen Merrill/The Feeling Is Mutual **H**

ヘレン・メリル/ザ・フィーリング・イズ・ミューチュアル

Milestone 1965年録音

DATA＞P294

アメリカ『ダウンビート誌』で最高ランク五つ星を取ったアルバム。サド・ジョーンズのトランペット、ジム・ホールのギターといったトップランクのバック・バンドを従え、「スイングがなければ意味がない」「恋とは何でしょう」といったスタンダード・ナンバーを活き活きと歌った60年代の傑作。若かりし頃の「待つ女」のイメージから大人の女性へ脱皮。

B：ビター　C：クリア　D：ディープ　H：ハスキー　S：ソフト　V：ヴェルヴェット　W：ウォーム

Helen Merrill/Collabolation H

ヘレン・メリル/コラボレーション

EmArcy 1987年録音

DATA≫P295

マイルスの懐刀と呼ばれた名アレンジャー、ギル・エヴァンスとメリルの共演作。87年の録音だが、ギルは初期メリルのアレンジを担当しており、これは久しぶりの共同作業。それだけにふたりの息は合っており、ギルのひねりの効いたサウンドの上でメリルが自在に創造力を羽ばたかせている。「アイム・ア・フール・トゥ・ウォント・ユー」が良い。

Hoagy Carmichael/Hoagy Sings Carmichael W

ホーギー・カーマイケル/ホーギー・シングス・カーマイケル

Pacific Jazz 1956年録音

DATA≫P294

年配の方なら60年代にTV放映された『ララミー牧場』の爺や役として覚えのあるカーマイケルは、れっきとした作曲家。その彼が自作曲を歌ったアルバムがこれ。目玉は冒頭に収録された名曲「わが心のジョージア」とサイドに参加したアート・ペッパーのアルト・ソロ。カーマイケルの歌はけっして巧くはないが、何とも言えないほのぼのとした味わいがある。

Ivy Steel/Reincarnation B

アイヴィ・スティール/リインカーネーション

Innovation 1980年録音

DATA≫P294

カリスマ・ヴォーカリスト、ビリー・ホリデイに魅せられたヴォーカリストは多いが、アイヴィ・スティールもそのひとり。気怠げな声質やフレーズを引きずるような歌い回しなど、ホリデイのイメージを巧く写し取っている。それも似せようとしているというより、もともと似ていたんじゃないかと思わせるところがうまい。悪くないアルバムだ。

Jo Stafford/Jo+Jazz　H
ジョー・スタッフォード/ジョー＋ジャズ

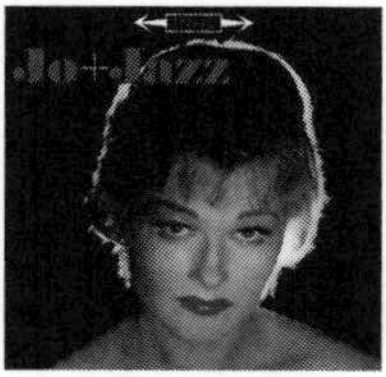

Columbia 1960年録音

DATA≫P292

『ニューヨークの秋』から５年、スタッフォードの歌いぶりも微妙に変化している。大人の包容力が魅力の歌い手から、都会的洒脱さも併せ持ったヴォーカリストに進化。声質も若干鼻にかかったようなハスキー・ヴォイスに明瞭さが加わり、その分お洒落感が増している。あまりメロディ・ラインを崩さない歌い方はポピュラー・ファンにも受けそう。

Joe Henry/Scar　B
ジョー・ヘンリー/スカー

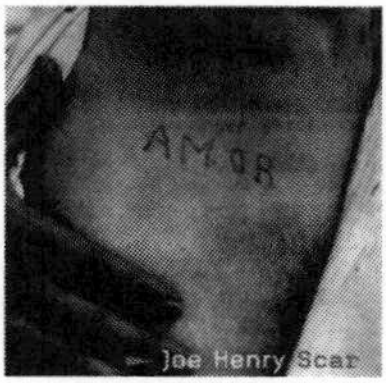

Mammoth 2000年録音

DATA≫P291

オーネット・コールマンが歌伴をやっているんで買ってみたが、ロック畑のソング・ライター、ジョー・ヘンリーが最高。苦みの利いた声も良ければ、渋さの極致のようなヴォーカルがたまらない。ブラッド・メルドー、マーク・リボー、ミシェル・ンデゲオチェロらが紡ぎだすバック・サウンドも極めて質が高い。知られざる男性ヴォーカル名盤。

John Coltrane & Johnny Hartman　D
ジョン・コルトレーン&ジョニー・ハートマン

Impulse 1963年録音

DATA≫P290

面白い組み合わせだ。ハードコア路線一直線のコルトレーンとソフト・アンド・マイルドなハートマン。明らかにこれはプロデューサー、ボブ・シールがコルトレーンの軌道修正を狙った企画だろう。その思惑はうまくはまり、まったく違和感のないアルバムに仕上がっている。成功の秘密は両者に共通するブラックネスが良い接着剤となったのではないか。

B：ビター　C：クリア　D：ディープ　H：ハスキー　S：ソフト　V：ヴェルヴェット　W：ウォーム

Julie London/Julie Is Her Name H

ジュリー・ロンドン/彼女の名はジュリー

Liberty 1955年録音

DATA≫P289

このアルバム収録の「クライ・ミー・ア・リヴァー」の大ヒットで一躍歌手としての名を上げたジュリーの出世作。トレード・マークである煙ったような掠れ声、スモーキー・ヴォイスで「涙が河になるまで泣いて、私はあなたを想って泣いたから」などと歌われ、グッと来ない男はいない。ジュリーは完全男性向き歌手としてデビューしたのだった。

Julie London/Julie Is Her Name Vol.2 H

ジュリー・ロンドン/彼女の名はジュリーVol.2

Liberty 1958年録音

DATA≫P289

ヒット作から3年後、セクシー・ダイナマイトの2弾目は思いのほか繊細。というか、歌の内容によって微妙に女心のありようを描き分けている。コケットリーに迫るだけでなく、思い悩む乙女心やちょっとコミカルな味付けなど、心情表現において多彩なのだ。これは彼女が当初女優から芸能生活をスタートさせていることが功を奏しているようだ。

Julie London/Around Midnight H

ジュリー・ロンドン/アラウンド・ミッドナイト

Liberty 1960年録音

DATA≫P289

名曲だけに個性的表現が難しい「ラウンド・ミッドナイト」「ミスティ」といった名曲をジュリーはサラリと歌い流す。無理にメロディ・ラインを崩してジャジーな感じを出そうとせず、自然体で歌う。これこそが彼女の個性なのだ。ハスキー・ヴォイスに落ち着きが出てきて、たんなるセクシー歌手に留まらない存在感を醸しだしている。

Karin Krog/By Myself　B
カーリン・クローグ/バイ・マイセルフ

Philips 1964年録音

DATA≫P289

カーリン・クローグは37年ノルウェーのオスロ生まれ。若干癖のある歌い方をするが、ジャズ的表現方法としては極めて正統派。つまり楽曲を素材として自己表現をするタイプ。このアルバムは彼女のデビュー・アルバムと言えるもので、既にスタイルは完成されている。聴き所は完璧とも思える歌唱テクニックから繰り出される、苦みの利いた声の魅力だ。

Karin Krog/Something Borrowed, Something New　B
カーリン・クローグ/サムシング・ボロウド、サムシング・ニュー

Meantime 1989年録音

DATA≫P288

ケニー・ドリュー・トリオをバックに、年輪を重ねたクローグが新境地を示した好盤。若い頃に比べ、メロディへの添い方が素直でオーソドックスになっている。とは言え、独特の癖のある声質、ユニークな歌い回しは健在で、個性的なクローグらしさに変わりはない。聴き所はしっとりと情感豊かに歌い上げる「マイ・フーリッシュ・ハート」。

Keiko Lee/Kickin' It　H
ケイコ・リー/キッキン・イット

Sony 1996年録音

DATA≫P288

リーはもともとピアニストとして活動していただけあり音楽的バックグラウンドがしっかりしている。それが歌唱にも表れており、いささか低めのドスの効いたハスキー・ヴォイスから繰り出されるフレーズは、極めてジャジー。奇才リー・コニッツがバックに加わるなど、アルバム制作自体極めて力が入っており、新人歌手に対する期待の高さが伝わってくる。

B：ビター　C：クリア　D：ディープ　H：ハスキー　S：ソフト　V：ヴェルヴェット　W：ウォーム

Kip Hanrahan/Vertical's Currency

B

キップ・ハンラハン/ヴァーティカルズ・カレンシー

American clavé 1984年録音

DATA≫P287

元クリームのジャック・ブルースも、ハンラハンの手にかかると持ち前の苦みの効いた声質を持った魅力的なジャズ・ヴォーカリストに早変わり。もちろんそれも、デヴィッド・マレーら腕っこきジャズマンたちが刺激的なバック・サウンドを提供していることが大きいが、何より力のあるロック・スターは状況に応じ何でもできちゃうんだ。

Kip Hanrahan/Tenderness

B

キップ・ハンラハン/テンダネス

American clavé 1988-90年録音

DATA≫P287

言うまでもないがキップ・ハンラハンは歌手ではない。しかし彼のプロデュースするアルバムにおけるヴォーカル、ヴォイスの役割は極めて大きい。というか、ヴォーカル抜きでは成立しないコンセプトでもある。だからスティングはじめ多くの歌手が参加しているこのアルバムを、ヴォーカル・アルバムとして捉えてみる視点は重要だ。

Kip Hanrahan/Beautiful Scars

B

キップ・ハンラハン/ビューティフル・スカーズ

American clavé 2004-07年録音

DATA≫P287

じつをいうと自宅ではほとんどジャズを聴かない。店で一日中聴いているから、プライヴェートでは違うテイストの音楽を聴く。例外的なのがハンラハンで、とりわけこのアルバムは極めて頻繁に聴いている。ブランドン・ロス以下、ハンラハンにしか出せない味付けのヴォーカル、ヴォイスには、何度聴いても飽きない奥の深さがある。

Lady Kim/Left Alone　B
レディ・キム/レフト・アローン

Eighty Eight's 2003年録音

DATA≫P287

キムはミュージカルでビリー・ホリデイ役を演じ話題となった。確かにビリーに似た苦みの利いたコクのある声質だ。だが彼女の魅力はビリーとは違うところにある。歌詞をていねいに歌い深い心情を伝えるところは同じだが、もう少し親しみやすいのだ。ビリーが近寄り難いカリスマとすれば、キムは若干ミステリアスだがふつうの女性。タイトル曲が絶品。

Lee Wiley/Night In Manhattan　W
リー・ワイリー/ナイト・イン・マンハッタン

Columbia 1950-51年録音

DATA≫P286

アメリカが良かったのは50年代だそうだ。まだベトナム戦争は始まっていない。このアルバムを聴けば誰しもが豊かなアメリカならではの豪奢な気分に浸れる。イメージとしては着飾った紳士淑女がシャンパンを飲みつつ寛ぐパーティ。ほら、よく映画に出てくるでしょう、そういうシーンが。ワイリーは歌で私たちの心に極上のシャンパンを注ぐ。

Leny Andrade/Luz Neon　H
レニー・アンドラーヂ/ネオンの輝き

Eldorado 1989年録音

DATA≫P286

ブラジル音楽とジャズが巧い具合に融合した好例。ハスキーでドスの効いたアンドラーヂの歌声には、ブラジリアンらしいゆったりとしたリズム感とジャジーなテイストが違和感なく混在している。名曲「ウェイヴ」の気合の入った歌唱からは本場もんの凄みが伝わってくると同時に、彼女がボサ・ノヴァ歌手の枠に収まらないのがよくわかる。

B：ビター　C：クリア　D：ディープ　H：ハスキー　S：ソフト　V：ヴェルヴェット　W：ウォーム

Lorez Alexandria/Deep Roots W

ロレツ・アレキサンドリア/ディープ・ルーツ

Argo 1962年録音

DATA➤P285

キング・コールら名だたる大物男性歌手が歌った「ネイチャー・ボーイ」の女性ヴォーカル盤はこれで決まり。原曲の良さを活かしつつ、じつに素直にロレツの味を出した名唱。彼女の聴き所は押しつけがましさのないブラック・テイスト。サラ・ヴォーンの黒っぽさとカーメン・マクレエの情感表現を上手く継承した次世代シンガーがロレツなのだ。

Lorez Alexandria/The Great W

ロレツ・アレキサンドリア/ザ・グレート

Impulse 1964年録音

DATA➤P285

黒人女性ジャズ・ヴォーカリストの特徴・魅力を上手い塩梅に兼ね備えた歌い手がロレツだ。それだけに突出した個性を持つサラ・ヴォーンなどに比べると知名度は落ちるが、ロレツならではの好ましさはさりげない感情表現にある。誰でもない自分の心持ちが自然に歌に表れている。聴き所は深い情感のこもった「マイ・ワン・アンド・オンリー・ラヴ」。

Lorez Alexandria/More Of The Great W

ロレツ・アレキサンドリア/モア・オブ・ザ・グレート

Impulse 1964年録音

DATA➤P285

このあたりからロレツは素直さ、自然さに加え、積極的に歌作りを行っている。つまり良い意味での演出だ。自分の持ち味を理解した上で、より聴き手にわかりやすく歌のメッセージを伝えようとするスタンスは悪くない。そのせいか、歌に自信と軽やかさが出てきた。それを積極的にプッシュするのがウィントン・ケリーの軽快なピアノ。これも聴き所。

Marvin Gaye/The Soulful Mood Of Marvin Gaye S
マーヴィン・ゲイ/ソウルフル・ムード

Tamla 1961年録音

DATA≫P282

ソウル界の大物マーヴィン・ゲイの初リーダー作。意外な事実だが、彼はシナトラ、キング・コールに憧れ、ジャズ・ヴォーカリストとしてデビューしようと思ったのだった。「マイ・ファニー・ヴァレンタイン」など確かにジャズなのだが、随所に顔を出す哀感はむしろソウル的。このアンビバレンスが不思議な魅力を醸しだしている。

Marvin Gaye/A Tribute To The Great Nat King Cole S
マーヴィン・ゲイ/ナット・キング・コールに捧ぐ

Tamla 1965年録音

DATA≫P282

キング・コールへの追悼盤。アレンジ、唱法に至るまでオリジナルのスタイルを踏襲しているにもかかわらず、出てくる歌には紛れもないマーヴィン・カラーが刻印されている。同じ黒人でもキング・コールの声には深みがあるが、マーヴィンはもっと軽やか。そして何より、彼の歌が醸しだすそこはかとない哀感はソウル・シンガーならではの魅力だ。

Matt Dennis/Plays And Sings B
マット・デニス/プレイズ・アンド・シングス

Kapp 1953年録音

DATA≫P282

多くのジャズ・ミュージシャンたちによって演奏され、歌われた名曲「エンジェル・アイズ」の作曲者が、自ら弾き語りで自作曲を歌ったマニア好みの一枚。けっして美声とはいえないが、クラブ・ライヴならではのくだけた雰囲気の中で自在にオリジナルを歌うデニスは、じつに粋。絵に描いたような都会的洒脱さだが、自作曲を歌う自信が歌に説得力を与えている。

B：ビター　C：クリア　D：ディープ　H：ハスキー　S：ソフト　V：ヴェルヴェット　W：ウォーム

Matt Dennis/Welcome Matt Dennis B

マット・デニス/ウェルカム・マット・デニス

Jubilee 1959年録音

DATA>P282

白人男性ジャズ・ヴォーカリストは都会的洒脱さを目指すケースが多いが、デニスはその典型。目指すと言っても、それが出来る歌い手は限られている。彼がほとんど「素」でジャズの洗練を体現できるのは、作曲者でもあることが効いているのかもしれない。美声とは言えないが繊細な歌唱テクニックで「歌」のキモを描き出す技は、一聴の価値あり。

Mellonie Irvine/You've Changed W

メロニー・アーヴァイン/ユーヴ・チェインジド

SSJ 2005-07年録音

DATA>P281

声がたいへん魅力的。大枠ではセクシー系に分類されるのかもしれないが、メロニーの「甘声」にはそれに留まらないサムシングがある。男性を誘惑しているようでいてじつはクール。あるいは世間話でも盛り上がれる気さくな女性とか。だいぶ「歌」から話が逸れたが、これらの「思い込み」はすべて彼女のただならぬ歌唱的テクニックの故とみた。

Molly Johnson/Another Day H

モリー・ジョンソン/アナザー・デイ

Marquis 2002年録音

DATA>P280

一聴してわかる個性派だ。完全に自分のスタイルを持っている。気怠く虚空に投げかけるような歌いぶりは独特。とはいえ、ジャズ度数は極めて高く、そういう意味ではジャズ・ヴォーカルの王道。心持ちハスキーな声からは明確な意志を持った女性像が浮かび上がる。一聴アンニュイ派のようにも思えるが、歌詞をていねいに歌い込む姿勢は正統派。

Nancy Wilson/If I Had My Way　D
ナンシー・ウィルソン/イフ・アイ・ハド・マイ・ウェイ

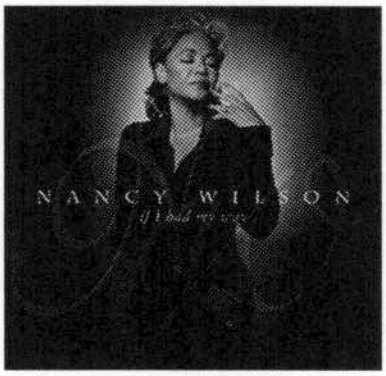

Columbia 1997年発表

DATA≫P279

ジャズに隣接したアメリカン・ミュージックと言えば、ブルースやソウルが思い浮かぶ。実際ブルージーなフィーリング、ソウルフルなテイストを持ったジャズ・ミュージシャンは多い。ナンシーもそうしたひとりで、エラやサラといった純粋ジャズ・ヴォーカリストに比べ、よりポップ寄りな表現が得意。このアルバムは彼女の持ち味が活かされた傑作。

Nat King Cole/After Midnight　D
ナット・キング・コール/アフター・ミッドナイト

Capitol 1956年録音

DATA≫P279

黒人男性ジャズ・ヴォーカルの素晴らしさ、魅力が誰にでもわかる形で結実した。声の良さ、歌の巧さ、ジャジーなテイスト、そして「キャンディ」「ルート66」「キャラヴァン」といったよく知られた名曲群が収録されているお得感。キング・コールがポピュラー、ジャズを股にかけた“キング”であることが実感されるアルバムでもある。

Nat King Cole/Love Is The Thing　D
ナット・キング・コール/ラヴ・イズ・ザ・シング

Capitol 1956年録音

DATA≫P279

キング・コールが凄いのは、このアルバムのようにストリングスがバックにつくと、ポピュラー・ファンが聴いても何の抵抗もなく彼の歌に入っていけるところだ。そしてもっと驚くのは、その歌をジャズファンが聴けば、まごうかたない“ジャズ・ヴォーカル”であるマジック。極め付き「スターダスト」の素晴らしさは筆舌に尽くしがたい。

B：ビター　C：クリア　D：ディープ　H：ハスキー　S：ソフト　V：ヴェルヴェット　W：ウォーム

Nighthawks At The Diner/Fool's Tango　B

ナイトホークス・アット・ザ・ダイナー/フールズ・タンゴ

A Record 1997年発表

DATA≫P278

正式には「ルード・アンド・ナイトホークス・アット・ザ・ダイナー」というらしいオランダのグループによるユニークな男性ヴォーカル・アルバム。聴き所はリーダー、ルードの苦みたっぷり、渋さも効いた声の魅力。演劇仕立てのアルバム構成も面白く、ジャズを基調としつつ万華鏡のように変化するサウンドが聴き手を飽きさせない。

Norah Jones/Day Breaks　C

ノラ・ジョーンズ/デイ・ブレイクス

Blue Note 2016年発表

DATA≫P277

ポップス寄りのニュー・スターとしてデビューしたノラだが、このアルバムはジャズ度数も高い。とは言え、持ち前のポピュラリティも保っており、まさに現代ジャズの王道路線だ。聴き所は「フリップサイド」でみせるダークで現代的なテイスト。ポップな聴かせ所もうまく、彼女がジャズに留まらない幅広いファン層を摑んでいることがよくわかる。

Patricia Barber/Modern Cool　D

パトリシア・バーバー/モダン・クール

Premonition 1998年録音

DATA≫P277

思いっきり思わせぶりな語り口調のヴォーカル。それがクサくなる一歩手前で微妙なバランスを保っている。パトリシアは聴き手の気持ちに「引っ掛かり」を与え、次第に自分の陣地に惹き込むタイプの歌い手だ。当然好き嫌いが出てくるだろうが、アクの強さがバーバーの体質から滲みだした「本音の声」と見えてくると、けっこう嵌まる。

Peggy Lee/Black Coffee　H
ペギー・リー/ブラック・コーヒー

Decca 1953/56年録音
DATA❯P276

功罪相半ばする名盤というものがある。実際は功8罪2ぐらいなんだけどそれはさておき、タイトルチューンの強烈なインパクトで「お色気ヴォーカリスト」のイメージが纏わりつくペギー、じつはもっともっとスケールの大きな歌い手だったのだ。例えばコール・ポーターの名曲「アイヴ・ガット・ユー・アンダー・マイ・スキン」でみせる闊達自在な歌いぶり。

Peggy Lee/Dream Street　H
ペギー・リー/ドリーム・ストリート

Decca 1956年録音
DATA❯P276

ペギーの魅力の源泉は、何とも言えない声質にある。ハスキーだけど暖かみと親愛の情がこもったミラクル・ヴォイスは、聴いているだけで幸せな気分になれる。そしてもちろん抜群の歌唱テクニック。それが「ひけらかし」になっていないところが信頼感、説得力に繋がる。しみじみと歌いかける「イット・ネヴァー・エンタード・マイ・マインド」が絶品。

Peggy Lee/Sea Shell　H
ペギー・リー/貝がら

Decca 1956年録音
DATA❯P276

ペギーは「語りかける歌」の名人。メロディより先に歌い手の心情が相手に届くように歌う。こうした歌唱を成功させるには、誠意のこもった歌いかけが必須。もちろん「心情」は歌唱テクニックがなければ伝わらない。とはいえ、それが嫌みなく自然に受け取られるには、「人柄」もまた大事。ペギーの「信頼できる姉御キャラ」がそれを保証している。

Peggy Lee/Beauty And The Beat

ペギー・リー/ビューティ・アンド・ザ・ビート

Capitol 1959年録音

DATA≫P276

涼しげなサウンドが心地よいジョージ・シアリング率いるクインテットをバックに、いささか気怠げながら親しみを込めて歌いかける、ライヴ仕立ての傑作。聴き所は、語りかけ歌唱の傑作「セントルイスから来た人」に小気味よく歌い上げたコール・ポーターの名曲「ゲット・アウト・オブ・タウン」。この小粋な味わいを出せるのはペギーならでは。

Peggy Lee/Mink Jazz

ペギー・リー/ミンク・ジャズ

Capitol 1962-63年録音

DATA≫P276

マニア好みの映画『大砂塵』でヒットした「ジャニー・ギター」など、映画音楽でも実績を上げているペギー。その理由は抜群のイメージ喚起力にある。渋めの名曲「クローズ・ユア・アイズ」が醸しだす、懐かしくも心温まる風情。聴き終わった後も心地よい余韻が聴き手に「幸せのイメージ」を植え付けてくれる。トランペットはジャック・シェルドン。

The Cool Voice Of Rita Reys

クール・ヴォイス・オブ・リタ・ライス

Philips 1955-56年録音

DATA≫P274

リタはオランダを代表するジャズ・ヴォーカリスト。それにしても巧い。50年代といえばヨーロッパ・ジャズはまだ模倣期。インスト・ジャズはほとんどアメリカの真似だった。にもかかわらず、24年生まれだからまだ20代のリタの歌にはオリジナリティがある。聴き所はハスキー・ヴォイスから繰り出される自信に満ちた楽曲解釈。

Rosemary Clooney/Rosie Sings Bing　C
ローズマリー・クルーニー/ビングに愛をこめて

Concord 1978年録音

DATA≫P273

ロージーと愛称されたローズマリー・クルーニーの特徴は、「せりふ回し」と言いたいような歌詞の歌いぶりにある。つまり一語一語に強い抑揚を付け、聴き手の耳を引きつけるテクニック。これは強力で、とにかく「流し聴き」を許さないパワーがある。それだけじゃあ押しつけがましいだけだが、親しみをを感じさせる声質が引きつけた耳を魅惑するのだ。

Rosemary Clooney/Do You Miss New York?　C
ローズマリー・クルーニー/ドゥ・ユー・ミス・ニューヨーク?

Concord 1992年録音

DATA≫P273

歳を重ね、貫禄、風格が増してきた。声に往年の艶や張りは失われたが、ロージーならではの説得力に満ちた歌唱スタイルは一貫している。聴き所は「アズ・ロング・アイ・リヴ」などに顕著な自信に満ちた歌いぶりで、思わずその迫力に圧倒される。一転して「メイ・アイ・カム・イン」でみせる抑えた情感の豊かさも、年の功ならでは。

Sarah Vaughan/After Hours　D
サラ・ヴォーン/アフター・アワーズ

Columbia 1949-52年録音

DATA≫P271

初期サラの若々しい魅力を捉えた傑作。まだSP、シングルが主流だった時代の録音を集めたLPなので1曲が短いが、彼女の特徴である深みのある声質、バラードにおける深い情感表現といった好ましい要素がコンパクトに表現され、名にしおうビ・バップ・バンド、ビリー・エクスタイン楽団のバンド・シンガーだった実力が遺憾なく発揮されている。

B：ビター　C：クリア　D：ディープ　H：ハスキー　S：ソフト　V：ヴェルヴェット　W：ウォーム

Sarah Vaughan/Sarah Vaughan

D

サラ・ヴォーン・ウィズ・クリフォード・ブラウン

EmArcy 1960年録音

DATA≫P271

サラの代表作にして彼女のヴォーカル・スタイルがわかりやすい形で表現された名盤。名曲「バードランドの子守歌」で聴ける、腰が強くしかも深みのある黒人女性特有の声質から繰り出される、自在なスキャットが私たちのジャズ・ヴォーカルに対するイメージを決定付けたという意味でも、必聴。そしてバラードの巧さもまた格別。

Sarah Vaughan/In The Land Of Hi-Fi

D

サラ・ヴォーン/イン・ザ・ランド・オブ・ハイ・ファイ

EmArcy 1955年録音

DATA≫P271

サラの強みは「声がもうジャズ」という一事に尽きる。それに加えて抜群の歌唱テクニック、これは鬼に金棒だ。聴き所は若さゆえの伸びのある声の魅力とミュージシャンとのコラボレーション。「ハウ・ハイ・ザ・ムーン」で聴ける、声を楽器のようにして使うスキャットでのキャノンボール・アダレイとの掛け合いは、バップ・ヴォーカリストならでは。

Sarah Vaughan/At Mr.Kelly's

D

サラ・ヴォーン/アット・ミスター・ケリーズ

Mercury 1957年録音

DATA≫P271

サラの「クラブ歌手」としての好ましい面が出た名盤。ジャズ・クラブの目の前にいる聴衆に対し、親密に歌いかける。サラはこうしたシチュエーションでの歌唱法に長けている。即興で歌詞の一部を変えたり声音を使ったりし、お酒が入っている観客との距離感を巧みに詰めている。聴き所は、しみじみとした味わいが心に沁みる「エンブレイサブル・ユー」。

Shirley Horn/You Won't Forget Me　W
シャーリー・ホーン/ユー・ウォント・フォーゲット・ミー

Verve 1990年録音

DATA≫P270

知名度は低くても実力のある歌い手がアメリカにはうじゃうじゃいる。シャーリー・ホーンもそのひとりで、若かりしシャーリーを見出したのがあのマイルス。そしてこの90年のアルバムでは、彼としては極めて珍しいヴォーカルとの共演トラックであるタイトル曲が含まれている。しっかりと落ち着いたシャーリーの歌唱にはそれだけの力がある。

Steve Tyrell/Standard Time　B
スティーヴ・タイレル/スタンダード・タイム

Columbia 2001年録音

DATA≫P269

イタリア系のタイレルはロック、R&B畑出身の歌手。煙草を吸いすぎたようないがらっぽい声だ。とても美声とはいえない。しかし聴くうちに惹き込まれる。声質、歌い回しに味があるのだ。晩年のトニー・ベネットに通じると言えば、ホメすぎか。聴き所はユニークなスタンダード解釈で、彼がジャズ・ヴァーカリストではなかったことが幸いしているのかも。

Steve Tyrell/This Guy's In Love　B
スティーヴ・タイレル/ディス・ガイズ・イン・ラヴ

Columbia 2003年録音

DATA≫P268

いがらっぽさに艶が出てきた。タイレルは根っからの歌手ではなく当初はレコード会社に勤め、デビューは何と50歳。好きで歌っていたジャズが認められ、自信をもって歌ううち自然にスタンダードに彼の個性が反映されるようになったのだろう。原曲のメロディに忠実ながら、特殊な声質ゆえに極めて強力なタイレル・カラーが誕生した。

B：ビター　C：クリア　D：ディープ　H：ハスキー　S：ソフト　V：ヴェルヴェット　W：ウォーム

Sylvia Syms/Songs of Love **H**

シルヴィア・シムズ/ソングス・オブ・ラヴ

Decca 1957年録音

DATA ▶ P267

初のジャズ録音が成された年でもある1917年生まれのシムズは、ミュージカル女優としての顔ももつ歌い手。それだけに情感表現には優れたものがある。渋みの効いたハスキー・ヴォイスから繰り出される説得力に満ちた歌いぶりは独特。このあたりはシムズが敬愛するビリー・ホリデイに倣った、「歌の世界に入り込む能力」に負っているのだろう。

Tuck & Patti/Love Warriors **D**

タック&パティ/ラヴ・ウォリアーズ

Windhum Hill 1989年録音

DATA ▶ P265

黒人ならではの腰の強いパティの声が凄い。インパクトが強烈なのだ。歌唱技術もとんでもないもので、両者が合体した彼女の歌唱は極めて刺激的。それを支える旦那タックのギターのテクニックも超絶ながら、サウンドとしてはシンプルなので、それがパティの歌唱をより際立たせている。極めて特異かつ個性的チームと言っていい。

《PART 1》〝気分〟で聴くジャズ・ヴォーカルの名盤

第3章

気持ちが高揚するジャズ・ヴォーカル

―感情を揺さぶる熱い歌声―

ジャズはもともとエキサイティングな音楽です。ただ、「歌」となると始終叫んだり大声を出し続けるというわけにもいかず、そこに音楽的「仕掛け」が必要になってきます。一番わかりやすいのは音量も大きく華やかなビッグ・バンドをバックにもってくる手法でしょう。

じつをいうと、このスタイルはジャズ・ヴォーカルの歴史そのものなのですね。１９３０年代、ジャズがスイング・ブームを謳歌していた頃、ダンス・バンドとしての役割も果たしていた多くのビッグ・バンドは、専属のバンド・シンガーを抱えていました。そしてバンド演奏の合間にエラ・フィッツジェラルド、フランク・シナトラといった人気歌手が登場し、自慢の喉を聴かせていたのです。そうした歴史的経緯を勘案し、このコーナーの代表アルバムは70年代カウント・ベイシー・バンドとエラ・フィッツジェラルドの華やかな共演盤です。

しかし他のアルバムを眺めてみると、こうしたケースは少数派です。それには理由があります。第2次世界大戦のためダンス・バンドが縮小し、必然的にバンド・シンガーは独立せざるを得ず、40年代後半に始まる「モダン・ジャズの時代」では、ピアノ・

トリオなどの比較的小編成の「歌伴」を従えたヴォーカル・アルバムが主流となったのです。それにより、歌い手の役割は相対的に大きくなります。どうやって聴き手をエキサイトさせるか。これにもいろいろなやり方があります。曲想、アレンジで勝負するヴォーカリストもいれば、サイドマンとの緊密なコラボレーションでジャズならではのスイング感、ドライヴ感を醸しだす王道派もいるという具合に、まさに百花繚乱。

また、この時代ともなるとジャズは「アルバムの時代」を迎えます。ＬＰ＝ロング・プレイ・レコードの登場です。それまでのＳＰ盤はせいぜい3分ぐらいしか録音できないので必然的に片面1曲、つまり「楽曲単位」で販売されていたのですが、50年代以降片面30分近く、つまり数曲連続して聴取できる「アルバム」が主流となります。

そうなると、それらの楽曲全体のイメージを統括し、わかりやすく買い手に制作意図を伝えるプロデュース作業が重要になってきます。いわば「アルバムの物語」の作り手ですね。結果として、専門のプロデューサーがアルバムの性格を、歌手の資質を勘案しつつエキサイティング方向、あるいはしっとり感と「演出」することになりました。そうした「縁の下の力持ち」の、地味ながら影響力のある作業を楽しむのも一興でしょう。

Ella Fitzgerald/Jazz At The Santa Monica Civic '72 W

エラ・フィッツジェラルド/ジャズ・アット・ザ・サンタモニカ・シヴィック '72

Pablo●1972年録音 DATA≫P301

CD3- ①ラヴ②ビギン・ザ・ビギン③インディアン・サマー④ユーヴ・ガット・ア・フレンド⑤ホワッツ・ゴーイング・オン⑥ナイト・アンド・デイ⑦スプリング・キャン・リアリー・ハング・ユー・アップ・ザ・モスト⑧リトル・ホワイト・リーズ⑨マダレナ⑩シャイニー・ストッキングス⑪コール・ポーター・メドレー⑫サンフォード・&サン・テーマ⑬アイ・キャント・ストップ・ラヴィング・ユー⑭C・ジャム・ブルース（エラ・フィッツジェラルド参加曲）

カウント・ベイシー・オーケストラは歴代ビッグ・バンドの中でも極め付きのリズム・バンド。そして大観衆を前にダイナミックな歌唱で会場を沸かすエンターテイナー、エラ・フィッツジェラルドとの組み合わせは、それだけで成功が約束されているようなもの。だが、こうした「仕掛け」をつつがなくレコーディングにまで結びつけるには、有能なプロデューサーが必要。

古くは大物ジャズマンを結集させた「J.A.T.P.」で新たなコンサート・ツアー企画を成功させた名プロデューサー、ノーマン・グランツが、1970年代新たに起こしたパブロ・レーベルの第1弾として発売した3枚組LPの一部に、カウント・ベイシー・オーケストラ、トミー・フラナガン・トリオを従えたエラの名唱が記録されている。このアルバムが新譜で出たとき、「いーぐる」で一番リクエストが多かったのがエラが歌う面。「ホワッツ・ゴーイング・オン」「ユーヴ・ガット・ア・フレンド」が素晴らしい。お客さんの審美眼は確か。

Al Jarreau And The Metropole Orkest Live　C
アル・ジャロウ・アンド・ザ・メトロポール・オルケスト — ライヴ

Concord 2011年録音

DATA≫P316

アル・ジャロウを初めて聴いたときはびっくりした。巧すぎるのだ。歌が巧くて悪かろうはずがないと思うのはジャズファンの心理がわからないからで、そういう歌は心が不足するんじゃないかと警戒してしまうのだ。例えばここに収録された「スペイン」など、昔は若干「機械的」と感じたものだが、この晩年の録音はそうした角が取れている。

Anita O'Day/Anita Sings The Most　H
アニタ・オデイ/アニタ・シングス・ザ・モスト

Verve 1957年録音

DATA≫P315

これぞアニタの最高傑作にして彼女をして白人女性ヴォーカリストのトップたらしめた名唱。秘密は彼女ならではの抜群のリズム感にある。ジャズ・ピアニスト、スピード競争のトップに立つ名人オスカー・ピーターソンの超強力歌伴をさっそうと従え、アニタは緩急自在にフレーズを歌いこなす。この余裕、貫禄、すべてがジャジー。

Ann Richards/I'm Shooting High　C
アン・リチャーズ/アイム・シューティング・ハイ

Capitol 1958年録音

DATA≫P315

これはアンの初リーダー作。いかにもアメリカ的な、小細工を弄さない明るくまっすぐな歌だ。ケントン楽団のバンド・シンガーだけに声量もたっぷりで、このアルバムでも大編成オーケストラ・サウンドに負けていない。とりわけ高域に声を張り上げていくところに彼女の特徴があって、聴いているだけで何とはなしに気分が高揚してくる。

B：ビター　C：クリア　D：ディープ　H：ハスキー　S：ソフト　V：ヴェルヴェット　W：ウォーム

Annette Peacock/The Perfect Release C
アネット・ピーコック/パーフェクト・リリース

Aura 1979年録音

DATA≫P314

アネットの音楽はカテゴライズが難しい。ロック寄りとも言えるがシンガー・ソング・ライター系のテイストともちょっと違っていて、ところどころフリー・ジャズっぽい奔放さも見え隠れしたりするところが興味深い。フリー系ジャズ・ミュージシャンとの接点は幅広く、ゲイリー・ピーコックの元妻であり、後にポール・ブレイと結婚するに至る。

Betty Carter/Meet Betty Carter And Ray Bryant C
ベティ・カーター/ミート・ベティ・カーター・アンド・レイ・ブライアント

Epic 1955年録音

DATA≫P312

カーターとブライアントの共演作の形をとったふたりにとっての初リーダー作。すべての楽曲でカーターが歌っているわけではなく、ブライアントのピアノ・トリオ演奏も含まれる。声を楽器のように扱うというのはジャズ・ヴォーカリストのひとつの行き方だが、カーターはその典型例。いかにもパーカーたちビ・バッパーを聴いて育った彼女らしい。

Betty Carter/The Modern Sound Of Betty Carter C
ベティ・カーター/ザ・モダン・サウンド・オブ・ベティ・カーター

ABC Paramount 1960年録音

DATA≫P312

「声を楽器のように扱う」と言っても、カーターはサラ・ヴォーンのようにスキャット・ヴォーカルの部分ではなく、歌詞を歌っているときでも極めて器楽的な発声法を採っている。だから歌声から普通の意味での情緒性を感じることは少ないが、その代わり極めて個性的な歌唱スタイル自体が醸しだす別世界的雰囲気は、いかにもジャジー。

Carmen Lundy/Something To Believe In　C

カーメン・ランディ/風のささやき

Justin Time 2003年録音

DATA≫P308

　自動車メーカーのCMのバックに使われたタイトル曲でお馴染みの方もあるカーメンは、55年フロリダ生まれの本格派ヴォーカリスト。特徴は伸びのある深い声質から繰り出されるドライヴ感に満ちた歌唱。とりわけ、声を伸ばしながら微妙に震わせフレーズにアクセントをつけるテクニックは独特。ミシェル・ルグランの名曲が思わぬ表情を見せるところが聴き所。

Cassandra Wilson/Jump World　B

カサンドラ・ウィルソン/ジャンプ・ワールド

JMT 1989年録音

DATA≫P307

　カサンドラがスティーヴ・コールマンらブルックリン派のメンバーをゲストに迎え、大半を彼女のオリジナル作品でまとめた作品。90年当時としては極めて斬新なサウンドをバックに、カサンドラが水を得た魚のように奔放にアイデアを解き放つ。「ヴォーカルと歌伴」ではなく、バック・サウンドと歌唱が一体となったタイトル曲は、現代ジャズの先駆け。

Conut Basie & The Mills Brothers/The Board Of Directors　D

カウント・ベイシーとミルス・ブラザーズ

Dot 1967年録音

DATA≫P281

　黙って「ダウン・ダウン・ダウン」を聴いてみよう。この声の厚み、小気味よいドライヴ感。まさに黒人グループ・ジャズ・ヴォーカルの魅力が結集している。それを支えるのがまたリズムの権化のようなカウント・ベイシー楽団だ。そして「アイ・ウォント・トゥ・ビー・ハッピー」のノリの良さ。黒人3兄弟ならではの揃った声質の強みが出た名唱。

B：ビター　C：クリア　D：ディープ　H：ハスキー　S：ソフト　V：ヴェルヴェット　W：ウォーム

The Crusaders/The Vocal Album

D

クルセイダーズ/ヴォーカル・アルバム

MCA 1978-86年

DATA≫P305

その昔、ジャズ・クルセイダーズと名乗っていたクルセイダーズがブレークしたのは冒頭に収録したランディ・クロフォードが歌う「ストリート・ライフ」のヒットから。というわけでこれは彼らのアルバムに参加したB.B.キングらヴォーカリスト入り楽曲のコンピ盤。聴き所は同じく大ヒットしたビル・ウィザーズの哀愁タップリ「ソウル・シャドウズ」。

Dinah Washington/Dinah Jams

D

ダイナ・ワシントン・ウィズ・クリフォード・ブラウン

EmArcy 1954年録音

DATA≫P303

クリフォード・ブラウン、メイナード・ファーガソン、クラーク・テリーら華やかなジャム・セッションに加わったダイナが、並み居るジャズマンたちを相手に歌いまくる興奮盤。とりわけ気合入りまくりの「ラヴァー・カム・バック・トゥ・ミー」はこのアルバムの精華。それにしても、3本のトランペットに引けを取らない彼女の声は、まさにジャム向き。

Dinah Washington/For Those In Love

D

ダイナ・ワシントン/フォー・ゾーズ・イン・ラヴ

EmArcy 1955年録音

DATA≫P303

とにかく特徴のある声質だ。ダイナのちょっと鼻にかかったようなダミ声系ヴォイスは、一聴して彼女とわかる。つまりジャズ・ヴォーカリストとして最初っから「勝ち点1」なのだ。クラーク・テリーのトランペットをフィーチャーしたバック・バンドのジャジー指数も高く、「ああ、ジャズを聴いている」という気分が満喫できる好盤。

Ella Fitzgerald/Ella & Basie! W
エラ・フィッツジェラルド/エラ&ベイシー

Verve　1963年録音

DATA≫P302

あたかも大排気量アメ車が余裕でハイウェイをクルーズするようなエラのヴォーカルを、スイングの神様、ベイシー・バンドがこれまた余裕で支える。ジャズの豊かさがこれほど実感できるアルバムもまたとない。聴き所は落ち着いた味の「サテン・ドール」、そして思い切り弾ける「シャイニー・ストッキング」。言うまでもないがベイシー・サウンドも満喫。

Ella Fitzgerald/Ella In Budapest W
エラ・フィッツジェラルド/エラ・イン・ブダペスト

Pablo 1970年録音

DATA≫P301

エラのライヴは好演が多いが、録音当時未発表だったこの録音は貴重。70年代になってもまったく衰えを見せないエラが、まだ共産圏だったハンガリーの首都でも大人気だったのだ。ポイントは、おそらくはあまりジャズ・ライヴに親しんだことがないであろう聴衆の気持ちを、持ち前のホスピタリティによって完全にジャズに向けちゃう底力。

Esther Phillips/From A Whisper To A Scream B
エスター・フィリップス/ささやきと叫び

Kudu 1971年録音

DATA≫P300

名プロデューサー、クリード・テイラーによるKuduレーベルにおけるエスター最初のアルバム。バックは軽やかかつファンキーな70年代フュージョンの先駆け的サウンドだが、これが彼女のソウルフルなシャウト唱法とジャスト・フィット。昔ながらのリズム・アンド・ブルースに新境地を拓いている。Kuduでエスターが蘇った。

B：ビター　C：クリア　D：ディープ　H：ハスキー　S：ソフト　V：ヴェルヴェット　W：ウォーム

Esther Phillips/Performance B

エスター・フィリップス/パフォーマンス

Kudu 1974年録音

DATA≫P300

黒い。ある種のファンにとってはこれだけで勝ちだ。じつをいうと私は60年代ソウル・ミュージックが好みで、70年代に入るとブラックネスが減退したように思ったものだった。だが、このアルバムを聴いて一安心。濃厚なブラック・テイストを保ちつつ、明らかにこのジャンルに新風を吹き込んでいる。バックの泣き泣きギターが心地よく心に沁みる。

Esther Phillips/What A Difference A Day Makes B

エスター・フィリップス/恋は異なもの

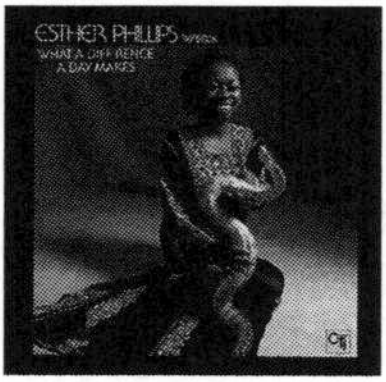

CTI 1975年録音

DATA≫P299

バック・サウンドのフュージョン度数が上がっている。しかし黒いエスターとの相性は悪くない。彼女ぐらいいい意味でアクが強ければ、バックも自分の世界に引っ張り込んじゃう力があるからだろう。まさにブラック・ミュージックと“フュージョン”のフュージョン（融合）だ。おそらくこうしたアルバムから新しいファン層が生まれてきたのだろう。

Freda Payne/After The Lights Go Down Low C

フリーダ・ペイン/アフター・ザ・ライツ・ゴー・ダウン・ロウ

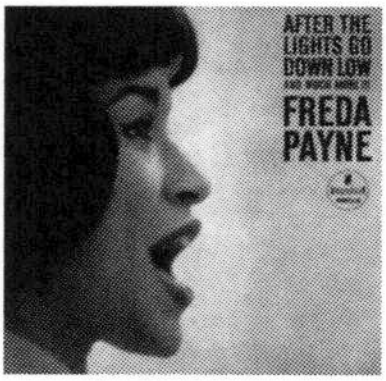

Impulse 1963年録音

DATA≫P297

フリーダ・ペインは1942年生まれで、ポップス、ソウルの世界で知られた歌手。これは彼女の数少ないジャズ・アルバムで、パンチの効いた迫力のある歌唱が聴き所。血筋のせいか白人的なクリアーな表現とブラック・ピープルならではの粘っこい歌い回しが混在し、それが彼女の特徴ともなっている。全体としては明るく溌溂とした歌唱で、そこが魅力。

Joe Turner/Every Day In The Week　D
ジョー・ターナー/エヴリデイ・イン・ザ・ウィーク

Decca 1941-67年録音

DATA≫P291

天才アルト奏者、チャーリー・パーカーを生んだジャズの聖地カンザス・シティで生まれたジョーは、叫ぶようなスタイルでブルースを歌い始めたひとり。彼は50年代R&B歌手として活躍したが、このアルバムは彼の40年代のデッカへの吹き込みで、ブルース歌手としての彼の魅力が堪能できる。パワフルかつ伸びのある声は黒人ヴォーカリストならでは。

Joe Turner/Flip, Flop & Fly　D
ジョー・ターナー・ウィズ・ザ・カウント・ベイシー・オーケストラ・イン・ヨーロッパ1972

PAblo 1972年録音

DATA≫P291

ともにカンザス出身のミュージシャン、ジョーとカウント・ベイシー楽団が共演したライヴ・アルバム。これを聴けば、ジャズとブルース、リズム・アンド・ブルースが極めて近しい関係だとよくわかる。ジョーは50年代R&Bでヒットチャートのトップをとっただけあり、R&B歌手としての顔を前面に押し出している。ベイシー・バンドとの相性もバッチリ。

Joni Mitchell/Shadows And Light　C
ジョニ・ミッチェル/シャドウズ・アンド・ライト

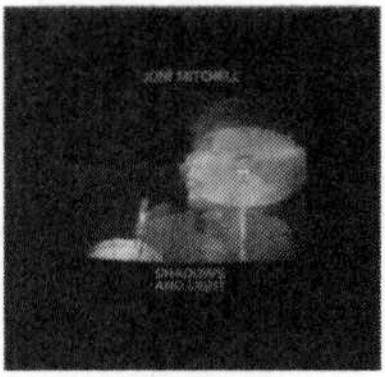

Asylum 1979年録音

DATA≫P290

このアルバムを新譜で購入したら、リクエストが殺到した。私も一聴してジョニの虜になった。もちろんサイドのジャズマンたち、ジャコ・パストリアス、パット・メセニーの存在も大きいのだが、彼らスターたちを率いて輝いているジョニの歌の素晴らしさにノックダウン。ロック・シンガーでありながら極めてジャジーなテイストをもつジョニの必聴盤。

B：ビター　C：クリア　D：ディープ　H：ハスキー　S：ソフト　V：ヴェルヴェット　W：ウォーム

Judy Garland/Judy At Carnegie Hall　H

ジュディ・ガーランド/ジュディ・アット・カーネギー・ホール

Capitol 1961年録音

DATA＞P289

39年の歴史的名作映画『オズの魔法使い』の子役として人気を獲得したジュディだが、奔放な私生活のため女優としての活動は波乱含み。そんな彼女が歌手として復帰したことを世間に印象付けた、カーネギー・ホールでのライヴ。渋さを纏った声質から繰り出される歌声は深みを増し、聴き手の心にじんわりと染み透る。大観衆の拍手がそれを裏付ける。

June Christy/Big Band Specials　H

ジューン・クリスティ/ビッグ・バンド・スペシャル

Capitol 1962年録音

DATA＞P289

バンド・シンガー出身のクリスティが水を得た魚のようにビッグ・バンドを従えた好盤。要するに「掠れ声」であるハスキー・ヴォイスの効用のひとつに、厚みのあるバンド・サウンドからもクッキリとヴォーカルが浮かび上がるメリットがある。聴き所は、ラテン名曲「フレネシー」と「ユー・ケイム・ア・ロング・ウェイ・フロム・セントルイス」。

Karin Krog/We Could Be Flying　B

カーリン・クローグ/ウィ・クド・ビー・フライング

Polydor 1974年録音

DATA＞P288

スティーヴ・キューンのキーボードをスティーヴ・スワローのエレクトリック・ベースが支え、ヨン・クリステンセンのドラムス、パーカッションが彩りを添える斬新なサウンドをバックに、クローグが伸び伸びと自分の世界を展開した70年代の傑作。囁きかけるような呟くような歌声が心地よい。ロック的アプローチとも言えるが、彼女の歌は極めてジャジー。

Karrin Allyson/From Paris To Rio　B
カーリン・アリソン/フロム・パリ・トゥ・リオ

Concord 1999年録音

DATA》P288

　コンコード・レーベルで活躍するベテラン・ヴォーカリスト、アリソンがシャンソン、ボサ・ノヴァを気持ちよく歌う。おそらくはやりたいことをやったのだろう、その解放感が聴き手にも伝わってくる。聴き所は、シャンソン名曲「パリの空の下で」。この楽曲がもつ、フランス人気質もろ出しで気合の入った哀愁感をアリソンは表情豊かに表現。

Karrin Allyson/I Didn't Know About You　B
カーリン・アリソン/アイ・ディドント・ノウ・アバウト・ユー

Concord 1993年頃録音

DATA》P288

　苦みの利いたコクのある声質から繰り出されるアリソンの歌には、パッションが詰まっている。それもあまり抒情的ではない明確な意志を感じさせる情熱。歌を通して伝えたいものがハッキリしているのだ。それが彼女の個性を形作っている。とくに激しい歌い方をするわけではないが、聴き手に与えるポジティヴなインパクトはかなり強力。

Leon Thomas/The Leon Thomas Blues Band　B
レオン・トーマス/ザ・レオン・トーマス・ブルース・バンド

Portrait 1988年録音

DATA》P285

　60年代ベイシー楽団のバンド歌手として知られ、その後ファラオ・サンダースとの共演で注目されたレオンが80年代後半、ブルースとロックン・ロール（“ロック”ではない）に焦点を当てたブルージーな傑作。聴き所は相変わらず渋い声を聴かせるレオンの健在ぶり。バックバンドも充実しており、ヒューストン・パーソンのテナーが光っている。

B：ビター　C：クリア　D：ディープ　H：ハスキー　S：ソフト　V：ヴェルヴェット　W：ウォーム

Linda Sharrock/Like A River **D**
リンダ・シャーロック/ライク・ア・リヴァー

Amadeo 1993-94年録音

DATA≫P285

ソニー・シャーロックの奥さんであったこともあるフリージャズ・シーンで名を成したリンダの新境地は、一聴の価値ありだ。何しろ声に力がある。と言ってもフリーキーな方向ではなく、深みというか彼女の味の濃い声からは聴き手と繋がろうという意欲が素直に伝わってくる。バック・サウンドも時代を感じさせつつもリンダをうまく支えている。

Marlena Shaw/Who Is This Bitch, Anyway? **D**
マリーナ・ショウ/フー・イズ・ディス・ビッチ・エニウェイ

Blue Note 1974年録音

DATA≫P283

日本のフュージョン・ブームが勢いを増しつつあった75年、ブルーノートの新路線とも言えるこのアルバムが話題になった。ラリー・カールトン、デビッド・T・ウォーカーら活きの良いバック・サウンドに乗ってマリーナがソウルフルに歌い上げる。明らかにリズム・アンド・ブルース臭を感じさせるパンチの効いたヴォーカルが心地よい。

Nancy Wilson/Yesterday's Love Songs, Today's Blues **D**
ナンシー・ウィルソン/イエスタデイズ・ラヴ・ソングス、トゥデイズ・ブルース

Capitol 1963年録音

DATA≫P279

ソウル・シーンで活躍しただけあって、粘っこくコクのある声質から繰り出されるパンチの効いたヴォーカルは得難い味わいだ。声の伸びもよく「サテン・ドール」をちょっと婀娜っぽく歌うところなど、ナンシーならでは。一転して「魅せられて」でみせる可憐さなど、テクニックも充分。エラ、サラに次ぐ次世代黒人歌手として注目されたのもよくわかる。

Nancy Wilson/Can't Take My Eyes Off You D
ナンシー・ウィルソン/キャント・テイク・マイ・アイズ・オフ・ユー

Capitol 1970年発表

DATA≫P279

もともとリズム・アンド・ブルース畑からスタートしたナンシーだけに、黒っぽい歌は極めて堂に入っているがそれだけでなく、ポップスを歌わせてもいい味を出している。アメリカン・ニュー・シネマの傑作『明日に向って撃て！』の主題歌「雨にぬれても」をしっとりと情感を込めて歌うトラックなど、彼女の幅広さを知らしめる名唱といっていい。

Nancy Wilson/Now I'm A Woman D
ナンシー・ウィルソン/ナウ・アイム・ア・ウーマン

Capitol 1970年録音

DATA≫P279

ビートルズ最後のアルバムに収録された「レット・イット・ビー」やサイモン＆ガーファンクル「明日に架ける橋」をいち早く取り上げるなど、明らかにポピュラー路線狙いのアルバム。だが、これらのポップス・ナンバーもナンシーが歌うとまったく別のフィーリングが生まれてくる。アーシーな気分とポップな感覚が彼女の中でごく自然に融合しているのだ。

Nancy Wilson/Echoes Of An Era 2 D
ナンシー・ウィルソン/あの頃のジャズ Ⅱ

Elektra Musician 1982年録音

DATA≫P279

ジャジーかつソウルフルなナンシーのライヴ・アルバム。バックが豪華で、チック・コリア、ジョー・ヘンダーソン、スタンリー・クラークらが歌伴の枠を超える気合の入った演奏を聴かせている。それに応えるかのようにナンシーも全力疾走。ライヴならではのノリの良さドライヴ感など、彼女のアクティヴな個性が前面に出た好アルバム。

B：ビター　C：クリア　D：ディープ　H：ハスキー　S：ソフト　V：ヴェルヴェット　W：ウォーム

Rénee Manning/As Is D
レニー・マニング/アズ・イズ

Ken Music 1991年録音

DATA>P274

レニーは55年ブルックリン生まれ。83年にメル・ルイス・オーケストラのシンガーとしてデビュー。黒人らしい艶と深みのある声質が魅力で、張りのある声を活かした「バイ・バイ・ブラックバード」が絶品。バックを支えるロニー・マシューズ、ルーファス・リードらの演奏もよく、知名度こそ低いがオーソドックスなジャズ・ヴォーカルが好みなら一聴の価値あり。

Sammy Davis & Count Basie/Our Shining Hour B
サミー・デイヴィス & カウント・ベイシー/アワ・シャイニング・アワー

Verve 1965年発表

DATA>P272

サミーというと、エンターテイナーとしてのイメージが強いが、お聴きの通りヘタなジャズ・ヴォーカリスト顔負けの実力派。声良し、歌巧し、そしてジャジーなテイスト文句なし。その彼がベイシー・バンドと共演する。悪いわけがない。渋み、コク、そして迫力満点の声質から繰り出される力強い歌唱は、ベイシー・サウンドにまったく負けてない。

Sarah Vaughan/No Count Sarah D
サラ・ヴォーン/ノー・カウント・サラ

Mercury 1958年録音

DATA>P271

「勘定外のサラ」と勘違いしそうなタイトルだが、じつはリーダーであるカウント・ベイシー抜きのベイシー・バンド・メンバーとの共演盤という意味。いない理由はレーベル契約上の問題のよう。バンド歌手出身のサラにとって、ビッグ・バンドを従えたスタイルは得意とするところ。個性的な声質、自在な音程コントロール・テクニックによって、サラ節全開。

Shirley Eikhard/Going Home
シャーリー・エイクハード/ゴーイング・ホーム　**H**

EMI 1998年録音

DATA＞P270

最初、CDを間違えたのかと思った。だって、男の声に聴こえたから……。それほどビターなハスキー・ヴォイスのエイクハードはカナダ出身。力強く、意志・主張のはっきりした歌手だ。だが、不思議と押しつけがましい感じはしない。いい意味で「わが道を行く」スタンスに好感がもてるからだろう。「クレイジー・フロム・ザ・ヒート」が凄い。

The Big Band Sound Of Thad Jones Mel Lewis Feat. Miss Ruth Brown
ザ・ビッグ・バンド・サウンド・オブ・サド・ジョーンズ・メル・ルイス feat. ミス・ルース・ブラウン　**D**

Solid State 1968年録音

DATA＞P273

ベイシー・バンドのトランペッター、サド・ジョーンズと、ケントン楽団のドラマー、メル・ルイスが60年代に結成したサド・メル・バンドをバックに、ルースがソウルフルなヴォーカルを披露。豪華なサウンドが聴き所のビッグ・バンド・ジャズの楽しさと、ルースの小気味よいヴォーカルが聴き手を極上のジャズ快楽郷に誘う快適盤。

Tony Bennett and Count Basie/Strike Up The Band
トニー・ベネット/ストライク・アップ・ザ・バンド　**B**

Roulette 1959年録音

DATA＞P266

ベネットはポピュラー歌手として人気を得たが、ジャズマンたちとも共演しジャズ・ヴォーカリストとしても一級の実力の持ち主として知られている。このあたりは先輩格に当たるシナトラと同じだ。このアルバムは、まだ30代のベネットがベイシー楽団と共演した傑作。聴き所はバンド・サウンドに負けない苦みの効いたベネットならではの声質。

B：ビター　C：クリア　D：ディープ　H：ハスキー　S：ソフト　V：ヴェルヴェット　W：ウォーム

Tuck & Patti/Dream

D

タック&パティ/ドリーム

Windhum Hill 1991年録音

DATA≫P265

達者なギタリスト、タック・アンドレスと、深みのある声質を持つパティ・キャスカートの鴛鴦《おしどり》コンビがタック&パティ。聴き所はギターのみのシンプルな伴奏をバックに繰り広げられる、凄みすら感じさせる誠実味のこもった歌唱。興味深いのは、こうしたフォーマットにしては異例とも思えるインパクトの強さ。これは彼らならではの強烈な個性だ。

《PART 1》〝気分〟で聴くジャズ・ヴォーカルの名盤

第4章 ウキウキするジャズ・ヴォーカル

―聴けばハッピー、心が弾む歌声―

人を「ウキウキさせるヴォーカル」の条件とは、いったいどういうものでしょうか。とりあえず言えるのは、「ウキウキ」の度合いが高まると「エキサイト」に至るという事実でしょう。これは私たちがお酒を飲んでいる状況を考えればわかりますよね。適度のアルコールは人の気分を浮き立たせ、それがさらに進行すると興奮してはしゃぎだしちゃったり……。

ということは、「ウキウキ」と「エキサイト」の違いは「程度問題」ともいえそうですが、必ずしもそれだけではないのでは？　というわけで両者の違いに注目してみましょう。これもお酒を例にしてみると見えてくるものがあります。

お酒にはふたつの効用があります。他の飲み物にはない刺激に満ちた味わい、そしてアルコールには人を酔わせ気分を高揚させる効果がある。もちろんふたつの作用は融合しているのですが、ウイスキーにしろワインにしろ、最初の数杯は当然「味わい」ながら飲みますよね。そして美味しさを味わいつつ、気分がウキウキしてくる。

しかしボトルが空になり、天下を取ったようなエキサイティングな高揚感に包まれている状況では、もっぱら酔い心地自体を楽しむ段階に至っているようです。こうした話をヴォーカルに結び付けてみると、エキサイトは音楽と一体化して完全に没入しちゃった興奮状態。それに対し、ウキウキはある程度距離をもって歌の細部を味わう余裕のある状態、といえるのではないでしょうか。

そうした条件を満たしているヴォーカルとは？　まずもって声質、歌い回しともに明るくなければいけません。またどんなに優れた歌唱でも、過度に情緒的だったりシリアス度数が高すぎる歌唱も、お酒の席にそうした話題が不向きなように、ウキウキ向きとはいえませんよね。

というわけで、このコーナーの代表に挙げたのはアメリカの国民的大歌手フランク・シナトラがビッグ・バンド・ジャズの雄、カウント・ベイシー楽団と共演した豪華極まりないライヴ・レコーディングです。このアルバムにはアメリカン・ショー・ビジネスの華やかさが集約されており、どんなに気分がふさいでいるときでも、思わずシナトラとともに、よく知られたナンバーを口ずさみたくなること請け合いです。他の歌唱も、それぞれスインギーであったり軽快だったり、あるいはコミカルな味わいなど、聴き手の気持ちを明るく前向きにするようなアルバムを選んでいます。

Frank Sinatra/Sinatra At The Sands

S

フランク・シナトラ/シナトラ・ライヴ・アット・ザ・サンズ

Reprise●1966年録音 DATA≫P298

①カム・フライ・ウィズ・ミー②アイヴ・ガット・ア・クラッシュ・オン・ユー③アイヴ・ガット・ユー・アンダー・マイ・スキン④いそしぎ⑤ストリート・オブ・ドリームズ⑥ワン・フォー・マイ・ベイビー⑦フライ・ミー・トゥ・ザ・ムーン⑧ユー・メイク・ミー・フィール・ソー・ヤング⑨わが人生の九月⑩時間通りに教会へ⑪楽しかったあの頃⑫ドント・ウォーリー・バウト・ミー⑬いつかどこかで⑭エンジェル・アイズ⑮わが町シカゴ⑯わが町シカゴ(フィナーレ)(フランク・シナトラ歌唱曲)

今や日本でも本場のジャズ・ミュージシャンのライヴを観るのはたやすい。だが、ラスヴェガスのホテルでシナトラのショーを観るとなると、話は変わってくる。まず、チケットの入手が極めて困難。そうした「夢」をある程度実現させてくれるのがこのアルバムだ。シナトラ初のライヴ・レコーディングで、場所はラスヴェガスのサンズ・ホテル。バック・バンドはカウント・ベイシー、アレンジはクインシー・ジョーンズというこれ以上はない豪華メンバー。

聴き所はライヴならではの臨場感。率直に言ってスタジオ録音に比べ歌唱は若干ラフ。だが、それを忘れさせる高揚感がこのアルバムには記録されている。シナトラがもっとも重要なパフォーマンスの場と捉えている、ホテルでのショーに臨む緊張感とプロ意識がヒシヒシと伝わってくるのだ。これを聴いて心がときめかないファンはまずいない。シナトラが醸しだす何ともいえない大物感が聴き手の気分を沸き立たせる。

Adela Dalto/A Brazilian Affair　W
アデラ・ダルト/ブラジリアン・アフェア

Venus 1994年録音

DATA＞P316

生まれはテキサスながら両親はメキシコ人。旦那は若くして亡くなったジョージ・ベンソン『ブリージン』のキーボード奏者、ホルヘ・ダルト。それだけにラテン・フレイヴァーは本格的。軽快なリズムに乗って「フリーダム・ジャズ・ダンス」を歌い飛ばすアデラはとてもチャーミング。声良く、歌うまく、音楽から楽しさがあふれ出る好盤。

Anita O'Day/Anita　H
アニタ・オデイ/ジス・イズ・アニタ

Verve 1955年録音

DATA＞P315

鼻にかかったような掠れ声、アニタは典型的なハスキー・ヴォイス。とりあえず「美声で勝負」の一手を封じられたところから彼女の挑戦が始まる。幸いジャズは個性の音楽、メロディ・ラインを意図的に微妙にズラし、聴き手の意識に「引っ掛かり」を与え、知らぬ間に違和感を個性表現として刷り込む高等戦術は、まさに“ジャズ・ヴォーカリスト”ならでは。

Anita O'Day Sings The Winners　H
アニタ・オデイ・シングス・ザ・ウィナーズ

Verve 1958年録音

DATA＞P315

スタン・ケントン楽団など名だたるビッグ・バンドの専属歌手としてスタートを切ったアニタの、バンド・シンガーとしての実力が楽しめる傑作。エリントン楽団のテーマ曲「A列車で行こう」やベニー・グッドマン楽団のヒット・チューン「シング・シング・シング」といったお馴染み楽曲を、ビッグ・バンド・サウンドをバックにスインギーに歌いまくる。

B：ビター　C：クリア　D：ディープ　H：ハスキー　S：ソフト　V：ヴェルヴェット　W：ウォーム

Anita O'Day/Pick Yourself Up **H**

アニタ・オデイ/ピック・ユアセルフ・アップ・ウィズ・アニタ・オデイ

Verve 1956年録音

DATA≫P315

「個性」がジャズ・ヴォーカルの聴き所だとすると、楽曲は個性表現の「素材」という面を持つ。こうしたジャズ・ヴォーカルの「いろは」をわかりやすく体現する歌い手がアニタだ。よく知られたスタンダード・ナンバーの魅力を活かしつつ、どの歌唱も一聴で「アニタだ」とわからせちゃう、ある意味でアクの強さがジャズマニアの心を捉えるのだ。

Ann Richards/Ann, Man! **C**

アン・リチャーズ/アン・マン!

Atco 1961年録音

DATA≫P315

アンは35年生まれ。ジューン・クリスティはじめ大物白人女性シンガーを多数輩出した伝統のあるスタン・ケントン楽団のバンド・シンガーだっただけでなく、ケントン夫人の座を射止めたこともある美人歌手。何しろジャケ写はプレイボーイ誌にも掲載された写真だ。しかし歌も筋の通った立派なもので「美人歌手枠」に収めちゃうのはモッタイナイ。

Annie Ross/A Gasser! **H**

アニー・ロス/ア・ギャサー

World Pacific 1959年録音

DATA≫P314

ランバート・ヘンドリックス・アンド・ロスの紅一点、アーニー・ロスはイギリス出身ヴォーカリストの例にもれず、いささか鼻にかかったハスキー気味の声質が特徴。このアルバムは手練れテナー・サックス奏者、ズート・シムス、渋めギター、ジム・ホール、そして名ピアニスト、ラス・フリーマンらを相手にマイペースで喉をふるったソロ・アルバム。

Annie Ross/Fill My Heart With Songs　H
アニー・ロス/フィル・マイ・ハート・ウィズ・ソングス

Decca 1963年録音

DATA≫P314

大雑把に言えばロスは白人ハスキー系ヴォーカリストということになるのだろうが、当然アニタともメリルとも違う独自の個性を持っている。それをブリティッシュ・テイストと言ってしまうのはいささか乱暴かもしれないが、独特の紗がかかったような声質から繰り出される控えめな哀感は、ファンにとってはたまらない魅力となっている。

Annie Ross/Sings A Song With Gerry Mulligan　H
アニー・ロス/アニー・ロスは歌う

World　Pacific 1957/58年録音

DATA≫P314

バリトン・サックスの雄、ジェリー・マリガンを従えたロスの最高傑作。小気味よいドライヴ感、悠然たるマイペースな歌いぶり。知名度こそさほど高くないが、白人女性ヴォーカリストとしてのランキングは私の中ではかなり高い。高得点の理由は何といっても独自の世界を持っているところだ。聴き所は大スタンダード「オール・オブ・ユー」の名唱。

Barbara Lea/Barbara Lea　W
バーバラ・リー

Prestige 1956年録音

DATA≫P313

ご先祖がフランスの作曲家だというバーバラは、舞台女優としての顔も持っている。アイドルはミルドレッド・ベイリーとビリー・ホリデイ。つまり正統派ジャズ・ヴォーカリストということだ。聴いていると不思議と心が和む。とりたてて変わったことはしないのだが、じんわりと歌声が気持ちに馴染んでくる。「お育ちの良さ」という言葉が心に浮かんできた。

B：ビター　C：クリア　D：ディープ　H：ハスキー　S：ソフト　V：ヴェルヴェット　W：ウォーム

Billie Holiday/Lady Day D
ビリー・ホリデイ/レディ・デイ

Columbia 1935-40年録音

DATA≫P311

スイング時代の大物たち、ベニー・グッドマン、テディ・ウィルソン、そしてレスター・ヤングといった錚々たる連中と互角に渡り合うホリデイ初期の名唱を集めたLP。ゆったりとしかし極めて味付けが濃いスイング・サウンドと、ちょっと苦みの利いたビター・テイストなビリーの歌声がジャスト・フィット。それにしても、ビリー巧いなあ。

Cab Calloway/Hi De Ho Man B
キャブ・キャロウェイ/ハイ・デ・ホー・マン

Columbia 1935-47年録音

DATA≫P310

熱狂的ビ・バップと同時代、キャブ・キャロウェイはエンターティナーのキングとして君臨した。一聴ハッピー・ソングだが、世界を笑いのめす醒めた感覚は思いのほかクール。パーカー流ビ・バップの裏側に彼がいた意味は大きい。両方セットでブラック・ミュージックなのだ。名作映画『ブルース・ブラザース』に出演したキャロウェイの雄姿が蘇る。

Cæcilie Norby/Queen Of Bad Excuses C
セシリア・ノービー/甘い生活

Blue Note 1999年録音

DATA≫P309

30代半ばの女性に“脂が乗った”、という形容はいささか失礼かもしれないが、これは良い意味で言っている。若い頃の凛とした佇まいは保ったまま“大人の女性”の魅力が歌声から漂い出すようになったのだ。とはいえ、著名なクラシック作曲家を父に、オペラ歌手が母という育ちの良さは隠せず、けっして下世話に流れないのが良い。

Carmen Mcrae/Something To Swing About **C**
カーメン・マクレエ/サムシング・トゥ・スウィング・アバウト

Kapp 1959年録音

DATA≫P308

優れたジャズ・ヴォーカリストはシチュエーションによって表情を変える。アーニー・ウィルキンス指揮するビッグ・バンドを従え、カーメンが堂々たる歌唱を披露。彼女の特徴と言える明快でクリアーな声質は、分厚いバンド・サウンドを突き抜け確かな手応えで聴き手の心を捉える。陽気で豪快なカーメンの一面が知れるアルバム。

Carmen McRae/For Once In My Life **C**
カーメン・マクレエ/フォー・ワンス・イン・マイ・ライフ

Atlantic 1967年録音

DATA≫P308

60年代、ビートルズ旋風に象徴されるロック・ブームにジャズ界も大きな影響を受けた。本作はカーメン、アトランティック移籍第1弾で、ビートルズ・ナンバーをはじめとするポップ・チューンを大胆に取り上げた。当時はこうした方向に毀誉褒貶相半ばしたが、今聴けばカーメンはポップスを「新時代のスタンダード」として見事に歌いこなしている。

Chet Baker/Sings And Plays **S**
チェット・ベイカー/シングス・アンド・プレイズ

Pacific Jazz 1955年録音

DATA≫P306

タイトル通りチェットの歌とトランペット演奏が含まれたアルバム。面白いのは楽器の音色と彼の声質がじつによく似ているところ。トランペットは唇の震えを増幅しているのだから、同じ人間の喉の震えと何かしら関係があるのかも。それはさておき、彼のドキュメンタリー映画のタイトルともなった名唱「レッツ・ゲット・ロスト」が素晴らしい。

B：ビター　C：クリア　D：ディープ　H：ハスキー　S：ソフト　V：ヴェルヴェット　W：ウォーム

Dakota Staton/Dakota Staton B

ダコタ・ステイトン

Muse 1990年録音

DATA≫P305

ソウルフルでブルージー、声も気合入りまくりのステイトン久しぶりのリーダー作は、歳を感じさせない傑作。ディープな声質に乗って繰り出されるブルース・フィーリング満載のフレーズは、ジャズファンはもちろんR&Bマニアからも好感をもって迎えられるだろう。彼女を支えるヒューストン・パーソンのソウル・テナーがまたたまらない。

Dee Dee Bridgewater/Dee Dee Bridgewater C

ディー・ディー・ブリッジウォーター/私の肖像

Atlantic 1976年録音

DATA≫P305

ディー・ディーは日本でデビュー・アルバムを作ったという珍しいジャズ・ヴォーカリスト。74年、サド・ジョーンズ〜メル・ルイス・オーケストラとともに来日時のことだった。伸びの良い声から繰り出される元気溌剌歌唱は誰の眼にも新鮮に映った。このアルバムも、彼女のダイナミックでポジティヴな面が前面に出た活きの良い作品となっている。

Ella Fitzgerald/Lullabies Of Birdland W

エラ・フィッツジェラルド/ララバイズ・オブ・バードランド

Decca 1945-55年録音

DATA≫P301

デッカ時代初期のSP音源などを集めたコンピLP。さすが1935年からチック・ウェッブ楽団で人気バンド・シンガーとして鳴らしただけあって、エラの歌唱は最初っから安定感がある。黒人女性ならではのしっかりとした声質は、しかし程よい暖かみだけでなく可憐な気配も漂わせ、それがエラの幅広い人気に繋がったことがわかる傑作。

Ella Fitzgerald/Sings The Duke Ellington Song Book　W
エラ・フィッツジェラルド/シングス・ザ・デューク・エリントン・ソング・ブック

Verve 1956/57年録音

DATA》P301

ちょっとダークで粘っこいサウンドが魅力のデューク・エリントン・バンドと、軽快なドライヴ感が持ち味であるエラが共演する。結果や如何に。さすがバンド歌手出身だけあって、エラはどんな相手でも違和感なく極上のパフォーマンスを示してくれる。聴き所はお馴染み「A列車で行こう」「キャラヴァン」を難なくこなす歌唱テクニック。

Ella Fitzgerald/Ella At The Opera House　W
エラ・フィッツジェラルド/エラ・アット・ジ・オペラ・ハウス

Verve 1957年録音

DATA》P302

ジャズ・ヴォーカルの代名詞「エラ、サラ、カーメン」のトップにエラがいる理由の第一は、大衆的人気。「ダウンビート批評家投票」女性ヴォーカリスト部門1952年から71年まで連続トップ。その人気の秘密は、誰にでもわかるジャズ・テイスト。ウキウキとリズミカルでドライヴ感に満ちた「イッツ・オールライト・ウィズ・ミー」がその証拠。

Ella Fitzgerald/Ella In Berlin　W
エラ・フィッツジェラルド/エラ・イン・ベルリン

Verve 1960年録音

DATA》P301

エラの名を高からしめた名盤にして代表作。小気味よいスイング感と、原曲のイメージを湛えたわかりやすいスキャットによって一般音楽ファンをジャズ・ヴォーカルに親しませた彼女の功績は計り知れない。聴き所は、後半「マック・ザ・ナイフ」から「ハウ・ハイ・ザ・ムーン」に至る、観衆を巻き込んだエラならではの旺盛なサービス精神。

B：ビター　C：クリア　D：ディープ　H：ハスキー　S：ソフト　V：ヴェルヴェット　W：ウォーム

Etta Jones/Save Your Love For Me+Fine And Mellow D
エッタ・ジョーンズ/セイヴ・ユア・ラヴ・フォー・ミー+ファイン・アンド・メロウ

Muse 1980/86年録音

DATA≫P299

このアルバムは80年録音の『セイヴ・ユア・ラヴ・フォー・ミー』と86年録音の『ファイン・アンド・メロー』をカップリングしたお徳用CD。エッタはブルース、リズム・アンド・ブルース畑で鳴らしたベテラン・シンガー。80年の「わが心のジョージア」の絶唱、86年の切々たる「愚かなりわが心」など、ジャズ・ヴォーカル・ファンなら聴き逃せない名唱。

Etta Jones/Sugar D
エッタ・ジョーンズ/シュガー

Muse 1989年録音

DATA≫P299

還暦越えの録音ながら声に衰えは感じられず、R&B歌手ならではの張りのある声が醸しだす渋い味わいは格別。このアルバムでは彼女のしっとりとした面がうまく出ている。そして聴き逃せないのが73年以来コンビを組むテナー・サックス奏者、ヒューストン・パーソンのソウルフルかつコクのある伴奏。あたかも「味」が付いているような音色は絶品。

Frank Sinatra, Count Basie/Sinatra-Basie S
フランク・シナトラ/シナトラ-ベイシー

Reprise 1962年録音

DATA≫P298

ビッグ・バンドの雄、カウント・ベイシー楽団とシナトラ夢の共演盤。もともとバンド歌手出身だけに、シナトラは水を得た魚のごとく活き活きとした表情で気持ち良さそうに歌いまくる。それもそのはず、彼は根っからのベイシー・ファンなのだ。バンド・サウンドに負けない彼のヴォーカルは、ていねいで正確な歌詞の発音に負っていることがよくわかる。

Frank Sinatra/This Is Sinatra!　S
フランク・シナトラ/ジス・イズ・シナトラ

Capito 1953-55年録音
DATA≫P298

シナトラはポピュラー・シーンでも大活躍。だからヒット・チャート狙いのシングル盤も紹介。このアルバムはシナトラ、キャピトル時代のシングル盤を集めたLPの第1集。聴き所は、シングル盤らしいコンパクトでわかりやすい歌唱表現。しかしどんなシチュエーションでもシナトラの魅力は変わらない。伸び伸びと明るく歌う「国境の南」がいい。

Frankie Laine/That's My Desire　B
フランキー・レイン/ザッツ・マイ・デザイア

Mercury 1946-49年録音
DATA≫P297

フランキー・レインは名作映画『OK牧場の決闘』やTV映画『ローハイド』の主題歌を歌ったことで知られるイタリア系男性歌手。このアルバムは彼のジャズ・ヴォーカリストとしての側面を捉えた代表作で、柔らかさ、優しさの中にも一抹の苦みを感じさせる男性的な歌唱スタイルが特徴。彼が西部劇の主題歌を歌ったのはまさに適役とわかる。

George Benson/Big Boss Band　D
ジョージ・ベンソン/ビッグ・ボス・バンド

Warner Bros. 1989年録音
DATA≫P297

バックが変わるとベンソンの歌も変わる。このアルバムは、どジャズ・バンド、カウント・ベイシー・オーケストラとベンソンの共演盤。まあ、もともとベンソンは有能なジャズ・ギタリストでもあるのだから、こうしたシチュエーションでも臆することなく極めて快調。それにしても、スキャットでガンガン飛ばすベンソンはまさにジャズ・ヴォーカリスト。

B：ビター　C：クリア　D：ディープ　H：ハスキー　S：ソフト　V：ヴェルヴェット　W：ウォーム

Helen Forrest/Now And Forever **C**
ヘレン・フォレスト/ナウ・アンド・フォーエヴァー

Stash 1983年録音

DATA›P295

毅然とした歌だ。艶と伸びのある声も良い。18年生まれのフォレストは、42/43年のダウンビート、メトロノーム誌の人気投票1位。バンド・シンガー全盛時代のスターだ。このアルバムは還暦を過ぎた83年の録音だが、声、歌い回しにまったく衰えはなく、堂々たる歌唱が気持ち良い。スロー・ナンバーでみせる落ち着いた情感表現も貫禄たっぷり。

Helen Humes And The Muse All Stars **D**
ヘレン・ヒュームズ・アンド・ザ・ミューズ・オール・スターズ

Muse 1979年録音

DATA›P295

黒人ヴォーカリストならではの腰の強さに加え、艶と伸びの良さを兼ね備えたヘレンの声質が良い。基本ブルージーなのだが、屈託のない明るさが彼女の歌にはある。名門ベイシー楽団のバンド・シンガーを務めた経歴を誇るが、一時シーンから遠ざかる。このアルバムはカムバックしてからの録音で、エディ・クリーンヘッド・ヴィンソンとのデュオもある。

Jackie Paris/Sings The Lyrics Of Ira Gershwin **B**
ジャッキー・パリス/アイラ・ガーシュウィンを唄う

Time 1960年録音

DATA›P293

ギターも弾くイタリア系男性ヴォーカリスト、ジャッキーが、ジョージ・ガーシュウィンの兄である作詞家アイラの楽曲を歌ったアルバム。聴き所は、独自の渋く味のある声質から繰り出される小粋でお洒落な境地。マニア好みともいえるが、ジャッキーの歌い回しには人懐っこい親しみ感があるので、誰でもが彼の世界に入っていけそう。

Jackie Paris/The Song Is Paris　B
ジャッキー・パリス/ザ・ソング・イズ・パリス

Impulse 1962年録音

DATA›P293

都会的洒脱さはひとつ間違えると嫌みに映るが、ジャッキーのストリート感覚がそれを防いでいる。ジャケ写の細身ネクタイはどう見ても遊び人ファッション、紳士とはいいがたい。それだけに彼のくだけた調子にはリアリティがある。アップテンポの豪快な歌い回し、スローでみせる意外な情緒感など、「マニア好み」にしておいてはもったいない歌手。

Joe Williams/Every Day: The Best Of The Verve Years　B
ジョー・ウィリアムス/ベスト・オブ・ヴァーヴ・イヤーズ

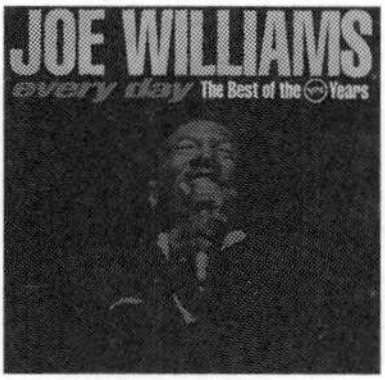

Verve 1955-90年録音

DATA›P291

ベイシー楽団のバンド・シンガーとして知られたジョーの、ヴァーヴ時代の録音を2枚組CDにまとめたお徳用盤。1枚目はベイシー楽団をバックに、そして2枚目では自らのコンボを従えブルージーな喉を聴かせてくれる。若い頃の張りのある声の気持ち良さから、晩年の渋さを増した歌いぶりに至るまで、一貫したテイストを保っているのはさすが。

John Pizzarelli/My Blue Heaven　S
ジョン・ピツァレリ/マイ・ブルー・ヘヴン

Chesky 1990年録音

DATA›P291

ジョンはシナトラのバックも務めたイタリア系ギター名手、バッキー・ピツァレリの息子。アイドルは40年代のキング・コールというだけあって、まさにレトロ趣味。しかし時代は既に90年代。たんに「古き良き時代」をなぞっているわけではない。ギターを弾き語りつつ軽やかに歌う彼のスタンスには、スタンダード新解釈の意気込みもうかがえる。

B：ビター　C：クリア　D：ディープ　H：ハスキー　S：ソフト　V：ヴェルヴェット　W：ウォーム

Lena Horne & Gabor Szabo/Lena & Gabor C
リナ・ホーン&ガボール・ザボ/リナ&ガボール

Skye 1969年録音

DATA ≫ P286

ハンガリーのギター奏者ガボール・ザボに加え、エリック・ゲイル、コーネル・デュプリーらフュージョン・ギターの大物たちが脇を固める豪華な布陣で、リナが「フール・オン・ザ・ヒル」「メッセージ・トゥ・マイケル」といったよく知られた曲を雄大なスケールで堂々と歌い上げる。サイドの人選の割にはフュージョン臭がまったくないのが面白い。

Louis Armstrong/Hello, Dolly! D
ルイ・アームストロング/ハロー・ドーリー

Kapp 1963/64年録音

DATA ≫ P284

一聴でルイとわかっちゃう声。これはもう勝ちなのですね。さすが個性の音楽ジャズの父であり、ジャズ・ヴォーカルの祖でもあるルイだ。超有名曲「ハロー・ドーリー」はじめ「ムーン・リヴァー」など、お馴染みの楽曲が並んでいるお買い得盤。親しみやすいので何気に聴いちゃうが、よく聴くと彼ほんとうに歌が巧いのですね。だから聴き飽きない。

Mel Tormé/At The Crescendo V
メル・トーメ/アット・ザ・クレッセンド

Bethlehem 1957年録音

DATA ≫ P282

これぞトーメの最高傑作。クラブ・ライヴならではの寛ぎ感の中で、エンターテインメントの極致とも言うべきパフォーマンスを示している。それにしても巧い。ただ歌が巧いだけでなく、ジャズ・ヴォーカリストならではの洒落たメロディの崩しやフレージングに込められたウィットなど、彼がトップクラスのプレイヤーであることが歴然。

Mel Tormé Swings Shubert Alley　V

メル・トーメ・スウィングズ・シューバート・アレー

Verve 1960年録音

DATA≫P282

シューバート・アレーとは、ブロードウェイの劇場が密集した地域のことで、要するにこのアルバムはミュージカル・ナンバーを中心に選曲されている。まさにトーメお得意の分野で水を得た魚のように伸び伸びとした歌声が楽しめるアルバムだ、聴き所は晴れやかな「ハロー・ヤング・ラヴァーズ」、聴き手の気分を盛り立てる「君住む街で」。

Mel Tormé/My Kind Of Music　V

メル・トーメ/マイ・カインド・オブ・ミュージック

Verve 1961年録音

DATA≫P282

「ヴェルヴェットの霧」とはトーメの声に付けられた呼び名。ヴェルヴェットは滑らかな生地のことだからわかるが「霧」とは？　彼の声は単に滑らかなだけでなく、紗がかかったような微妙な掠れ感が特徴で、それが個性になっている。トーメ自身が作詞・作曲に関わった名曲「ザ・クリスマス・ソング」では、この「霧効果」がクリスマスらしさを醸しだす。

Mel Tormé And Friends/New York My Heart　V

メル・トーメ&フレンズ/ニューヨーク・マイ・ハート

Finess 1980年録音

DATA≫P282

それまで若干過去の人扱いだったトーメが80年代改めて注目されたきっかけがこのアルバム。タイトル通り彼の友人たちと共演したライヴ・レコーディングで、聴衆の熱狂ももっともな好調ぶり。声も衰えず、歌唱テクニックも完璧。聴き所は「ニューヨーク・ステート・オブ・マイン」での絶唱。他のトラックもすべて良く、この時期のベスト盤と言っていい。

Mel Tormé/Night At The Concord Pavilion V

メル・トーメ/ナイト・アット・コンコード・パビリオン

Concord 1990年録音

DATA≫P282

驚くべし、この録音90年なのですね。彼は1925年生まれだから御年65歳。知らずに聴けば、いささか声に貫禄がついたとはいえ、ほとんど若い頃と変わらないパフォーマンス。一時期ジャズ・ヴォーカル自体がロックに押され、トーメも過去の人扱いされたが、コンコード・レーベルでの活躍で彼の実力が再評価。これを聴けばそれも当然。

Melissa Morgan/Until I Met You C

メリッサ・モーガン/あなたに出逢えて

Telarc 2008年録音

DATA≫P281

1980年生まれのメリッサ・モーガンはモンク・コンペティションで認められ、07年来日公演を行い、このアルバムでメジャー・デビューを果たす。ジャケ写のイメージは「お色気派」を思わせなくもないが、聴けばじつにまっとうな実力派。明確でストレートな歌いぶりは好感が持てる。それにしても、ジャケットの旧型ポルシェは一体誰の趣味なんでしょうね。

Monica Zetterlund/Spring Is Here H

モニカ・ゼタールンド/スプリング・イズ・ヒア

Dragon 1958-60年録音

DATA≫P280

日本のファンはエヴァンスとの共演盤を聴いてから、この初期モニカを知った。ずいぶんイメージが違う。若いのでハスキー度数も低く、そのせいで明るく溌剌としており、これはこれで悪くない。この時期のアメリカのヴォーカリストの影響がうかがえるが、よく聴くと英語の歌詞にスウェーデン人ならではの特徴も見えてきて、それが個性に繫がっている。

Nancy Wilson/Today Tomorrow Forever D
ナンシー・ウィルソン/トゥディ・トモロウ・フォエヴァー

Capitol 1964年録音

DATA＞P279

　ナンシーがポップス歌手としても力があることを知らしめたアルバム。ジョビンの名曲「ワン・ノート・サンバ」からレイ・チャールズのヒット・ナンバー「アンチェイン・マイハート」、そして「想い出のサンフランシスコ」と60年代ポップス・シーンを総覧する多彩な楽曲をナンシー流ジャズ・テイストに染め上げて歌う力量は、やはりなかなかのもの。

Nat King Cole/Just One Of Those Things D
ナット・キング・コール/ジャスト・ワン・オブ・ゾーズ・シングス

Capitol 1957年録音

DATA＞P279

　ビリー・メイが指揮するビッグ・バンドをバックに、キング・コールがジャジーなテイストを全開。歌い方によってポピュラーな装いも、そしてこのアルバムのようにスインギーなテイストも表現でき、しかもキング・コールらしさは揺るがない。それにしても、ソフトでありながら深みを感じさせる彼の声質は、それだけでもう勝ちなのですね。

Patti Austin/For Ella C
パティ・オースティン/エラ・フィッツジェラルドに捧ぐ

Playboy 2001年録音

DATA＞P277

　フュージョン界のスターがエラに捧げる。「中身はどうなの?」という疑問を抱きつつ聴けば、「何だ、完全なジャズじゃん」という意外な感想。気を取り直しじっくり耳を傾けると、ところどころに顔を出す迫力満点のソウル調節回しこそあれ、全体としては極上のジャズ・ヴォーカル。聴き所は声の力と、彼女のルーツはジャズとわかる歌唱テクニック。

B：ビター　C：クリア　D：ディープ　H：ハスキー　S：ソフト　V：ヴェルヴェット　W：ウォーム

Raul Midón/If You Really Want

D

ラウル・ミドン/イフ・ユー・リアリー・ウォント

Artitry 2014年録音

DATA≫P275

アルゼンチン人の父とアフリカ系アメリカ人の母の間に生まれたラウル・ミドンは、未熟児で生まれ保育器の機能不全のため全盲。聴き所は、独特の張りと深みのある声質から繰り出される、心地よい切迫感を伴ったポジティヴな歌唱。バックはオランダの名門バンド、メトロ・ポール・オーケストラ。彼らの多彩なサウンドがミドンを活気づける。

Rosemary Clooney/Swing Around Rosie

C

ローズマリー・クルーニー/スウィング・アラウンド・ロージー

Coral 1958年録音

DATA≫P273

51年のポピュラー・ヒット曲「カモン・ア・マイ・ハウス」で知られたロージーが、ジャズ・シンガーとしても一級の実力の持ち主であることを示した初期の傑作。何よりいいのはポジティヴで明朗なところ。ジャズ・ヴォーカルというとブルーで深刻なイメージが付きまとうが、ポップスと地続きの50年代白人歌手の歌にはそうした屈託がない。

Ruth Olay/Olay!

C

ルース・オレイ/オレイ

EmArcy 57-58年録音

DATA≫P272

冒頭でみせる異様なヴィブラートでオットと思い、？マークが付きつつもせっかく買ったのだからもう少し聴いてみようかとぐるぐる回るレコードを眺めるうち、次第に激しさを増すフレージングに戸惑わされ、しかし声も良く意外と歌唱テクも確かなことに気づき、3曲目「ラヴァー・マン」に至る頃、ジャズなんだからこれもありかと思う珍盤。

Sarah Vaughan/Pop Artistry **D**
サラ・ヴォーン/ラヴァーズ・コンチェルト

Mercury 1965年録音

DATA≫P271

60年代、ロック・ブームによってジャズ界には不況の波が押し寄せた。そんな状況を逆手にとってポピュラー・チューンを取り入れて成功したのがこの作品。考えてみれば、ミュージカル・ナンバーをジャズ化してきたジャズ歌手にとって、その素材がポップスに変わっただけで「料理の仕方」には慣れていたのだ。「イエスタディ」を聴けばそれがわかる。

Sarah Vaughan/It's A Man's World **D**
サラ・ヴォーン/イッツ・ア・マンズ・ワールド

Mercury 1967年録音

DATA≫P271

「ラヴァーズ・コンチェルト」の成功で確信を得たサラがポピュラー路線を推し進めた結果、彼女は“ジャズ・ヴォーカリスト”の枠を超える“ザ・シンガー”といった呼称を得て、より幅広いファン層を獲得した。しかし、ジャズファンとして聴いてみれば、歌う対象がポップス化しただけで、ジャズ歌手としての個性表現においてはまったく後退していない。

Sarah Vaughan/Send In The Clowns **D**
サラ・ヴォーン/センド・イン・ザ・クラウンズ

Mainstream 1974年録音

DATA≫P270

ややこしいのは81年にサラがベイシー楽団と共演した同名アルバムがあること。それに比べ、こちらはアレンジがポップであるとか、ジャケットがジャズ的でないという理由で無視された不運なアルバム。しかしサラの調子はよく、ミシェル・ルグランらによる軽快なバック・サウンドもサラの若干「重い」歌唱を軽やかに聴かせるプラス効果がある。

B：ビター　C：クリア　D：ディープ　H：ハスキー　S：ソフト　V：ヴェルヴェット　W：ウォーム

V.A./Bob Belden Presents Strawberry Fields D
ボブ・ベルデン・プレゼンツ・ストロベリー・フィールズ

Somethin'else 1996年録音

DATA>P265

アレンジャー、ボブ・ベルデンが、カサンドラ・ウィルソン、ダイアン・リーヴス、ホリー・コールらにビートルズ・ナンバーを歌わせたアルバム。それぞれのジャズ・ヴォーカリストがよく知られたヒット曲をどう料理するかが聴き所。思いのほか複雑な内容を持ったタイトル曲「ストロベリー・フィールズ」を淡々と歌うカサンドラが素晴らしい。

《PART 1》〝気分〟で聴くジャズ・ヴォーカルの名盤

第5章 落ち着きのジャズ・ヴォーカル

―歌声でクールダウン&リラックス―

仕事がハードだった日や、ちょっとしたトラブルで気が立っているときなど、とりあえずこのコーナーのアルバムを手に取ってみてください。仕事で疲れ切った頭脳を優しく揉みほぐし、あるいはイラだった神経をクールダウンさせてくれること請け合いです。

気分を落ち着かせるジャズ・ヴォーカルはあの手この手で人の心を和らげてくれます。一番大事なのは声質でしょうね。というのも、人の深層心理に強く働きかけるのは、メロディ・ラインもさることながら、「音色」の持つ効果が思いのほか大きいからです。ネガティヴな例で恐縮ですが、たとえ小さな音でも、ガラスに爪を立てるような音は生理的嫌悪感を抱かせますよね。

また、たとえ同じ内容でも落ち着いた声音で話しかけられるのと、切羽詰まったような金切り声で叫ばれるのでは、まったく聴き手の印象は変わってしまいます。ベストな声質は後ほど詳しく解説いたしますが、ナット・キング・コールのヴェルヴェット・ヴォイスでしょう。次のポイントはテンポですね。できればスローからせいぜいミディアム・テンポ。

そしてもちろん歌唱スタイルも重要です。優しく語りかけてくれるタイプが一番ですが、次いで、歌い手が自分自身を落ち着いた目線で眺めているようなヴォーカルも悪くない。というのも、こういう歌なら聴き手は良い意味で「他人事」として心穏やかに聴けるからです。

ちょっとまずいのは歌い手の自己アピールが強い歌ですね。個性発揮が重要なジャズとしてはまったく問題ないのですが、疲れているときはそれを受け止めるパワーが受け手に不足しているのです。また、元気のあるときなら大いに乗れるリズミカルな楽曲や意表を突くサウンドも、やはり不向きでしょう。

結果として残るのは、ゆっくりとした曲想をあまり角の立たない声で歌っているアルバムになります。といってもやはりジャズ・ヴォーカルです。病院の待合室で鳴る毒にも薬にもならないＢＧＭとは一味も二味も違い、受け手を疲れさせない微妙な距離感を保ちつつも深い味わいを伝えてくれる歌唱がタップリと楽しめるはずです。

付け加えれば、こうした難しい条件を満たしているジャズ・ヴォーカリストは、それだけで一流の歌い手と言えるのです。

Nat King Cole Sings George Shearing Plays D

ナット・キング・コール・シングス・ジョージ・シアリング・プレイズ

Capitol●1961年録音 DATA≫P279

①セプテンバー・ソング②ピック・ユアセルフ・アップ③アイ・ガット・イット・バッド ④レット・ゼア・ビー・ラヴ⑤アズール・テ⑥ロスト・エイプリル⑦ビューティフル・フレンドシップ⑧フライ・ミー・トゥ・ザ・ムーン⑨セレナータ⑩アイム・ロスト⑪ゼアズ・ア・ルル・イン・マイ・ライフ⑫ドント・ゴー⑬エヴリシング・ハプンズ・トゥ・ミー⑭ゲーム・オブ・ラヴ⑮ゲス・アイル・ゴー・バック・ホーム

出だしの一音で心が和む。涼やかなクール・サウンドで一世を風靡したイギリスのジャズ・ピアニスト、ジョージ・シアリングが落ち着いたテンポで導入メロディを奏で、まさに柔らかなベルベット生地のようなキング・コールの声が歌いかける。曲目は老いの感覚を秋の風景になぞらえたミュージカルの名曲「セプテンバー・ソング」。もうこれだけでたいがいの嫌なことは忘れられる。

曲順もうまい。続いて歌われる明るい曲想の「ピック・ユアセルフ・アップ」は、回復した気分を前向きに押し戻す効果抜群だ。こうした効用をいやが上にも高めているのがキング・コールの優しく誠意に満ちた歌いぶりで、それは彼のジャズ・ミュージシャンにしては珍しいまっとうな生活態度から生まれたもの。ソフトなストリングス・サウンドと絡むシアリングのしみじみとしたピアノも味わい深く、まさにこれは絶妙の組み合わせ。

Abbey Lincoln/A Turtle's Dream　D
アビー・リンカーン/タートルズ・ドリーム

Gitans 1994年録音

DATA》P316

率直に言って、初期のアビーにはあまり惹かれなかった。メッセージ性が強すぎて「歌」として親しみにくいのだ。だが、晩年のこの作品には驚いた。彼女らしさは保ったまま、素直に心に響くのだ。過剰な意気込みが抜け、しかし本当に伝えたいことはむしろ純化している。サイドのベース、チャーリー・ヘイデンの存在も大きいように思う。絶唱だ。

Ann Burton/Blue Burton　W
アン・バートン/ブルー・バートン

CBS/Sony 1967年録音

DATA》P315

このアルバムを新譜で聴いたとき「あ、ジャズ・ヴォーカルが変わっちゃった」と思ったものだ。アメリカ人歌手とまったくテイストが違うのに、まさに“ジャズ”なのですね。67年「いーぐる」開店当時、リクエストが殺到したのも懐かしい。魅力の秘密は、今まで耳にしたことのない種類の「親しみ感覚」だろう。優しく、しかし毅然とした声がたまらない。

Barbara Lea/Lea In Love　W
バーバラ・リー/リー・イン・ラヴ

Prestige 1957年録音

DATA》P313

穏やかな歌だ。ジャズ・ヴォーカルというと個性表現が重視されるので彼女のようなタイプは目立たないが、「穏やかな個性」というものもあるわけで、そうした視点で聴けばバーバラは立派な表現者だ。あまりにも有名な「ユード・ビー・ソー～」を何の衒いもなく歌い切る。ヘレン・メリルとはまったく違うが、こういう素直な歌を聴きたいファンも多い。

B：ビター　C：クリア　D：ディープ　H：ハスキー　S：ソフト　V：ヴェルヴェット　W：ウォーム

Betty Blake Sings In A Tender Mood

H

ベティ・ブレイク/シングス・イン・ア・テンダー・ムード

Bethlehem 1960年録音

DATA》P312

ベティ・ブレイクのアルバムはこれ1枚。まさに知られざるヴォーカリストだ。しかしけっしてマニア好みの変わり種ではなく、むしろ正統派白人女性ヴォーカリスト。クリス・コナーに似たキャラクターで、ハスキー・ヴォイスも一緒。彼女ならではの個性はクールな歌唱に垣間見える優しげな素顔。そこに気が付くとすべてが好ましく聴こえる。

Betty Carter/Round Midnight

C

ベティ・カーター/ラウンド・ミッドナイト

Atoco 1962-63年録音

DATA》P312

率直に言ってカーターの歌唱法は「歌」に対する一般的イメージに当てはまらないので、取っつきが悪い。そのあたりを考慮したのか、クラウス・オガーマン、オリヴァー・ネルソンら一流アレンジャーを配し、念入りに作り上げたアルバムがこれ。効果はてき面で、カーターのスタイルを保ちつつ、一種の情感と言っていいものが醸しだされている。

Betty Carter/Dropping Things

C

ベティ・カーター/ドロッピング・シングス

Verve 1990年録音

DATA》P312

還暦を迎えたカーターが落ち着いた貫禄で聴かせる渋い1枚。例の歌の常識を破るユニークな唱法はそのままだが、不思議なことにそのスタイル自体が聴き手の心情に寄り添うように聴こえるのだ。例えてみれば、マイルスのブルーなトランペット・サウンドにも似たクールな抒情が醸しだされており、それに浸ること自体が心地よい。

Billie Holiday/Lady Sings The Blues　D
ビリー・ホリデイ/レディ・シングス・ザ・ブルース

Verve 1954/56年録音

DATA≫P311

早くも「晩年」を迎えてしまったビリー。声質に若かりし頃の艶こそないが、深い味わい、貫禄、余裕、そして一抹の哀感。ビリーの凄みは歌がもたらす感慨が極めて微妙かつ複雑なところだ。歌唱テクニックとは、心情をいかに表現するかであることを思えば、ビリーの歌には常に万感の思いが詰まっており、まさしく最上の歌唱技巧の持ち主。

Billie Holiday/At Monterey 1958　D
ビリー・ホリデイ/アット・モンタレー1958

Black Hawk 1958年録音

DATA≫P312

最晩年のライヴ・レコーディングながら例外的に声質が良い。晩年の伴奏者であるマル・ウォルドロンがピアノに座り、ゲスト・ミュージシャンとしてジェリー・マリガンがなかなか良いソロを聴かせる。録音が良いのでビリーならではの微妙な歌唱テクニックの細部が聴き取れる。途中、飛行機がライヴ会場の上空を通り過ぎるが驚かないように。

Blossom Dearie/Soon It's Gonna Rain　C
ブロッサム・ディアリー/スーン・イッツ・ゴナ・レイン

Fontana 1967年録音

DATA≫P310

あたかもアニメの吹き替えのような声色っぽい歌いぶりに驚かされるが、聴き進むうち、これは天然なのだと納得。そうなればこれも個性のうち、好き嫌いは聴き手の自由となる。そこで偏見を取り払って聴けば、かなり変化球ではあるけれど、これもありだよなと思うに至る。「アルフィー」のしんみりとした風情など、他の歌手では出せない味わいだ。

B：ビター　C：クリア　D：ディープ　H：ハスキー　S：ソフト　V：ヴェルヴェット　W：ウォーム

Blossom Dearie/Sweet

C

ブロッサム・ディアリー/スウィート(アット・ロニー・スコット)

Philips 1963年録音

DATA≫P310

直訳すれば「可愛い満開の花」といかにも芸名っぽい名は、じつは本名。祖先はスコットランドとアイルランド系で、生まれはマイルス、コルトレーンと同じ26年。このアルバムは67年ロンドンのロニー・スコット・クラブでの実況。ご本人のアナウンスも当然「子供声」で、そこから歌に入る流れで聴くと、違和感なく彼女の世界に入って行ける。

Carmen McRae/Book Of Ballads

C

カーメン・マクレエ/ブック・オブ・バラーズ

Kapp 1958年録音

DATA≫P308

カーメン・マクレエの最高傑作にしてバラード・アルバムとしても必聴の名盤。彼女の特徴である明快な発音、ていねいな歌い回しによって、歌の心が素直に聴き手の心に沁みわたる。英語が達者でない筆者でも、彼女の（メロディだけでなく）言葉に聴き惚れてしまうマジック。思わず「説得力」という歌らしからぬ感慨が湧き上がる名唱。

Carmen McRae/When You're Away

C

カーメン・マクレエ/ホエン・ユーア・アウェイ

Kapp 1959年録音

DATA≫P308

カーメンのソフトでありながら説得力に富んだ歌唱が聴き所。正確な発音で歌詞をていねいに歌う。当たり前のことのようだが、意外とこの「歌の基礎」をきちんと押さえている歌手は少ない。カーメンは「言葉」を重視することで聴き手の心情を摑むというシンプルなスタイルで成功した。彼女の特徴である張りのある明快な声質も大きく寄与している。

Carol Sloane/Hush-A-Bye　H
キャロル・スローン/ハッシャ・バイ

SSJ 1959年録音

DATA≫P307

スローンは70年代後半日本で人気が出る。この作品はマニアの間で話題となった若かりしスローンを捉えた希少盤の復刻。彼女の魅力はあまり技巧を凝らさず素直に歌うところ。心持ちハスキー気味の声で歌う「エンジェル・アイズ」がいい。本来男の自虐的な歌詞なのだけど、スローンは状況を踏まえつつあたかも振られた男を慰めるように優しく歌う。

Carol Sloane/But Not For Me　H
キャロル・スローン/バット・ノット・フォー・ミー

CBS/Sony 1986年録音

DATA≫P308

声良く、テクニックもしっかりした王道ジャズ・ヴォーカル。聴き所は暖かく包み込むような歌いぶりで、あたかも木枯らし吹きすさぶ寒い日に暖かな暖炉の室内に招き入れられたような幸せ感を抱かせる。タイトル曲が示すようにガーシュウィンの楽曲を収録したアルバムで、全体にスロー・テンポな解釈が多く、これが穏やかな印象に繋がっている。

Carol Sloane/When I Look in Your Eyes　H
キャロル・スローン/イン・ユア・アイズ

Concord 1994年録音

DATA≫P307

キャロル・スローンは傑作『麻雀放浪記』で知られたジャズ好き作家、色川武大が愛好した通好みヴォーカリスト。といってもけっして変わったスタイルではなく、むしろジャズ・ヴォーカルの王道を行く正統派。心持ち霞がかかったようなハスキー・ヴォイスから繰り出される彼女の暖かみに満ちた歌声は、聴き手の気持ちを落ち着かせる効果がある。

B：ビター　C：クリア　D：ディープ　H：ハスキー　S：ソフト　V：ヴェルヴェット　W：ウォーム

Chet Baker Sings　S

チェット・ベイカー・シングス

Pacific Jazz 54/56年録音

DATA≫P307

聴き所は何といっても中性的な声が極めて印象的な「マイ・ファニー・ヴァレンタイン」。67年「いーぐる」開店当時、このアルバムにご婦人方のリクエストが殺到したのをよく覚えている。当時はその人気が今ひとつピンと来なかったが、今はわかる。彼の心は「無垢」なのだ。それが歌に表れている。別の言い方をすれば「作為」がない。

Chet Baker Sings [stereo]　S

チェット・ベイカー・シングス [ステレオ]

Pacific Jazz 1954/56/62年録音

DATA≫P307

ジューン・クリスティの『サムシング・クール』と同じように、このアルバムもモノラル録音とステレオ盤がある。クリスティ盤は両者まったく違う録音だったが、こちらはモノラルをステレオ化している。それだけでなく、全編にわたってジョー・パスのギターがオーヴァー・ダビングされているので印象が異なるが、歌に的を絞ればどちらもありか。

Dinah Shore/Dinah Sings Some Blues With Red　W

ダイナ・ショア/ダイナ、ブルースを歌う

Capitol 1959-60年録音

DATA≫P304

不思議な声質、というか歌い方をする歌手だ。フレーズの語尾が独特の震え方をするので、ちょっと聴き慣れるとすぐ「あ、ダイナだ」とわかる。このフレージングだけで聴き分けられるという一事で、彼女がジャズ・ヴォーカリストとしての条件を満たしていることがわかる。だが彼女はポピュラー・シーンでも大人気。これはジャジーな1枚。

Dinah Shore/Dinah Sings, Previn Plays　W
ダイナ・ショア/ダイナ・シングス・プレヴィン・プレイズ

Capitol 1959/60年録音

DATA≫P304

語尾を震わす歌唱の効果は絶大で、独特の気分が彼女の歌からは醸しだされる。最初はちょっと違和感も感じるが、慣れるとけっこう嵌まる。「気分」の中身は良い意味での現実離れ。まさに彼女の声に乗ってドリーム・ランドに招待されるのですね。優しさを込めた「ザット・オールド・フィーリング」は絶品。素敵なピアノはアンドレ・プレヴィン。

Dodo Greene/Ain't What You Do　B
ドド・グリーン/エイント・ホワット・ユー・ドゥー

Time 1958年録音

DATA≫P303

変わった名前の歌い手だが、彼女の名を知っているファンはごく稀。というのも極端にアルバムが少ないから。かといって実力がないわけではなく、コクのある声質から繰り出されるゴスペル調のパンチの効いた歌いぶりは、聴き手を引き込む強力な吸引力を持っている。聴き所は、教会音楽を聴いて育ったせいか、確たる信念が歌に込められているところ。

Eartha Kitt/Thinking Jazz　D
アーサー・キット/シンキング・ジャズ

ITM 1991年録音

DATA≫P302

幼児期の刷り込みは恐ろしい。私は８歳のとき聴いた彼女の歌う「証城寺の狸囃子」の印象が強すぎ、ずーっと彼女をコミカルなシンガーだと思い込んでいた。しかしこのアルバムを聴けば、アーサーは立派なジャズ・ヴォーカリストでもあることがわかるはず。女優としても評価を得ているだけあって、渋みの効いた声質による歌詞は極めて説得的。

B：ビター　C：クリア　D：ディープ　H：ハスキー　S：ソフト　V：ヴェルヴェット　W：ウォーム

Eliane Elias/I Thought About You　S
イリアーヌ/アイ・ソート・アバウト・ユー

Concord 2012年録音

DATA≫P302

温かく気持ちのこもった声で囁くように歌う「あなたは恋を知らない」に思わず聴き入ってしまう。イリアーヌってこんなにいい歌手だったんだ！　もっともそれはピアニスト、イリアーヌへの先入観。これからはヴォーカリスト、イリアーヌのファンになろう。チェット・ベイカーの名唱で知られる「レッツ・ゲット・ロスト」も完璧に自分の歌にしている。

Ella Fitzgerald/Songs In A Mellow Mood　W
エラ・フィッツジェラルド/ソングス・イン・ア・メロー・ムード

Decca 1954年録音

DATA≫P301

エラというとライヴでバリバリ飛ばしまくる印象が強いが、この作品はエリス・ラーキンスのピアノ1台を伴奏に、しっとりとスタンダードを聴かせる。聴き所は豊かな声が持つ余裕感。バック・サウンドがシンプルだと、どうしても声の細部に聴き手の意識が集まるが、エラはフレーズを伸ばすところでも声が痩せず、ゆったりと余韻を響かせる。

Frank Sinatra/Point Of No Return　S
フランク・シナトラ/ポイント・オブ・ノー・リターン

Capitol 1961年録音

DATA≫P298

シナトラ、キャピトル・レコードへの最後のレコーディング。以後彼はワーナー・ブラザースと共同出資でリプリーズ・レコードを立ち上げる。タイトルはそのお別れの意か。内容はシナトラお得意のバラード集で、ブルージーな気分と寛ぎ感がちょうどいい塩梅。ゆったりとシナトラ・ヴォイスに浸る幸せを心行くまで満喫させてくれる。

Frank Sinata/September Of My Years　S
フランク・シナトラ/セプテンバー・オブ・マイ・イヤーズ

Reprise 1965年録音
DATA ≫ P298

「人生の秋」というタイトル通り、50歳を迎えたシナトラが波乱に富んだ人生を振り返った傑作。落ち着き、渋み、そして若干の哀感を湛えた歌唱は絶品。それにしても、気張らず淡々ともいえる歌唱がこれほどの深い情感を湛えているのは驚きだ。シナトラがけっして人気だけのポピュラー・シンガーではないことがよくわかる。まさに大人の歌。

Gloria Lynne/A Time For Love　B
グロリア・リーン/愛の瞬間

Muse 1989年録音
DATA ≫ P296

グロリアは29年生まれ。黒人文化のメッカ、アポロ劇場でのアマチュア・コンテストでデビューという経歴から想像できるように、ブラック・コミュニティから登場した黒人女性歌手。ほとんど無名だが、ソウルフルかつ渋みのある歌唱は本格派。時代を象徴するフュージョン・タッチのバック・サウンドと、伝統ブラック・テイストの融合が面白いアルバム。

Helen Merrill/Helen Merrill　H
ヘレン・メリル・ウィズ・クリフォード・ブラウン

EmArcy 1954年録音
DATA ≫ P295

ハスキー・ヴォイス効果がこれほど人の心を捉えた名盤もない。名曲「ユード・ビー・ソー・ナイス・トゥ・カム・ホーム・トゥ」でジャズ・ヴォーカルに目覚めたというファンは極めて多い。もちろんそれはメリルの力なのだが、クリフォード・ブラウンのトランペット、クインシー・ジョーンズのアレンジもこのアルバムの魅力の大きな力となっている。

B：ビター　C：クリア　D：ディープ　H：ハスキー　S：ソフト　V：ヴェルヴェット　W：ウォーム

Helen Merrill/The Nearness Of You

H

ヘレン・メリル/ニアネス・オブ・ユー

EmArcy 1957/58年録音

DATA▶P294

メリルの歌唱の特徴のひとつに歌詞の扱いの巧さがある。例えばこのアルバムの目玉「バイ・バイ・ブラック・バード」の決め台詞「バイ・バイ・ブラック・バード」をじつに表情豊かに歌い上げている。一聴、ムード派のように思われているが、醸しだされた気分はそれなりに考えられた歌唱テクニックによって生み出されているところを聴き取ろう。

Janis Siegel And Fred Hersch/Slow Hot Wind

C

ジャニス・シーゲル・アンド・フレッド・ハーシュ/スロー・ホット・ウィンド

Varèse Sarabande 1995年録音

DATA▶P293

マンハッタン・トランスファーのジャニス・シーゲルが、ピアノのフレッド・ハーシュと共演したアルバム。こうしたシンプルなフォーマットは両者ともに相当の実力がなければ退屈になりがち。だが、これは完璧な成功作。ハーシュのピアノが「歌伴」ではなく対等の共演者として機能し、ジャニスもそれに充分応えている。それにしてもジャニスは巧い。

Jeanie Bryson/Some Cats Know

H

ジニー・ブライソン/サム・キャッツ・ノウ

Telarc 1995年録音

DATA▶P293

「親愛なるペギー・リーへ」とサブタイトルが付けられたアルバム。思わず、何で白人ヴォーカリストなの？　と思うのは時代遅れ。アメリカン・ミュージックは想像以上に白黒混合なのだ。カサンドラだってフォークを歌う時代、こうした発想は悪くない。ペギーの粘っこさを思えば、ブライソンの狙いは自分の個性を考えた上での正解だ。

Jeanie Bryson/Tonight I Need You So　H

ジニー・ブライソン/トゥナイト・アイ・ニード・ユー・ソー

Telarc 1994年録音

DATA❯P292

ブライソンは何とディジー・ガレスピーの娘。このアルバムはデビュー2作目で、ようやく彼女の狙いが見えてきた。ガレスピーが前衛音楽ビ・バップを大衆的にプレゼンテーションしたように、彼女はジャズを土台としつつ、白人的ポップス感覚も身に付けるという難しい路線を成功させている。この行き方は現代ヴォーカルの原点でもある。

Jeanne Lee & Mal Waldron/After Hours　D

ジャンヌ・リー～マル・ウォルドロン/キャラヴァン

Owl 1994年録音

DATA❯P292

ジャンヌ・リーは声を楽器として使うだけでなく、呻き、叫び、囁きなど、多彩な表現を用いたアヴァンギャルド・ヴォーカルで鳴らした黒人女性ヴォーカリスト。その彼女がオーソドックスなピアニストと共演するとどうなるか。当たり前だが、“フリー”は“オーソドックス”ができた上での表現ということを知らしめたのがこれ。しっとりとしたいい歌だ。

Jeri Brown/April In Paris　D

ジェリ・ブラウン/エイプリル・イン・パリ

Justin Time 1996年録音

DATA❯P292

ていねいにしっとりと、訴えかけるようにフレーズを重ねていく、ジャズ・ヴォーカルの王道路線だ。ジェリが個性的なのはその訴え方だろう。心を込め誠実に、というのは誰しもやるが、そこに歌い手の心の内の揺れまで表現するようなタイプは珍しい。あえて言えば、戸惑いつつ歌いかけているように聴こえるのだ。だからこそ真実味が伝わってくる。

B：ビター　C：クリア　D：ディープ　H：ハスキー　S：ソフト　V：ヴェルヴェット　W：ウォーム

Johnny Hartman/I Just Dropped By To Say Hello D
ジョニー・ハートマン/アイ・ジャスト・ドロップド・バイ・トゥ・セイ・ハロー

Impluse 1963年録音

☑ DATA➤P291

暖かく包み込むような声が心地よい。そして黒人歌手特有の力強い声質が安心感を生み出す。それにしてもハートマンの低音の魅力は素晴らしい。こればっかりは白人シンガーが逆立ちしても勝てない。「いーぐる」開店当時、彼のアルバムにリクエストが殺到したが、どういうわけかほとんどが女性。しかし、このアルバムを聴けばその理由がわかる。

Joni Mitchell/Mingus C
ジョニ・ミッチェル/ミンガス

Asylum 1979年録音

☑ DATA➤P290

ジャズ界の巨匠、ミンガスとジョニの共演盤。惜しくも制作途中でミンガスは亡くなり追悼盤となった。聴き所は最後に収録された絶唱「グッドバイ・ポークパイ・ハット」。これは凄い。バック・ミュージシャンも豪華、イマジネーションに満ちたウェイン・ショーターのソプラノも素晴らしければ、ジャコ・パストリアスの色彩感あふれるベースも最高。

June Christy/Duet H
ジューン・クリスティ/デュエット

Capitol 1955年録音

☑ DATA➤P289

クリスティはスタン・ケントン楽団のバンド・シンガーとしてデビュー。このアルバムはケントン楽団退団後、元のボス、ケントンのピアノとふたりきりで吹き込んだ作品。ちょっと緊張しちゃうんじゃないかと思いきや、クリスティはじつに伸び伸びと自分の世界を披露。それに寄り添うケントンのピアノも穏やかで、弟子に対する慈しみが感じられる。

Lee Wiley/Music Of Manhattan 1951　**W**

リー・ワイリー/ミュージック・オブ・マンハッタン1951

Uptown 1950-52年録音

DATA》P286

レトロな歌声が心地よい気分を醸しだす。ゆったりとした、しかもどこかしら懐かしい心持ち。何も考えずワイリーの優しげな歌声に浸り浮世の憂さを忘れる。楽曲のイメージでもなく、テクニックにも頼らず一定の気分を喚起させる歌い手は、そう多くはない。このアルバムは録音状態やアナウンスも含め、古き良き時代が今にタイムスリップ。

Lena Horne/We'll Be Together Again　**C**

リナ・ホーン/ウィル・ビー・トゥゲザー・アゲイン

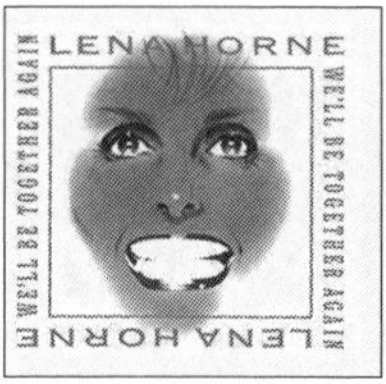

Blue Note 1993年録音

DATA》P286

初めてジャズ・レコードが録音された1917年生まれのリナは映画女優でありブロードウェイのスターでもある。彼女の持ち味はいかにも舞台映えしそうな堂々たる歌唱スタイルで、この70歳を超えたアルバムでも声の張りこそ衰えたとはいえ、まさに意気軒高。聴き所は、年輪を重ね「自分」というものがしっかりとありつつ押しつけがましさがない歌の魅力。

Lucy Reed/The Singing Reed　**C**

ルーシー・リード/ザ・シンギング・リード

Fantasy 1955年録音

DATA》P284

無名時代のビル・エヴァンスが伴奏をしていることで知られるが、ルーシーのヴォーカルはそのことを度外視しても一聴の価値がある。思い切りスローなテンポで歌う「イッツ・オール・ライト・ウィズ・ミー」が醸しだす意外な情感表現は、彼女ならでは。所々に顔を出す心細げとも思える風情の醸しだし方など、コール・ポーター楽曲の新解釈だ。

B：ビター　C：クリア　D：ディープ　H：ハスキー　S：ソフト　V：ヴェルヴェット　W：ウォーム

Lurlean Hunter/Blue & Sentimental **D**
ラレーン・ハンター/ブルー・アンド・センチメンタル

Atlantic 1960年録音

DATA》P284

黒人歌手ならではの低くふくよかな声が気持ち良い。歌唱テクニックも申し分なく、歌に込められた心情も余裕たっぷり。何より気持ち良いのは歌うことを楽しんでいる風情が伝わってくるところ。個性も充分。聴き所は、フレーズの後半にあるかなしかのヴィブラートを付けるのだが、それが歌に何とも言えない好ましいニュアンスを付け加えている。

Madeleine Peyroux/Dream Land **S**
マデリン・ペルー/ドリーム・ランド

Atlantic 1996年発表

DATA》P284

ビリー・ホリデイの再来というキャッチフレーズで話題を呼んだマデリンのデビュー・アルバム。ちょっと気怠さを感じさせる歌い回しはホリデイに似ているが、白人ならではの明るい声質や時代ということもあり、さほど深刻な感じはしない。だが歌唱力は確かで、じっくりと聴き込んでも聴き飽きることはない。フランス語で歌う「薔薇色の人生」がいい。

Maxine Sullivan/Close As Pages In A Book **D**
マキシン・サリヴァン/クローズ・アズ・ペイジズ・イン・ア・ブック

Monmouth Evergreen 1969年録音

DATA》P282

37年「ロック・ローモンド」で注目されたベテラン・ヴォーカリストが、還暦を前に吹き込んだアルバムがこれ。年の功が歌に深い味わいをもたらしている。自信をもって自分の歌を歌うことがこれほど聴き手の耳を惹きつけるとは！　共演者ボブ・ウィルバーの甘いクラリネットと相まって、極上のリラックス・ヴォーカル盤に仕上がっている。

Maxine Sullivan/It Was Great Fun　D

マキシン・サリヴァン/イット・ワズ・グレイト・ファン

Audiophile 1982年録音

DATA＞P282

1911年生まれというのだからジャズ・ヴォーカリストとしては大ベテラン。その割に知名度、アルバム数が少ない。私はけっこう彼女のファンで、この晩年のアルバムが想像以上に出来が良いので喜んだものだった。暖か味があると同時に、しっかりとした意志を感じさせる声から繰り出される包み込むような歌声は、ワン・ワンド・オンリー。

Mel Tormé With The Marty Paich Dek-tette　V

メル・トーメ・ウィズ・ザ・マーティ・ペイチ・デクテット

Bethlehem 1956年録音

DATA＞P281

マーティ・ペイチ率いるウエスト・コーストの腕っこきミュージシャンたちによる10人編成のバンドをバックに、トーメが伸び伸びと歌った初期の傑作。ヴェルヴェット・ヴォイスと呼ばれた滑らかな声質から繰り出される、都会的でお洒落なヴォーカルは白人男性ジャズ・ヴォーカルの典型。「ファッシネイティング・リズム」の軽快さはさすが。

Mel Tormé Sings Fred Astaire　V

メル・トーメ・シングス・フレッド・アステア

Bethlehem 1956年録音

DATA＞P282

ミュージカルの雄、フレッド・アステアが歌った楽曲をトーメが歌う。アステアの軽やかでポップな歌唱に比べると、トーメがまさにジャズ・ヴォーカリストであることが見えてくる。どちらにもそれぞれの良さがあるが、ジャジーなテイストでは当然トーメが上。ただ、都会的で洒落たセンスということなら両者とも似た資質の持ち主といえる。

B：ビター　C：クリア　D：ディープ　H：ハスキー　S：ソフト　V：ヴェルヴェット　W：ウォーム

Meredith d'Ambrosio/Love Is Not A Game **S**

メレディス・ダンブロッシオ/ラヴ・イズ・ノット・ア・ゲーム

Sunnyside 1990年録音

DATA≫P281

メレディスは41年ボストン生まれ。派手さはないが、じっくり聴くとなかなか味がある歌い手だ。テクニックを前面に打ち出すタイプではないが、自然体で自分の世界を静かに歌に込めるスタンスには好感が持てる。聴き所はそこはかとなく漂い出る上品な風情。穏やかで落ち着いた歌いぶりは聴き手の気持ちを鎮め心穏やかにする効果がある。

Molly Johnson/Because Of Billie **B**

モリー・ジョンソン/ビコーズ・オブ・ビリー

Universal 2014年録音

DATA≫P280

カナダを代表する女性歌手、モリーがビリー・ホリデイに捧げたアルバム。陽気なホリデイだ。もちろんこういう解釈があったっていい。というか、今までどうしてなかったのだろう。カナダ人だが、父親がアフリカ系だったためか、声質は渋く苦みが効いている。そういう点ではホリデイの気分を巧く写し取っており、陽性とはいえ、気分はかなりディープ。

Monica Borrfors/Slowfox **D**

モニカ・ボーフォース/スローフォックス

Ariola 1995年録音

DATA≫P280

のっけから深みのある声に心を惹かれる。聴き手を自分のフィールドに引き込む力はかなり強力。モニカはその名から想像されるように北欧系。しかし歌声はイメージされるクールというよりウォーム系。メロディに忠実なオーソドックス派だが、歌詞をしっかりと発音し、言葉に重みを与えることで親しみのある豊かな情感を伝えるタイプだ。

Monica Zetterlund/Waltz For Debby　H
モニカ・ゼタールンド/ワルツ・フォー・デビー

Philips 1964年録音

DATA≫P280

　ビル・エヴァンスの極め付き名演「ワルツ・フォー・デビー」をエヴァンス自身の伴奏で歌う。というわけでモニカは注目されたのだが、実際聴いてみればそうしたキャッチコピー抜きでも、ハスキー・ヴォイスで囁きかけるように歌う彼女は個性的で魅力のある歌手だ。何より自然で構えていないのが良い。エヴァンスの伴奏も彼女を暖かく見守るよう。

Monica Zetterlund/Chicken Feathers　H
モニカ・ゼタールンド/チキン・フェザーズ

SR Record 1972年録音

DATA≫P280

「北欧っぽさ」って、言葉にするのが難しい。ひとつ言えるのは、発音のニュアンスにアメリカ人ヴォーカリストにはない新鮮さを感じるのではないか。それに加え、ハスキー・ヴォイスがもたらすクールな感触がモニカならではの個性になっている。このアルバムは彼女の歌伴を務めたステーヴ・キューンの曲集だが、ピアノ演奏はベンクト・ハルベルク。

The Nat King Cole Story　D
ザ・ナット・キング・コール・ストーリー

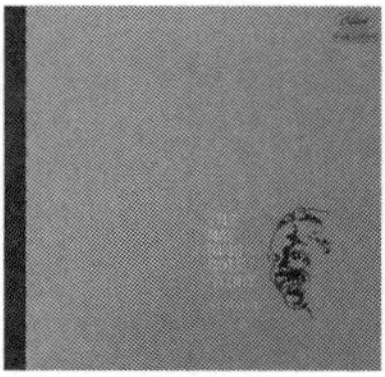

Capitol 1958-61年録音

DATA≫P278

　ちょっと変わった構成のアルバムだ。過去のキング・コールのヒット曲を、当時最先端であった「ステレオ」で再録音したトラックと、新録曲によるLP3枚組36曲のCD化。61年は彼の絶頂期とされており、それだけに再録音の評価も高い。「モナリザ」「アンフォゲッタブル」などが収録されており、旧盤と聴き比べてみるのも一興。

B：ビター　C：クリア　D：ディープ　H：ハスキー　S：ソフト　V：ヴェルヴェット　W：ウォーム

Pery Ribeiro/Sings Bossa Nova Hits D
ペリー・リベイロ/シングス・ボサ・ノヴァ・ヒッツ

Copacabana 1979年

DATA≫P276

いい声のヴォーカリストだ、厚み、暖かさがじつに魅力的。声を聴いているだけで幸せになれるタイプ。歌唱テクニックも間違いないが、テクより心というか優しい気分を伝えてくれる歌手と言っていい。ブラジル出身だがわかりやすさを考えたのだろう英語でも歌っている。日本盤タイトル曲「マスカレード」もいいが、「いそしぎ」や「四月の思い出」も絶品。

Pinky Winters/Shadow Of Your Smile H
ピンキー・ウィンターズ/いそしぎ

SSJ 1983年録音

DATA≫P275

アルバムが少なかったり入手困難だったりすると、当然歌手の知名度は落ちる。しかしジャズの場合、そのことと歌の内容には必ずしも相関関係があるわけではない。この作品は31年生まれのピンキーが50歳を超えた頃の未発表コンサート・ライヴで、ルー・レヴィーのピアノをバックにした落ち着いた歌唱が聴衆を捉えている。しっとりとしたいい味だ。

Roberta Gambarini/Connecting Spirits C
ロバータ・ガンバリーニ/コネクティング・スピリッツ

55 Records 2004年録音

DATA≫P274

イタリア出身の女性歌手、ロバータ・ガンバリーニが、敬愛するサックス奏者ジミー・ヒースの楽曲に自ら詞を付け歌った意欲作。バック・サウンドは当然ヒース。聴き所は、歌う人間のリアルな存在感を示すガンバリーニの明快でよく通る声。ていねいに歌詞を歌い込むと同時に、自分なりの音楽的主張も的確にフレーズに込めている。

Ruth Brown/Late Date With Ruth Brown　D
ルース・ブラウン/レイト・デート・ウィズ・ルース・ブラウン

Atlantic 1959年録音

DATA>P273

28年生まれのルースはR&B歌手として知られていたが、ジャズを歌っても一級の実力の持ち主とファンに認められた初期の傑作。ブラック・ピープルらしいコクのある声質で、「ユード・ビー・ソー・ナイス～」などよく知られたスタンダード・ナンバーを軽快に歌い飛ばす。聴き所はシャウト気味に感情を込めたフレージングの味わい。

Salena Jones/My Love　D
サリナ・ジョーンズ/マイ・ラヴ

JVC 1981年録音

DATA>P272

フュージョン全盛期の81年、人気バンド「スタッフ」をバックにサリナがブルージーなヴォーカルを聴かせたヒット・アルバム。サリナの、黒人ならではの低くコクのある声質の歌唱のバックに流れるスタッフのサウンドが心地よい。サリナを引き立てつつも濃厚な気分をまき散らす彼らの職人技は、まさに鍛え抜かれたプロ集団。

Sam Cooke/Tribute To The Lady　C
サム・クック/トリビュート・トゥ・ザ・レディ

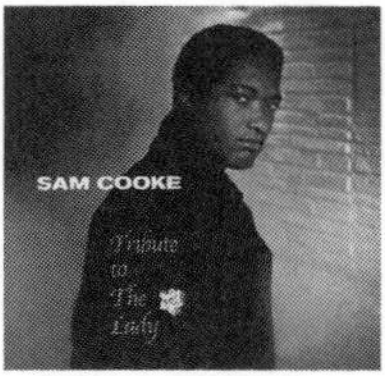

Universal 1959年録音

DATA>P272

ソウル・シンガーの歌うジャズには面白い特徴がある。しみじみと軽いのだ。このアルバムはビリー・ホリデイの死の直後に発表された追悼盤で、ビリーの愛唱曲を歌っているのだが、歌いぶりは軽やかなのに声質、歌い回しの微妙なニュアンスが「しみじみ感」を伴っている。結果、ビリーの「深さ」はないにしても、何とも言えない好ましい情感が生まれている。

B：ビター　C：クリア　D：ディープ　H：ハスキー　S：ソフト　V：ヴェルヴェット　W：ウォーム

Sue Raney/Songs For A Raney Day H

スー・レイニー/雨の日のジャズ

Capitol 1959年録音

DATA》P268

雷鳴と雨音で始まる冒頭の仕掛けはレイニーの名に引っ掛けた洒落。ジャケ写のイメージは「美人（お色気）系歌手」を思わせもするが、中身は極めてまっとうな純ジャズ・ヴォーカル。落ち着きのあるハスキー・ヴォイスが魅力的で、媚びることなくていねいに歌詞を伝えようとする姿勢は好感が持てる。マニア好みの歌手にしておいてちゃあいけないひとり。

Sylvia Syms Sings H

シルヴィア・シムズ・シングス

Atlantic 1952/54年録音

DATA》P267

かなり特徴のあるハスキー・ヴォイスだ。いがらっぽいというのか苦いというか。歌い方もかなり癖が強い。しかし嫌みな感じはしない。それはシムスの歌が「作り物」ではないからだろう。最初は違和感を感じても次第に取り込まれるタイプの歌い手だ。若い頃はビリー・ホリデイに憧れ一挙手一投足まねたというシムズだけに、極めて個性的。

Teddi King/Now In Vogue W

テディ・キング/ナウ・イン・ヴォーグ

Vogue 1955年録音

DATA》P267

作らない歌、素直な歌、という表現がぴったりくる歌手だ。ふつう、そういう歌い方だとジャジーな雰囲気が希薄になりがちだが、キングの作為を感じさせない歌唱には、不思議な魅力が秘められている。よく聴くとけっこう巧いんですよ、この人。自然体だからわかりにくいが、細やかな情感の込め方なぞ、極めて高度な歌唱テクニックと見た。

Teddi King/All The Kings' Songs　W

テディ・キング/オール・ザ・キングス・ソングス

Coral 1959年録音

DATA≫P267

　可憐で可愛らしい歌い手。しかし、その後「だが、テクニックはいまいち」と続くのが定番だが、キングは「しかも巧い」のだから驚き。まったくの想像だが、この人はほんとうに素直なんじゃなかろうか。そういう人柄の歌の巧い歌い手が、心を込めて歌う。それが彼女の魅力の秘密なのではないか。ともあれ、他に類型のないスタイルは極めて貴重。

Thelma Gracen/Night And Day　H

セルマ・グレーセン/ナイト・アンド・デイ

EmArcy 1955年録音

DATA≫P267

　面白い声質の歌い手だ。大枠では白人ハスキー系なのだが、その方面の代表クールなジューン・クリスティ風ではなく、強いて言えば、ホットなアニタ・オデイをもう少しソフトにした感じ。歌唱力はかなりしっかりしていて、どうしてアルバムがこれ1枚なのか不思議と言えば不思議。暖かそうな人柄を想像させる個性表現も明快。なかなかいい歌手だ。

The Tony Bennett Bill Evans Album　B

トニー・ベネット&ビル・エヴァンス

Fantasy 1975年録音

DATA≫P266

　まさに大物同士の顔合わせ。脂の乗り切った熟年らしいコクのある声、そして歌の物語を的確に聴き手に伝えるベネットの歌唱力が、エヴァンスという当代一流のジャズ・ピアニストと出会うことによって生まれた名演・名唱だ。聴き所はエヴァンスの極め付き「マイ・フーリッシュ・ハート」「ワルツ・フォー・デビー」を見事歌い切るところ。

B：ビター　C：クリア　D：ディープ　H：ハスキー　S：ソフト　V：ヴェルヴェット　W：ウォーム

Tony Bennett/Perfectly Frank

B

トニー・ベネット/パーフェクトリー・フランク

Columbia 1992年録音

DATA≫P266

「自分の金を払っても聴きたいのはベネットだけ」とは、シナトラの名言。ベネットはそれだけの歌手ということだ。このアルバムは同じイタリア系ということもあって敬愛するシナトラに捧げたアルバム。それにしてもベネットはいい。陳腐な表現だが歌に心がこもっている。歌唱テクニックを超え、歌詞の一語一語が聴き手の心に染み入るのだ。

Tony Bennett/Art Of Romance

B

トニー・ベネット/アート・オブ・ロマンス

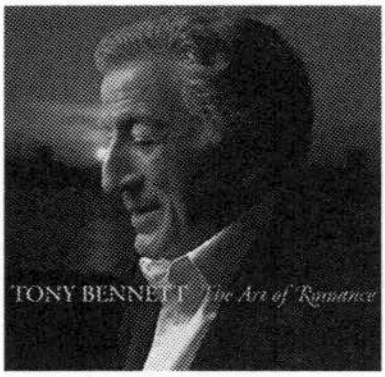

Columbia 2004年録音

DATA≫P267

ベネットの凄みは、自然体で歌っても個性が滲み出るところだ。彼はテクニックをひけらかすタイプではなく、また美声というわけでもない。だが渋みの効いた声質から繰り出される説得力に満ちた歌唱は、彼が歌に真摯に向かい合っていることを実感させる。とはいえ、彼の歌は堅苦しいものではなく、聴く方も自然に彼の歌の世界に入って行けるのだ。

Weslia Whitfield/Lucky To Be Me

B

ウェズラ・ホイットフィールド/ラッキー・トゥ・ビー・ミー

Landmark 1989年録音

DATA≫P265

ウェズラはカリフォルニア生まれの白人女性ヴォーカリスト。知名度は高くないが、ウエスト・コーストのジャズシーンでは知られた存在だそう。ジャズの手ほどきは、ピアニストである夫から受けたという。彼女が「ミュージシャンズ・ミュージシャン」、つまり同業者からの評価が高いのは、素直で落ち着いた、そして堂々たる歌いぶりによるものだろう。

《PART 1》〝気分〟で聴くジャズ・ヴォーカルの名盤

第6章 癒しのジャズ・ヴォーカル

—心が和む歌声のヒーリング—

率直に言ってこの章のセレクトは万人向きというわけにはいかないかもしれません。というのも肉体的疲れの処方箋は書きやすくとも、精神的疲れの対処法は人さまざまだからです。徹夜の疲れはぐっすり寝れば回復するし、過剰な肉体労働による筋肉痛なら、温かい風呂に浸かって栄養価の高いステーキでも食べればとりあえず何とかなります。

しかし精神の疲れは、失恋のようなありがちなものから肉親の死や経済的困窮といった深刻度の高いものまで、理由が多様すぎることの反映で、どうすれば回復するのか一概に言い切れませんよね。ですからここではとりあえずアン・バートンのヒーリング・ヴォイスを代表に挙げましたが、みなさんの置かれたそれぞれの状況に対応すべく、考えられるさまざまな対処アルバムもセレクトしてあります。

例えばルイ・アームストロングの『ルイと聖書』などは、ちょっと紋切り型かもしれませんが宗教的なヒーリングという意味を込めました。もっとも歌うのはルイなのであまり〝抹香臭い〟音楽ではなく、気軽に楽しめます。しかしルイ本人が言明しているように、聴き手に対する真摯な態度にはやはり癒し効果があるはずです。言ってみれば、飲み代の割り勘でモメたような軽度のトラブルに対する対処アルバムといっていいでしょう。

また、最近再評価の声が高いニーナ・シモンの『アット・ニューポート』では、宗教的境地にも繋がる深みの感覚といったものが聴き手の心を揺さぶると同時に、人の心を落ち着かせ癒す効果が考えられます。こちらはもう少し深刻度の高い、失恋の悩みなどにうってつけではないでしょうか。

そしてビリー・ホリデイの『レディ・イン・サテン』ともなると、真夏の暑い日に熱い渋茶を飲んで暑さを乗り越えるような、「逆療法」的意味合いもあるでしょう。大概の悲惨さもこのアルバムを聴けば「それに比べれば」という気分になるかもしれません。あるいは、彼女の状況に深く共感することがそのまま「癒し」に繋がることもありうるでしょう。こちらはより深刻度の高い、人生に関わる悩みや経済的諸問題向けかもしれません。

ともあれ、音楽の癒し効果は思った以上に大きいもので、とりわけ人の心にダイレクトに届くジャズ・ヴォーカルには想像以上の力があるのです。

Ann Burton/Ballads And Burton

W

アン・バートン/バラード・アンド・バートン

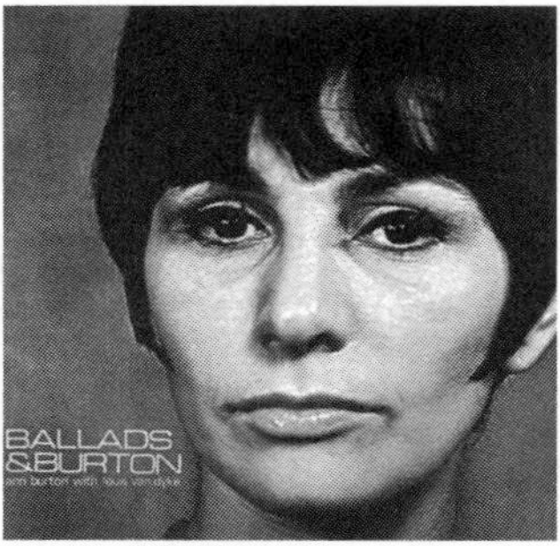

①宵のひととき
②トライ・ア・リトル・テンダネス
③バン・バン
④サムワン・トゥ・ウォッチ・オーヴァー・ミー
⑤いそしぎ
⑥イット・ネヴァー・エンタード・マイ・マインド
⑦恋とよばれる悪魔
⑧冷たい雨

Epic●1969年録音　DATA＞P315

人の心が癒されるのはどういう状況か考えてみると、現実的な目の前の「問題」の解決手段というような話より、自然の景色の中のちょっとした情景だったりする。例えば見慣れぬ小鳥が枝にとまっているのを見たとか…。これが犬や子猫だと手を出したら噛まれちゃったりと、なかなか距離感が難しい。そう、重要なポイントは「歌の距離感」ではないか。

そういう意味でバートンの歌唱スタンスは絶妙なのだ。聴き手次第で歌に入って行けもするし、そっと眺めるようにして聴き入ることもできる。本作はバートン人気が決定的なものとなった折り紙付き名盤。しっとりと親しみを込め、そして優しく歌いかける「トライ・ア・リトル・テンダネス」も良ければ、続く「バン・バン」でみせる切実な情感表現の見事さ。歌唱テクニックが歌い手の心情とこれほど見事に融合した作品は珍しい。誰が聴いてもその魅力に打たれる万人向きヴォーカル・アルバム。

Ann Burton Sings For Lovers And Other Strangers W
アン・バートン・シングス・フォー・ラヴァース・アンド・アザー・ストレンジャーズ

CBS 1972年録音

DATA≫P315

70年当時、オランダの新人ヴォーカリストとして紹介されたバートンは、既に相当のベテランだったようだ。彼女の3枚目のアルバムがこれ。テイスト、出来は前2作とまったく同等。ふつう3枚もアルバムを出せば甲乙が付くものだが、彼女の場合はそれぞれが良いのだ。だから楽曲で選ぶも良し。だが、気に入ったら全部買うのがスジだろう。

Billie Holiday/Lady In Satin B
ビリー・ホリデイ/レディ・イン・サテン

Columbia 1958年録音

DATA≫P311

鬼気迫る最晩年の絶唱。声はしゃがれ、テンポは完全にマイペース。ビリーの歌唱は歌う対象との微妙な距離感の取り方だった。歌に入り込みつつ歌う自分を見つめる醒めた眼。とは言え、「恋は愚かというけれど」など完全に歌と一体化したビリーがいる。もはやテクニックをすっ飛ばした生身のビリーがここにいる。怖くなるような歌でもある。

Billie Holiday/Lover Man D
ビリー・ホリデイ/ラヴァー・マン

Decca 1944-50年録音

DATA≫P311

ほんとうに何気なく気軽に歌っているように思わせ、聴くほどに味わいが増す。この不思議がビリーをカリスマ・ヴォーカリストたらしめた。秘密の第一は、形容が難しい声質と結びついた歌い回しの妙。ごく自然に歌っているようで、じつは微妙に「音程」「間」を変え、それが言いようのない個性・魅力になっている。作為を感じさせない技巧の極致。

B：ビター　C：クリア　D：ディープ　H：ハスキー　S：ソフト　V：ヴェルヴェット　W：ウォーム

Blossom Dearie/Blossom Dearie　**S**

ブロッサム・ディアリー

Verve 56/59年録音

DATA≫P310

元祖子供声、ディアリーはヨーロッパの血筋を引いており、パリではアーニー・ロスらとコーラス・グループ「ブルー・スターズ」を結成。このアルバムでも得意のフランス語で歌った楽曲も収録。ちょっと癖のある声質だが、作り声ではなくこれは地声。聴き所は楽曲をていねいに歌うところで、「春のごとく」のほのぼの感など、得難い魅力。

Fleurine/Close Enough For Love　**S**

フルーリン/クロース・イナフ・フォー・ラヴ

EmArcy 1999年録音

DATA≫P299

ブラッド・メルドーの相方にして、ヴォーカリスト兼プロデューサーでもあるオランダ出身の才人フルーリンが、仲よくメルドーとデュオ。このニュースだけでちょっと聴いてみたくなるでしょう。出来は期待を上回る。ちょっと素人っぽくも聴こえるが素直で自然な歌いぶりは好感が持てる。もちろんメルドーのピアノは言うことなし。

Helen Merrill With Strings　**H**

ヘレン・メリル・ウィズ・ストリングス

EmArcy 1955年録音

DATA≫P295

メリルは声質自体が個性となっている特異な歌手だ。それがクリフォード・ブラウンとの共演盤で注目を浴びるきっかけとなったのだが、じつをいうと彼女の魅力はそこに留まらない。ストリングスをバックとしたこのアルバムの好ましさは、「ハスキー」に込められたメリルならでは心情表現の深さにある。絶唱「ビューティフル・ラヴ」が素晴らしい。

Jimmy Scott/But Beautiful　H
ジミー・スコット/バット・ビューティフル

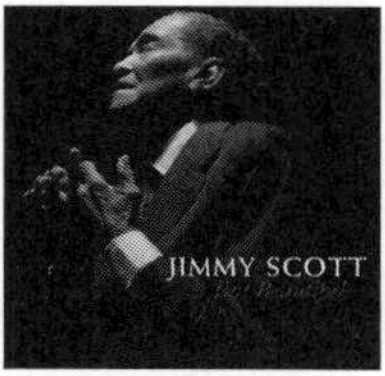

Milestone 2001年録音

DATA》P292

かつてNHKのドキュメンタリーで放映され、一躍時の人となった「知る人ぞ知るヴォーカリスト」ジミー・スコットは、けっしてメディアの力で有名になったわけではない。その異様とも思える声質が耳目を惹きつけ、しっかり聴いてみればたんなる「色物」ではないほんものの歌が聴こえてきたからだ。とにかく「伝えよう」という気持ちは尋常ではない。

Jo Stafford/Autumn In New York　H
ジョー・スタッフォード/ニューヨークの秋

Capitol 1955年録音

DATA》P292

大人の声だ。だから大人の歌に聴こえる。それは彼女の声、歌い方が私たちがイメージする古き良きアメリカを思い起こさせるからではないか。どこか心温まる懐かしい感じ。しかしけっして古臭くはない。ほのぼのとした風情も感じられる。こうして言葉を重ねてみると、スタッフォード的タイプの歌い手はけっこう希少だ。安心して歌に浸れる名盤。

Louis Armstrong/Louis And The Good Book　D
ルイ・アームストロング/ルイと聖書

Decca 1958年録音

DATA》P284

「ルイと聖書?」って思う方もおいでかもしれないが、彼自身「教会で讃美歌を誠意を込めて一生懸命歌った」と言っている。実際ルイの歌が人々の心に響くのは、彼が「誠意をもって歌う」からだろう。このアルバムはそうした彼の一面を表しているが、けっして辛気臭くはない。聴き所はよく知られた「ダウン・バイ・ザ・リヴァーサイド」。

B：ビター　C：クリア　D：ディープ　H：ハスキー　S：ソフト　V：ヴェルヴェット　W：ウォーム

Madeleine Peyroux/Secular Hymns　B

マデリン・ペルー/セキュラー・ヒムズ

Impulse 2016年録音

DATA＞P284

73年ジョージア州生まれのマデリンはフランス系。ヨーロッパでのヒッピー的生活の後に「21世紀のビリー・ホリデイ」のキャッチ・フレーズでアメリカ歌手デビュー。確かに年の割には貫禄・風格を感じさせる歌いぶりだ。聴き所は、シャンソン的な語り口で苦く皮肉な口調を感じさせつつ優しさもうかがわせる、「タンゴ」の優れた情感表現。

Nina Simone/Little Girl Blue　D

ニーナ・シモン/ファースト・レコーディング

Bethlehem 1957年録音

DATA＞P277

このところニーナ再評価の波が押し寄せているが、このデビュー・アルバムを聴けばそれも当然。腰が強く、ディープなブラック・ピープルならではの声質から繰り出される、深い情感を湛えた彼女の歌声は聴き手の心にぐさりと突き刺さる。個性的であると同時に強い説得力をもった歌唱は、まさにジャズだ。ピアノも彼女が弾いているが、これがまたいい。

Nina Simone/At Newport　D

ニーナ・シモン・アット・ニューポート

Colpix 1960年録音

DATA＞P277

67年「いーぐる」開店当時、ほんとうによくリスエストが来たアルバムだ。私など彼女の歌声で黒っぽさの魅力・特徴を学習したと言ってもいい。絶対に白人では出せない強い声がもたらす圧倒的な効果に加え、弾き語りのピアノも含めたニーナならではの楽曲解釈がまたユニーク。歌の心、情感に全身で没入してしまったような歌唱は嫌でも人の心を打つ。

Nina Simone/Baltimore　D
ニーナ・シモン/ボルティモア

CTI 1978年録音

DATA▶P277

ニーナとCTIの組み合わせと聞いて、「はてな?」と思うのではなかろうか。ディープなニーナと「軽い」CTIサウンド。しかし先入観を抜きにして聴けば、ニーナはバックが何であれ、その魅力の本質は変わっていない。深みのある特徴的な声質から繰り出される説得力に満ちた歌唱の力。むしろバックの「軽さ」はポピュラリティに奉仕しているとみるべき。

Ranee Lee/Seasons Of Love　W
ラニー・リー/シーズンズ・オブ・ラヴ

Justin Time 1997年録音

DATA▶P275

ラニーは42年生まれの黒人女性ヴォーカリスト。あまり名を知られていないが、歌はオーソドックスな王道派。心情を込めつつていねいに歌詞を歌い込んでいる。声質は黒人らしく腰と深みがあり、マイルドな低音から力強く高域に声を伸ばしていくのが特徴。聴き所は、聴き手をゆったりと包み込むような優しい歌いぶり。まさに癒しのヴォーカルだ。

Sidsel Endresen & Bugge Wesseltoft/Out Here, In There　H
シゼル・アンドレセン&ブッゲ・ヴェッセルトフト/アウト・ヒア、イン・ゼア

Jazzland 2001年録音

DATA▶P270

北欧ジャズには独特の空気感が漂う。先入観かもしれないが、思い浮かぶのは荒涼とした白い世界。にもかかわらず、ちょっといがらっぽいシゼルの声には不思議な熱気がこもっている。それを煽っているのはブッゲの近未来的サウンド。クールなようで両者の醸しだす緊密なインタープレイからは、極上のジャズ・スピリットが漂い出す。

B：ビター　C：クリア　D：ディープ　H：ハスキー　S：ソフト　V：ヴェルヴェット　W：ウォーム

Stacey Kent/Tenderly

S

スティシー・ケント/テンダリー

Okeh 2015年録音

DATA≫P269

チャーミングな声で魅了。優しく、暖かく、そして親しみに満ちた人柄まで感じさせる。これは強い。楽曲によっては可愛さまで表現しちゃうんだから、鬼に金棒。彼女の歌唱はていねいに歌詞を伝える正統派。加えて感情表現においても作った感じのない自然さが好ましい。ボサ・ノヴァの大御所、ホベルト・メネスカルのギターも聴き所。

Susanne Abbuehl/April

S

スザンヌ・アビュール/エイプリル

ECM 2000年録音

DATA≫P268

スザンヌ・アビュールはスイス生まれ。聴き所はなんといってもその不思議な声。ひっそりと忍び込むように聴き手の心の襞に分け入り、どんなに疲れていようとも知らぬ間に聴き手の気分を寛がせる。バック・サウンドはいかにもECM的でクールだけど、スザンヌの歌声が聴こえだすと一気に場の空気が暖まりだす。この寒暖の対比も面白い。

《PART 1》〝気分〟で聴くジャズ・ヴォーカルの名盤

第7章 エキゾチック・ジャズ・ヴォーカル

—歌声の世界旅行—

「夕暮れから深夜のジャズ・ヴォーカル」の章で、「非日常性」というキーワードを出しました。また、「別世界の音楽」ということも話題にしましたが、この章ではそうした要素に近い異国情緒、エキゾチシズムを感じられるアルバムをセレクトしました。

昔気質のジャズファンの中には、ここに挙げられたアルバムに対し「これはジャズじゃない」と思われる方がいらっしゃるだろうことも承知しています。そうした方々に対しては、ジャズはもともとラテン・ミュージックをはじめとした異ジャンルの音楽を貪欲に取り入れた混交融合音楽であったことを思い出していただきたいと思うのです。例えば、ジャズの古典でもある「セントルイス・ブルース」には、ラテン・ミュージックであるハバネラの要素が見られるのですね。

また、ボサ・ノヴァには即興の要素がないのでジャズとは言えませんが、この章でも採り上げたスタン・ゲッツとジョアン・ジルベルトによる名盤『ゲッツ／ジルベルト』で明らかなように、ジャズとボサ・ノヴァはたいへん相性の良い音楽であり、実際多くのブラジルの音楽家がジャズの影響も少なからず受けているのですね。

そして現代ジャズ自体が、ブラジル、ミナス地方の音楽を取り込んだギタリスト、カート・ローゼンウィンケルのように、エキゾチックな要素を大胆に取り入れていることを思うと、ジャズファンもジャズだけ聴いていれば現状がわかるという状況ではなくなっているのです。

とはいえ、ここで採り上げているアルバムはそういった問題を大上段に振りかざしたものではなく、気軽に聴いて楽しめるものばかりです。また、この章で数多く採り上げているブラジル音楽のファンが、このあたりのアルバムからジャズにも興味をもっていただけたらという想いも込めています。

この章の聴き所は、ブラジリアン・ミュージックならではのゆったりした感覚やサンバ、ボサ・ノヴァのリズムの心地よさですね。また、ポルトガル語特有のソフトな語感も英語歌詞にはない魅力でしょう。そして採り上げたアルバムは少ないですが、フランスやポーランドの歌手たちがもつ、ヨーロッパ的テイストもエキゾチシズムの一種です。彼女たちの歌からはアメリカ人ヴォーカリストにはない独特の個性が聴き取れます。

Astrud Gilberto/Look To The Rainbow　S

アストラッド・ジルベルト/ルック・トゥ・ザ・レインボウ

①ビリンバウ
②おもいでの夏
③フェリシダージ
④アイ・ウィル・ウェイト・フォー・ユー（『シェルブールの雨傘』より）
⑤フレヴォ
⑥静かなマリア
⑦ルック・トゥ・ザ・レインボウ
⑧ビン・ボン
⑨あこがれの地
⑩寂しい人生
⑪彼女はカリオカ

Verve●1965-66年録音 **DATA≫P314**

アストラッド・ジルベルトがアメリカ、そして日本で受け入れられたのは「わかりやすいエキゾチシズム」だったからではないか。彼女が知られたきっかけであるスタン・ゲッツの名盤『ゲッツ／ジルベルト』での、ほんとうのエキゾチシズムであるポルトガル語で歌われたジョアン・ジルベルトの歌は、「ほんものすぎて」ちょっと消化不良気味だったのだ。それを見抜いたのが慧眼プロデューサー、クリード・テイラーで、さっそく彼女をフィーチャーしたシングル盤を出し、これが大ヒット。

　このアルバムは、その後アメリカに根を下ろしたアストラッドが名アレンジャー、ギル・エヴァンスのアレンジの助けを借りて作り上げた傑作。聴き所はスケールの大きなバック・サウンドに負けない貫禄を見せるに至った彼女の成長ぶりと、アメリカのポピュラー・ソングまでブラジリアン・テイストに染め上げる予想外ともいえる個性の強さだ。

Anna Maria Jopek & Branford Marsalis/Ulotne B
アンナ・マリア・ヨペック&ブランフォード・マルサリス/Ulotne/幻想

AMJ 2015/17年録音

DATA▶P314

ポーランドの個性派ヴォーカリスト、ヨペックがブランフォード・マルサリスと共演した。ヨペックの苦みの利いたコクのある声が、民族音楽を取り入れたエキゾチックな旋律に乗って聴き手の想像力を刺激する。囁くような訴えるような歌唱は、ぼんやりと聴き流すことを許さない力がある。ブランフォードはヨペックに寄り添いつつマイペースの好演。

Astrud Gilberto/The Astrud Gilberto Album S
アストラッド・ジルベルト/おいしい水

Verve 1965年録音

DATA▶P314

スタン・ゲッツとの共演で一躍ボサ・ノヴァの女王の位置に祭り上げられたアストラッドの初ソロ・アルバム。ポイントはジョビンの手になる名曲「ハウ・インセンシティヴ」を英語で歌っているところで、これがアメリカ人のボサ・ノヴァ理解に大きな役割を果たした。しかしやはりジョビン作のタイトル曲はポルトガル語で、両者の語感を聴き比べるのも一興。

Astrud Gilberto/The Shadow Of Your Smile S
アストラッド・ジルベルト/いそしぎ

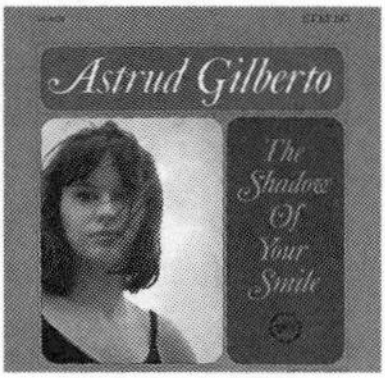

Verve 1964-65年録音

DATA▶P314

映画『いそしぎ』のテーマや「フライ・ミー・トゥ・ザ・ムーン」といったポピュラー・ナンバーを採り上げ、当然英語で歌っているのだが、面白いことにタイトル曲など一瞬ボサ・ノヴァかと錯覚を起こしてしまうところ。アストラッド経由でボサ・ノヴァを知ったという先入観が大きいのだろう。一聴ソフトな歌唱ながら、思いのほか彼女の個性は強いのだ。

B：ビター　C：クリア　D：ディープ　H：ハスキー　S：ソフト　V：ヴェルヴェット　W：ウォーム

Bing Crosby & Rosemary Clooney/Fancy Meeting You Here S
ビング・クロスビー、ローズマリー・クルーニー/ファンシー・ミーティング・ユー・ヒア

RCA Victor 1958年録音

DATA≫P311

「1粒で2度おいしい」はアーモンド入りキャラメルのキャッチコピー。ヴォーカルでもデュエットはふたりそれぞれの「味」が楽しめるお得感がある。だがアーモンドがキャラメルの味と合ったように、ふたりの「相性」は大事。ビングとロージーはともにアメリカ白人文化を代表する歌い手。このアルバムは歌で綴った彼らの世界旅行。

Brigitte Fontaine/Comme À La Radio S
ブリジット・フォンテーヌ/ラジオのように

Saravah 1969年録音

DATA≫P310

フォンテーヌはシャンソン歌手。厳密にはジャズ・ヴォーカルとは言えないが、バックが60年代アヴァンギャルド・ジャズの旗手A.E.C.※なので、ジャズファンが熱狂的に支持したアルバム。囁くようなフランス語とバック・サウンドが醸しだす気分は、確かにユニーク。それにしても、場面をわきまえフォンテーヌの歌を活かすA.E.C.のセンスは素晴らしい。

Caetano Veloso/Caetanissimo! D
カエターノ・ヴェローゾ/カエタニッシモ! ～極上の男

Philips 75-89年録音

DATA≫P309

カエターノは42年ブラジル東北部バイーア地方に生まれた。ブラジルのポピュラー・ミュージック「MPB」の改革者として活躍するも軍事政権を批判しロンドンに亡命。ジャズ・ヴォーカリストではないが、彼の内省的で深みのある音楽は極めて個性的で、その部分に注目すればジャズ的であるともいえる。これは75年から89年に至る彼のベスト盤。

※ A.E.C. =アート・アンサンブル・オブ・シカゴ

Caetano Veloso/Fina Estampa D
カエターノ・ヴェローゾ/粋な男

Philips 1994年発表

DATA≫P309

カエターノの歌にはラテン的な甘美さと先鋭な政治意識が極めて高度なレベルで融合している。それは声自体の力として端的に表れており、ポルトガル語がわからない私たちにも強いメッセージを伝えてくる。昇華された彼の表現は、思想的なものというよりまさに優れた音楽の魅力で、聴き手の心を鷲掴みにする力は例えようもない。

Edda Magnason/Monica Z-Musiken Från Filmen W
エッダ・マグナソン/『ストックホルムでワルツを』サウンドトラック

Universal 2013年録音

DATA≫P302

モニカ・ゼタールンドを描いた映画『ストックホルムでワルツを』のサウンドトラック。歌うのはスウェーデンのシンガー・ソングライター、エッダ・マグナソン。こういうのは本人の歌と比べられちゃうので極めて難しいジャンルだが、エッダは期待以上の歌唱を聴かせ、ウルサ型のジャズマニアも満足させた。彼女は別にモニカと比べずとも独自の個性を持っている。

Eliane Elias/Sings Jobim S
イリアーヌ/シングス・ジョビン

Somethin'else 1997年録音

DATA≫P302

ジャズファンの間ではもっぱらステップス・アヘッドのピアニストとして知られているブラジル生まれのイリアーヌは、若かりし日にボサ・ノヴァ界の重鎮アントニオ・カルロス・ジョビンの謦咳《けいがい》に接している。だから彼女が彼の楽曲を歌うことはじつに自然。収録楽曲はお馴染みのボサ・ノヴァ・ナンバー「イパネマの娘」「ワン・ノート・サンバ」など。

B：ビター　C：クリア　D：ディープ　H：ハスキー　S：ソフト　V：ヴェルヴェット　W：ウォーム

Eliane Elias/Bossa Nova Stories　S
イリアーヌ/私のボサ・ノヴァ

Somethin'else 2008年録音

DATA≫P302

ポルトガル語のソフトな語感がボサ・ノヴァ・ムードを醸しだすのに大きな役割を果たしている。イリアーヌはブラジル出身だけにポルトガル語は堪能。それだけに彼女のボサ・ノヴァには「本場感」が漂っている。ご存じ「イパネマの娘」はじめ最初のボサ・ノヴァ楽曲と言われるアントニオ・カルロス・ジョビン作曲「想いあふれて」など、収録楽曲も完璧。

Elis Regina, Antonio Carlos Jobim /Elis & Tom　W
エリス・レジーナ&アントニオ・カルロス・ジョビン/エリス&トム

philips 1974年録音

DATA≫P302

ブラジルの新興ポピュラー・ミュージック「MPB」のスター、エリス・レジーナと、ボサ・ノヴァ生みの親アントニオ・カルロス・ジョビンが共演した珍しいアルバム。聴き所はジョビンの手になるボサ・ノヴァ名曲「三月の水」の見事な掛け合い。シンプルに単語を交換しているだけなのだが、互いにリスペクトし合う音楽家ならではの共感が生まれている。

Flora Purim/Everyday Everynight　C
フローラ・プリム/エヴリディ・エヴリナイト

Milestone 1978年発表

DATA≫P299

フュージョン旋風が吹きまくった70年代、ジャズ・ヴォーカル界にもその波が押し寄せた。このアルバムはブレッカー兄弟はじめデヴィッド・サンボーン、リー・リトナー、それにハービー・ハンコック、ジャコ・パストリアスといった大物連中がバックを固め、フローラのエキゾチックな歌声をいやが上にも引き立てたフュージョン・ヴォーカル名盤。

Flora Purim/The Midnight Sun　C
フローラ・プリム/ザ・ミッドナイト・サン

Virgin Venture 1988年録音
DATA≫P299

チック・コリアの話題作『リターン・トゥ・フォエヴァー』でブラジル出身フローラのドリーミーな歌唱が注目されたのが72年。それから十数年たち、何と大スタンダード「エンジェル・アイズ」やタイトル曲「ミッドナイト・サン」を収録したアルバムがこれ。彼女の持ち味であるブラジリアン・テイストがたっぷりまぶされた歌唱は、聴き手を和ます効果満点。

Flora Purim/Perpetual Emotion　C
フローラ・プリム/パーペチュアル・エモーション

Narada Jazz 2000年録音
DATA≫P299

貫禄をつけたフローラが伸び伸びと歌う。率直に言って声の艶は失われ、テクニック的にもいささか覚束ないところが散見されるのだが、さほど気にならないのはどうしてか。それは叫ぶのではなく、声を空中に投げかけるようにして高い声を出すフローラ・スタイルが好ましい「味」と受け取れるから。昔を懐かしむように歌う「クリスタル・サイレンス」が良い。

Lisa Ono/Essencia　S
小野リサ/エッセンシア

Suite Spuesto 1997年発表
DATA≫P285

軽やかで優しい歌声がじんわりと心に染み入る「スマイル」が絶品。ボサ・ノヴァ歌手としての名声が高いリサだが、こうしたナンバーでも彼女の魅力に変わりはない。その秘密は、ボサ・ノヴァ歌唱を思わせる特徴的な声、歌唱スタイルにある。発声のすべての音がホンの僅か掠れているかのように聴こえる声質が、何とも言えない魅力となっているのだ。

B：ビター　C：クリア　D：ディープ　H：ハスキー　S：ソフト　V：ヴェルヴェット　W：ウォーム

Lisa Ono/Bossa Carioca

S

小野リサ/ボッサ・カリオカ

Suite Spuesto 1998年発表

DATA≫P285

リサは幼児期をブラジルで過ごしているので、ポルトガル語が堪能。ボサ・ノヴァの魅力に、ポルトガル語のソフトな語感が果たしている役割は思いのほか大きい。というわけで彼女の歌うボサ・ノヴァは、本場のテイストがタップリ。もちろん彼女の魅力は語学力だけでなく、ボサ・ノヴァ特有の懐かしさの感覚「サウダージ」に満ちた歌唱がじつに心地よい。

Lisa Ono/Dream

S

小野リサ/ドリーム

Suite Spuesto 1999年録音

DATA≫P285

本来ソフトな語感のポルトガル語が、子音が際立つことによって密かに耳元で囁かれる秘密の言葉のような不思議な効果を生み出している。しかもそれが彼女の自然体なのだから、聴き手へのインパクトはひとしお。興味深いのは、ヴァースからていねいに歌い出す英語のスタンダード「アズ・タイム・ゴーズ・バイ」でも同様の囁き効果があること。

Mari Boine/Eight Seasons

D

マリ・ボイネ/エイト・シーズンズ

EmArcy 2001年録音

DATA≫P283

マリ・ボイネは北極圏に住むラップ人の血を引くノルウェー歌手。プロデュースはブッゲ・ベッセルトフトで、何とバック・バンドには北欧の大物サックス奏者ヤン・ガルバレクが参加している。聴き所は、明確な意志力を感じさせると同時に、神秘的な雰囲気も漂わせたマリの歌声が、ガルバレクの深みのあるサックス・サウンドと溶け合う瞬間。

Milton Nascimento/A Barca Dos Amantes　D
ミルトン・ナシメント・ライヴ・ウィズ・ウェイン・ショーター

Verve 1986年録音

DATA≫P280

「MPB」はサンバなどブラジルの伝統音楽とロックが結びついたボサ・ノヴァ以降のブラジリアン・ポップス。ミルトン・ナシメントはそのスター歌手で、独特の深みのある声が極めて魅力的。ジャズファンはウェイン・ショーターのアルバム『ネイティヴ・ダンサー』で彼に出会った。このアルバムもゲストにショーターが参加している。

Miúcha/Miúcha　S
ミウシャ/郷愁

Saudi Brazil 1987-88年録音

DATA≫P280

ミウシャはボサ・ノヴァ界の大物ジョアン・ジルベルトの元妻でもあるという経歴からもわかるように、ブラジルのボサ・ノヴァ歌手。純ジャズ・ヴォーカルではないが、年輪を重ねた味わいのある声質から繰り出される渋みのある歌唱は、極めてジャズ的。ポルトガル語はまったくわからないが、一語一語言い聞かせるような歌いぶりには説得力がある。

Nara Leáo/Dez Anos Depois　S
ナラ・レオン/美しきボサノヴァのミューズ

Polydor 1971年録音

DATA≫P279

霞がかかったようなアストラッド・ジルベルトの声でボサ・ノヴァを知った私たちの世代にとって、ナラ・レオンの相対的にスッキリとしたボサ・ノヴァ歌唱はじつに新鮮だった。ただ、よく聴くと繊細で抑制的な情感表現など、ボサ・ノヴァの特徴と思える要素は完璧に備えている。名曲「ワン・ノート・サンバ」の明快ながら味わい深い表現は絶品。

B：ビター　C：クリア　D：ディープ　H：ハスキー　S：ソフト　V：ヴェルヴェット　W：ウォーム

Nara Leáo/Garota de Ipanema S

ナラ・レオン/イパネマの娘

Philips 1985年録音

DATA≫P279

ボサ・ノヴァは50年代の末、ブラジルの上流階級ナラ・レオンの邸宅に集う、プロ、アマのミュージシャンたちの交流から生まれた。いわばレオンはボサ・ノヴァの中心人物。上品でいい声をしている。明るく健康的。素直で屈託のない歌だが、よく聴くと情感表現のテクニックは抜群。経済的に困っていないアマチュアの良い面が出ておりまさにボサ・ノヴァ的。

Nara Leáo/Meus Sonhos Dourados S

ナラ・レオン/あこがれ

Philips 1987年録音

DATA≫P279

ブラジル人の歌い手が「バードランドの子守歌」「ミスティ」といたスタンダードを歌うことは珍しくないが、主にアメリカ人向けなのでおおむね英語で歌うことが多い。だがレオンはポルトガル語、そこで面白いことが起こる。バックのアレンジのせいもあるけれど、例えば「ティー・フォー・トゥー」がまるでボサ・ノヴァ楽曲のように聴こえるのだ。

Sarah Vaughan/I Love Brazil! D

サラ・ヴォーン/アイ・ラヴ・ブラジル

Pablo Today 1977年録音

DATA≫P271

サラは70年代に入り、アントニオ・カルロス・ジョビン、ミルトン・ナシメントら一流ブラジル・ミュージシャンと共演した。これが大成功。彼女の長所でもある腰が強く粘りもある声質は、聴きようによっては重くもあった。それがラテン・ミュージックならではの軽快なリズムによって軽やかさを身に纏い、彼女の新生面が開かれたのだ。

Sarah Vaughan/Copacabana　D

サラ・ヴォーン/コパカバーナ

Pablo Today 1979年録音

DATA≫P271

サラ、ブラジルもの第2弾も前作に劣らない出来。それにしてもサラは巧い。タイトル曲で聴き手をエキゾチックな気分に誘い、ブラジリアン・テイスト全開のチューン「ザ・スマイリング・アワー」でみせるコーラス隊をバックにした闊達な歌いぶりなど、何を歌わせても結局ジャズにしてしまうジャズ・ヴォーカリストとしての底力を見せつけられた。

Sergio Mendes & Brasil'66/Sergio Mendes & Brasil'66　C

セルジオ・メンデス&ブラジル'66/マシュ・ケ・ナーダ

A&M 1966年録音

DATA≫P270

セルジオ・メンデスは41年ブラジル、リオ近郊に生まれクラシックを経てジャズに傾注。ジャズマンとして渡米し、ラニ・ホール、ジャニス・ハンセンのふたりの女性ヴォーカルを起用、セルジオ・メンデス&ブラジル'66を結成。彼らのデビュー作であるこのアルバムの冒頭に収録されたヒット曲「マシュ・ケ・ナダ」で一躍スター・グループの地位を獲得した。

Sergio Mendes & Brasil'66/Fool On The Hill　C

セルジオ・メンデス&ブラジル'66/フール・オン・ザ・ヒル

A&M 1968年発表

DATA≫P270

セルメンはポップスの扱いがじつに巧い。サイモン&ガーファンクルによる当時のヒット・チューン「スカボロー・フェア」を、他の誰も真似のできない斬新なスタイルでカヴァーした。ポイントは、声質のそろったふたりの女性ヴォーカルを前面に押し出しつつも、エキゾチックでリズミカルなバック・サウンドで彼女たちを引き立てる作戦の巧みさ。

B：ビター　C：クリア　D：ディープ　H：ハスキー　S：ソフト　V：ヴェルヴェット　W：ウォーム

Stan Getz, João Gilberto/Getz/Gilberto S

スタン・ゲッツ&ジョアン・ジルベルト/ゲッツ/ジルベルト

Verve 1963年録音

DATA≫P292

ボサ・ノヴァ、アメリカ上陸、いや世界発信の端緒となった記念碑的アルバム。ボサ・ノヴァの生みの親、ジョアン・ジルベルト、アントニオ・カルロス・ジョビンが参加し、当初オマケ的存在だったアストラッドの歌声をフィーチャーしたシングル盤が大ヒット。ともあれ、ジャズとボサ・ボサノヴァが思いのほか相性がいいことが知れたのも大収穫だった。

《PART 2》編成・楽曲で聴くジャズ・ヴォーカルの名盤

第1章 デュエット・ジャズ・ヴォーカル

—ふたりで歌えば楽しさ倍増—

デュエット・ジャズ・ヴォーカルの魅力は、２管クインテットの聴き所と似ています。例えば１９５０年代マイルス・デイヴィス・クインテットは、マイルスとジョン・コルトレーンという、タイプの異なるふたりのミュージシャンがいることで音楽が豊かになっています。繊細なマイルスと激情的なコルトレーンの対比ですね。

実際「ジャズ黄金時代」と呼ばれた50年代のグループは、ホーン奏者がふたりいる２管クインテットがたいへん多い。これらのグループはトランペットとアルトあるいはテナー・サックスというように、音色・音程が異なる楽器の組み合わせが大半です。これは２本の楽器でアンサンブル・サウンドを作り出すと同時に、掛け合いでソロを取ったとき、音色・音域が違うことで両者の明確な識別ができるというメリットがあるからです。

デュエット・ジャズ・ヴォーカルでも同じことが言えて、楽器の違いは男女の声質の違いという形に表れています。つまりデュエット・ジャズ・ヴォーカルの魅力は、ソロ・ヴォーカルに比べ、掛け合いの面白さを含めた音楽的豊かさが聴き所となっているのです。

ところでデュエット・ジャズ・ヴォーカルとインスト・ジャズでは大きな違いもあります。インストではマイルスのようなスター・プレイヤーと脇役の組み合わせが大半です。コルトレーンも50年代はまだ駆け出しでした。

それに対しデュエット・ジャズ・ヴォーカルの魅力は、今回このコーナーの代表に挙げたトニー・ベネットとレディー・ガガのように、ひとりでコンサート・ホールを満員にできる大スターがふたりも登場し、掛け合いで歌う豪華さにあります。なぜデュエットは大物同士なのかというと、楽器では大物と脇役でも問題はありませんが、ヴォーカルでは前面に出るふたりが目立つので、両者同格であることが求められるからです。また、地味目なふたりを並べても、だからどうしたということになりがちなので、どうしても大物同士の顔合わせが多いのですね。

付け加えればジャッキー&ロイのようなレギュラー・チームを除いて、大半が「臨時編成チーム」です。理由は大物スターは独自の活動が忙しく恒常的なデュエット・を組む余裕などないからです。すると当然この章のアルバムは、「滅多にない顔合わせ」の珍しさも、大きな魅力となっているのです。

Tony Bennett & Lady Gaga/Cheek To Cheek
トニー・ベネット&レディー・ガガ/チーク・トゥ・チーク

Interscope●2014年発表 DATA➤P266

①エニシング・ゴーズ②チーク・トゥ・チーク③ドント・ウェイト・トゥー・ロング④捧ぐるは愛のみ⑤ネイチャー・ボーイ⑥グッディ・グッディ⑦エヴリタイム・ウィ・セイ・グッドバイ⑧ファイアーフライ⑨アイ・ウォント・ダンス⑩ゼイ・オール・ラーフド⑪ラッシュ・ライフ⑫ソフィスティケイテッド・レディ⑬レッツ・フェイス・ザ・ミュージック・アンド・ダンス⑭バット・ビューティフル⑮スイングしなけりゃ意味がない⑯オン・ア・クリア・デイ⑰ビウィッチド⑱ザ・レディーズ・イン・ラヴ・ウィズ・ユー⑲ザ・レディ・イズ・ア・トランプ

ポップス界のスーパースター、レディー・ガガとベネット？　色物企画のように見え、これが思わぬ傑作となった。第一の理由はガガの歌唱力の確かさ。どんなジャンルでも一流と目されるタレントには圧倒的な個性がある。アメリカ・ミュージック・シーンのレベルの高さを思い知ったアルバムでもある。確かに彼女はさまざまなエピソードから明確な自己を持った歌い手だということは喧伝されていたが、それが見事に歌に出ている。つまりこの歌唱に関して言えば、ガガは立派なジャズ・ヴォーカリストなのだ。

それに応えるベネットもなかなか頑張っている。もう相当のお歳なので声の艶など往年の輝きはないが、そこはベテラン、渋い味で立派に勝負。というかガガの歌唱に刺激された張り切り様が微笑ましい。「ネイチャー・ボーイ」での「老人介護的」にベネットを支えるガガの歌唱が彼女の人柄の良さを表していて、心が和む。

Carmen McRae & Betty Carter/Duets: Live At The Great American Music Hall
カーメン・マクレエ〜ベティ・カーター/アット・ザ・グレイト・アメリカン・ミュージック・ホール

Verve 1987年録音

DATA≫P308

ブラック・ミュージックの魅力のひとつに、味わいの濃さともいえる良い意味でのアクの強さがある。カーメンの声質は年を経るごとにその傾向が増すのだが、彼女のパワーに対抗できる最適の歌い手がベティ・カーター。まさにこれは格好の好取組。ライヴという状況も手伝い、両者のエンターテイナー精神と自己主張が巧い具合に噛み合った好盤。

Dardanelle, Vivian Lord/The Two Of Us
ダーダネル、ヴィヴィアン・ロード/ザ・トゥー・オブ・アス

Stash 1983年録音

DATA≫P305

ヴァイブとピアノのダーダネル・ハードレー、ピアノのヴィヴィアン・ロードのふたりが弾き語りデュエットを披露する面白い趣向のアルバム。タイトル曲はビートルズ・バージョンではなく、グローヴァー・ワシントン・ジュニアのアルバムで知られたヒット曲「クリスタルの恋人たち」。他の楽曲は「ゲット・アウト・オブ・タウン」など純ジャズ・ナンバー。

Diane Schuur & B.B. King/Heart To Heart
ダイアン・シューア・アンド・B.B.キング/ハート・トゥ・ハート

GRP 1994年発表

DATA≫P304

ロックやR&Bもこなせる万能ジャズ・ヴォーカリスト、ダイアンと、ブルースのキング、B.B.という異種格闘技。これがじつにスムースに決まっている。理由は両者のフレキシビリティに負っているが、アメリカン・ミュージック自体が高度の混交音楽であることも大きい。B.B.の渋みの効いた声質と、対照的なダイアンのクリア・ヴォイスの対比が聴き所。

Ella Fitzgerald & Louis Armstrong/Ella & Louis
エラ・フィッツジェラルド&ルイ・アームストロング/エラ&ルイ

Verve 1956年録音

DATA≫P300

ヴァーヴ・レコードのプロデューサー、ノーマン・グランツは大物同士の顔合わせが大好き。エラとルイが共演したこのアルバムはふたりの自然な歌声が心地よい。もちろんプロデューサーとしての計算もあるはずで、想像するに、個性の塊のような苦みの利いたコクのあるルイの声に、思いのほか可憐なエラの声質が合うと見たのだろう。これは大正解。

Francis Albert Sinatra & Antonio Carlos Jobim
フランク・シナトラ&アントニオ・カルロス・ジョビン/シナトラ&ジョビン

Reprise 1967年録音

DATA≫P297

シナトラがボサ・ノヴァの生みの親のひとり、アントニオ・カルロス・ジョビンと共演した異色盤。しかし「異色」と思うのはこちらの思い込みで、シナトラはジョビンの大ファン。というか、シナトラに認められたことがジョビンがアメリカで活躍する上で大きな力となった。ジョビンの音楽がボサ・ノヴァに留まらない影響力を備えていたことがよくわかる。

Frank Sinatra/Duets
フランク・シナトラ/デュエッツ

Capitol 1993年録音

DATA≫P298

シナトラがその幅広い人脈を活かし、アレサ・フランクリン、トニー・ベネットはじめ、フリオ・イグレシアス、ボノといった他ジャンルの大物歌手とデュエットした超豪華盤。一流の歌い手はどんな相手とも共演できることがわかると同時に、シナトラがジャズのバンド歌手出身であったことが彼のフレキシビリティに繋がっていることが実感される。

Jackie And Roy/Jackie And Roy
ジャッキー・アンド・ロイ

Storyville 1955年録音

DATA≫P293

ジャッキー&ロイは28年生まれのジャッキー・ケインと、21年生まれでピアノも弾くご亭主ロイ・クラールの鴛鴦コンビ。夫婦だけに息の合い様は抜群で、彼らのお洒落で都会的なコーラスはコアなヴォーカル・ファンから極めて高い評価を得ている。このアルバムは彼らの代表作で、オリジナル・ストリーヴィル盤は眼の玉が飛び出るほど高価。

Jackie And Roy/The Grory Of Love
ジャッキー&ロイ/ザ・グローリー・オブ・ラヴ

ABC Paramount 1956年録音

DATA≫P293

聴いていると心が幸せになるアルバムがある。このジャッキー&ロイの鴛鴦コンビ、明るく健康的で屈託がない。ジャズというと若干ダークな音楽という印象があるが、彼らの気持ち良く揃ったコーラスにはネガティヴ要素が一切ない。かといって軽薄なところなど微塵もなく、音楽的レベルも極めて高い。ほんとうの音楽好きが好むのはこういう歌かも。

Jackie And Roy/Lovesick
ジャッキー・アンド・ロイ/ラヴシック

Verve 1966年年録音

DATA≫P293

聴き所は、ボサ・ノヴァ名曲「コルコヴァード」を繊細流麗に歌い上げているトラック。明るく透明感のある歌声を活かしたジャッキーがメロディを担当し、ロイがそれを下から支え、独特の美しいハーモニーを生み出している。ポイントは、一聴お洒落なサウンドも、じっくり聴くとじつによく考えぬかれたヴォーカル技術によって支えられているところだ。

Jackie And Roy/Full Circle
ジャッキー・アンド・ロイ/フル・サークル

Contemporary 1988年録音

DATA≫P293

還暦を迎えても崩れない鴛鴦コンビ、ジャッキー・アンド・ロイ。夫婦ならではの息の合ったコーラスを特徴とする歌唱スタイルに変わりはないが、当然音域は下がっている。結果、爽やかさは減退したものの、風格というか落ち着いた味わいはむしろ増しているように聴こえる。奥さんジャッキーの節度のある情感表現が好ましく、ロイの渋さも素敵だ。

Jeri Brown With Special Guest Leon Thomas/Zaius
ジェリ・ブラウン・ウィズ・スペシャル・ゲスト・レオン・トーマス/ザイアス

Justin Time 1998年録音

DATA≫P292

黒人サックス奏者、ファラオ・サンダースのアルバム『カーマ』参加で知られた黒人男性ヴォーカリスト、レオン・トーマスとのデュエット・トラックが聴き所。トーマスの遺作とも言えるが、衰えは感じられない。彼のお得意裏声ヨーデルも登場。対する女性ヴォーカリスト、ジェリはオーソドックスながら通りがよく伸びがある声質が魅力。

Kim And Marion/Kim And Marion
キム・アンド・マリオン・デビュー/キム・アンド・マリオン

EmArcy 1990年録音

DATA≫P288

極めて大雑把な紹介だが、キム・アンド・マリオンはジャッキー・アンド・ロイの夫婦ならではの息の合いようと、新世代コーラス・グループ、マンハッタン・トランスファーの現代的お洒落感覚をミックスしたデュエット・チーム。マントラ・イメージはおおむね奥さんであるキム・カレスティのソロ・パートで顕著。そしてそれを際立たせるマリオンの声も良い。

Kim And Marion/If You Could See Me Now
キム・アンド・マリオン/イフ・ユー・クド・シー・ミー・ナウ

EmArcy 1991年録音

DATA≫P288

キム・アンド・マリオンはジャッキー・アンド・ロイを継ぐ鴛鴦コンビだが、違いもある。そろった声質が醸しだすハーモニーが魅力だったジャッキー・アンド・ロイに比べ、旦那マリオンのふくよかで豊かな声質と、ご夫人キムのホンの僅かハスキー気味ながら高域までよく伸びる異質な声質の対比が、彼らの特徴たるところ。それだけにふたりの個性が際立つ。

Marcos Valle/Samba '68
マルコス・ヴァーリ/サンバ' 68

Verve 1968年録音

DATA≫P283

ボサ・ノヴァ名曲「ソー・ナイス（サマー・サンバ）」の作曲者マルコス・ヴァーリが奥さんのアナマリアと息の合ったデュエットを聴かせる。彼らのポップで癖のない歌唱はボサ・ノヴァ入門に最適かも。デオダートが手掛けた軽快なアレンジも聴きやすさに繋がっている。ブラジル版ジャッキー・アンド・ロイと見立ててみるのも面白い。

The Peanuts/The Best 50-50
ザ・ピーナッツ/ザ・ベスト50-50

King 1959-75年録音

DATA≫P276

「スターダスト」「南京豆売り」収録ということで、若干反則承知でご紹介。要するにザ・ピーナッツのベスト盤だが、これを聴くと、日本のポップス、歌謡曲がいろいろな意味で“ジャズ”の影響を受けていることがよくわかる。同時に、一流歌手は何を歌っても出来ちゃうことも歴然。それにしても、彼女たちの声質のそろったハーモニーは抜群。

Sammy Davis Jr. & Carmen McRae/Boy Meets Girl
サミー・デイヴィス・ジュニア&カーメン・マクレエ/ボーイ・ミーツ・ガール

Decca 1957年録音

DATA≫P272

カーメンの粋で洒脱な面が出たデュエットの傑作。お相手は超一流エンターテイナー、サミー・デイヴィス・ジュニア。聴き所は両者の息の合った掛け合いの妙と、サミーのジャズ・ヴォーカリストとしてのずば抜けた実力。歌の巧さは言うまでもなく、ジャジーなテイストも文句なし。黒人ヴォーカリストらしいコクのある声質がじつに魅力的。

Tony Bennett/Duets: American Classic
トニー・ベネット/デュエッツ:アメリカン・クラシック

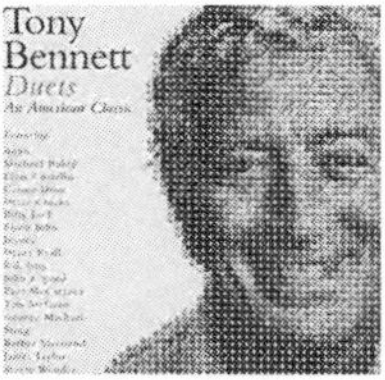

Columbia 2006年発表

DATA≫P266

ベネット80歳の誕生日を記念して作られた超豪華デュエット・アルバム。共演者の顔ぶれが尋常でない。ポール・マッカートニー、ボノ、スティング、エルトン・ジョン、バーブラ・ストライサンド、ジェームス・テイラー、スティーヴィー・ワンダー etc.！　聴き所は共演者を活かすていねいな作り込みと、他ジャンルを包み込む“ジャズ”の包容力の大きさ。

Tony Bennett & Diana Krall/Love Is Here To Stay
トニー・ベネット&ダイアナ・クラール/ラヴ・イズ・ヒア・トゥ・ステイ

Verve 2018年発表

DATA≫P266

ベネット、恐るべし。これ、90歳を超えた人の声なの！　もちろん衰えはある。しかしそれを感じさせないエンターテイナー魂。また、相方がいい。(ベネットに比べれば)若いクラールの脂の乗った歌声が、よく枯れたベネットの声質とジャスト・フィット。そして、嫌でもジャジーな気分を盛り上げるガーシュウィン・ソングをテーマとした企画も正解。

《PART 2》編成・楽曲で聴くジャズ・ヴォーカルの名盤

第2章 ジャズ・コーラス

—重なり合う多彩な表現—

歌の歴史を紐解くと、教会のコーラス隊など大勢で合唱するケースや、「ワーク・ソング（労働歌）」など、ふたつのグループが「掛け合い」で歌うようなジャンルがたくさん見つかります。こうしたグループによる豊かな「歌の歴史」が「ジャズ・ヴォーカル」の中に流れ込んでいるのです。

付け加えれば「バーバー・ショップ・ハーモニー」という面白い伝統があります。アメリカでは昔から理髪店は黒人が営むことが多く、そこには白人のお客さんも訪れました。19世紀頃の理髪店は一種の社交場であり、人種交流の場でもあったのです。そしてそこがアマチュア・コーラス・グループの練習場に利用されていたのですね。スタッフが黒人ですから当然そのコーラスには黒人文化の香りが濃く流れ、自然発生的な即興もありました。それがジャズ・コーラスにも影響を与えているのです。

ジャズ・コーラスの魅力もインスト・ジャズを例に挙げてみるとよくわかります。大編成ビッグ・バンドの聴き所は、トランペットやトロンボーン、そしてアルトやテナーなど多種のサックス類といった、それぞれ音域・音色の異なる多くの楽器が醸しだす豊かなハーモニー・サウンドにあります。それだけではありません。複数の楽器があることによって、楽器群を振り分けた凝ったアレンジが可能になります。ジャズ・コーラスはまったく同じことを複数の人の声によって行っているのです。

　ソロ・シンガーにもたとえられる、トランペットやサックス類がひとりしかいない「ワン・ホーン・ジャズ」も、大編成ジャズも、それぞれの魅力があります。ソニー・ロリンズなどはベース、ドラムスのみを従えたサックス・トリオでも立派に個性を発揮しています。同じように、カリスマ・ヴォーカリスト、ビリー・ホリデイに代表される多くのソロ・シンガーは、当然ひとりで歌った方が魅力が発揮されやすい。

　ただ、人の声によるハーモニー、掛け合いの魅力は、当然ソロ・ヴォーカリストには出せません。これはジャズ・コーラスの独壇場。つまりソロ・シンガーとジャズ・コーラスは、それぞれ別の魅力をもっているということなのです。

　ジャズ・コーラスの聴き所は大編成ジャズと同じです。まずはダイナミクスですね。多人数ならではの迫力はそれだけで心地よく、ハーモニーの魅力は他に代えがたい。また掛け合いも歌詞がある分、抽象的な音だけのインストよりわかりやすいですよね。そして何より、人の声はダイレクトに聴き手の心に訴えてくるのです。

The Manhattan Transfer/Vocalese
マンハッタン・トランスファー/ヴォーカリーズ

Atlantic●1985年録音　**DATA≫P283**

①ザッツ・キラー・ジョー
②ランボー
③エアジン
④トゥ・ユー
⑤ミート・ベニー・ベイリー
⑥アナザー・ナイト・イン・チュニジア
⑦レイズ・ロックハウス
⑧ブリー・ブロップ・ブルース
⑨オー・イエス、アイ・リメンバー・クリフォード
⑩シング・ジョイ・スプリング
⑪ムーヴ

ずいぶん昔、初めてマントラのライヴを観て驚嘆したことを鮮明に覚えている。アルバムで聴き慣れていた、メンバーのやりとりが頻繁な複雑なナンバーを、寸分たがえずライヴで再現したのだ。とんでもない歌唱力とチーム・ワークだ。それを上回る驚きは、えてしてハイテク・グループが陥りがちな「さあ、どうだ」といったひけらかしが一切なく、まさに洗練されたエンターテイナーに徹していたことだった。

これぞマントラの最高傑作。先輩格に当たるグループ、ランバート・ヘンドリックス・アンド・ロス譲りのヴォーカリーズをブラッシュアップ。モダンなセンスでジャズ・コーラスの魅力をファンに世に知らしめた名盤だ。ジャジーなテイストもこれが一番。それにしても、コーラス、ソロ、どの場面でも抜群のチーム・ワークと各メンバーの即興的センスの融合ぶりには脱帽だ。アメリカ・ミュージック・シーンの底力を知らしめたグループでもある。

6 1/2 /New York-Paris-Nice
シックス&ハーフ/ニューヨーク・パリ・ニース

Dreyfus 1995-96年録音

DATA≫P269

とにかくフランスのコーラス・グループはお洒落でカッコいい。切れがよくダイナミック・レンジが広い完璧なコーラスは、声を聴いているだけで生理的快感。お馴染み「ルート66」の小粋な解釈といい、ドラマチックにキメた「ビリンバウ」といい、これはいかにもおフランスのセンス。ハイテクが嫌みなく個性に繋がった素敵な男女6人組。

The Andrews Sisters/Bei Mir Bist Du Schön
アンドリュース・シスターズ/素敵なあなた

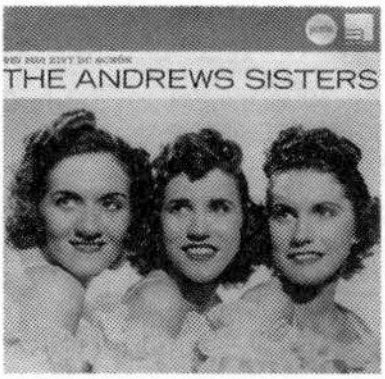

Universal 1937-48年録音

DATA≫P316

ギリシャ出身の父、ノルウェー出身の母から生まれたラヴァーン、マクシーン、パッティの3姉妹がアンドリュース・シスターズ。古き良きアメリカを象徴する、楽天的でほのぼのとした歌声が今や貴重。浅田真央がショート・プログラムで採用した曲「素敵なあなた」で知られるが、1925年結成というのだから元祖アメリカン・コーラス・グループなのだ。

The Blue Stars Of France /Pardon My English
ブルー・スターズ/パードン・マイ・イングリッシュ

Mercury 1957-58年録音

DATA≫P310

54年に結成されたブルー・スターズは元祖フレンチ・ジャズ・コーラス・グループ。彼らのメンバーから59年にダブル・シックス・オブ・パリが結成されている。元祖らしくその後のフランス・チームの特徴、軽快でお洒落な気分がじつに心地よい。ダブル・シックスと比べると、もう少し良い意味で素朴。それが暖かみ、親しみに通じている。

Bob Mintzer Big Band, New York Voices/Meeting Of Minds
ボブ・ミンツァー・ビッグバンド、ニューヨーク・ヴォイセズ/ミーティング・オブ・マインズ

MCG 2017年録音

DATA≫P278

サックス奏者ミンツァーは、ジャコ・パストリアスのワード・オブ・マウス・ビッグ・バンドのアレンジャーを経て、自らのビッグ・バンドを結成。このアルバムはコーラス・グループ、ニューヨーク・ヴォイセズとの共演盤で、ダイナミックで厚みのあるミンツァー・バンドが、お洒落なコーラスをゆったりと包んでいる。「枯葉」「スピーク・ロウ」など収録。

Dizzy Gillespie & The Double Six Of Paris
ディジー・ガレスピー&ザ・ダブル・シックス・オブ・パリ

Philips 1963年録音

DATA≫P303

聴き所は、男性陣のコーラスとやたら声の高い女性陣のコーラスのやりとり。そのコントラストの激しさが躍動感を生み出している。それを煽るようなガレスピーの超高音域トランペットが快感。そして渋みの利いたピアノは、何と当時パリを拠点に活動していた御大バド・パウエル。フランス・ジャズと“ビ・バップ”は意外と相性が良い。

The Four Freshmen/Four Freshmen And 5 Trombones
フォー・フレッシュメン&5トロンボーンズ

Capitol 1955年録音

DATA≫P298

声が楽器になる。と言ってもスキャットではない。ちゃんと歌詞、メロディを歌っていても、白人男性4人によるコーラスがひとりでは生み出せないマジカルなサウンドを生み出しているのだ。しかも伝統的なコーラスではなく、あたかも声が空中に浮遊していくような効果をもたらす斬新さ。5本ものトロンボーンによる伴奏もジャスト・フィット。名盤だ。

The Four Freshmen /Voices In Love
フォー・フレッシュメン/ヴォイセス・イン・ラヴ

Capitol 1958年発表

DATA≫P298

コーラス・グループはまずもって声質・歌唱技術がそろってないと話にならない。しかしまた、巧いだけではジャズならではの「味」が希薄になったりもする。このあたりがジャズ・コーラスの難しいところ。それらの「問題点」をすべてクリアーするだけでなく、ワン・アンド・オンリーのスタイルを確立させたフォー・フレッシュメンの、これまた名盤だ。

The Hi-Lo's/I Presume
ハイローズ/アイ・プリジューム

Kapp 1954年録音

DATA≫P294

ハイローズはバス、バリトン担当のリーダー、ジーン・ピュアリング以下ボブ・ストラッセン、ボブ・モース、クラーク・バローズの4名からなる男性ヴォーカル・グループ。結成は53年で、先輩格に当たるフォー・フレッシュメンとよく似たキャラクターのチーム。白人コーラスの特徴である健康的な明快さはポピュラリティに通じる。

The Hi-Lo's/Under Glass
ハイローズ/アンダー・グラス

Kapp 1954年録音

DATA≫P294

アメリカの白人男性ヴォーカル・グループは多方面に影響を与えている。フォー・フレッシュメンがポップス・グループ、ビーチ・ボーイズに影響を与えたことはよく知られているが、日本のデューク・エイセスは明らかにハイローズのサウンドを踏襲している。ハイローズのサウンドはクリアーなだけでなくエネルギッシュで、その分わかりやすいとも言える。

Joe Williams, Dave Lambert, Jon Hendricks, Annie Ross/Sing Along With Basie
ジョー・ウィリアムス、ランバート・ヘンドリックス・アンド・ロス/シング・アロング・ウィズ・ベイシー

Roulette 1958年録音

DATA>P291

このチームはカウント・ベイシー楽団の演奏をヴォーカライズしようという発想のもとに生まれた。彼らのデビュー作を聴いたベイシー御大が、「これはいい、一緒にやろうぜ」と持ち掛けたのが本作。ベイシー楽団のバンド・シンガー、ジョー・ウィリアムスも加わり、スインギーなベイシー・サウンドがヴォーカライズで実現した傑作。

Lambert, Hendricks & Ross/Sing A Song Of Basie
ランバート・ヘンドリックス・アンド・ロス/シングス・ア・ソング・オブ・ベイシー

Inpulse 1957年録音

DATA>P287

「ヴォーカリーズ」とは、楽器奏者のアドリブやアンサンブル・パートに歌詞を付けて歌うという逆転の発想。それを男女のコーラスで実現したのがこのグループ。白人男性デイヴ・ランバート、黒人男性ジョン・ヘンドリックス、そしてイギリス人女性アーニー・ロスの3人によるコーラスが小気味よく展開する彼らのデビュー作。都会的なセンスが聴き所。

Lambert, Hendricks & Ross/The Hottest New Group In Jazz
ランバート・ヘンドリックス・アンド・ロス/ザ・ホッテスト・ニュー・グループ・イン・ジャズ

Columbia 1959年録音

DATA>P286

彼らの聴き所は、白人女性ならではのトランペットにもたとえられる輝かしく高い声質と、相対的に低い音域のアルト・サックスのような白人男性の声、そして黒人ならではのテナー・サックス的力強い声質が醸しだす3管サウンドのような多彩な響きだ。このアルバムでは、「モーニン」などよく知られたジャズ・チューンを見事にヴォーカリーズ。

The Manhattan Transfer/Extensions
マンハッタン・トランスファー/エクステンションズ

Atlantic 1979年録音

DATA≫P283

白人男女4人からなるマンハッタン・トランスファーは、ジャズ・コーラスのトップに位置するグループだ。73年にティム・ハウザーが結成し、アラン・ポール、ジャニス・シーゲル、ローレル・マッセーで活動を開始。これは78年にマッセーの交通事故によりシェリル・ベンティーンに代わった直後のアルバム。ウエザー・リポートの「バードランド」が圧倒的。

The Manhattan Transfer/Mecca For Moderns
マンハッタン・トランスファー/モダン・パラダイス

Atlantic 1981年録音

DATA≫P283

マントラと愛称された彼らは明らかにランバート・ヘンドリックス・アンド・ロスの影響を受けているが、違いも明瞭。それは時代を反映した斬新さ。このアルバムなど、タイトル通りモダンな感覚にあふれている。圧倒的な歌唱技術で聴き手を圧倒するバップ・チューン「コンファメーション」から、いかにも80年代的なナンバー「カフカ」まで、選曲センスも抜群。

The Manhattan Transfer/Bodies And Souls
マンハッタン・トランスファー/アメリカン・ポップ

Atlantic 1983年録音

DATA≫P284

彼らの凄いところは引き出しが豊富なところ。アルバムごとに異なった面を見せてくれるので、とにかく新譜から目が離せなかった。このアルバムは邦題『アメリカン・ポップ』が示しているようにポピュラーなナンバーを見事マントラ流に料理し、オリジナルなサウンドを創出している。収録された「ミステリー」「アメリカン・ポップ」ともに名曲。

The Manhattan Transfer/Brasil
マンハッタン・トランスファー/ブラジル

Atlantic 1986年録音

DATA≫P283

タイトル通りイヴァン・リンス、ミルトン・ナシメントといったブラジリアン・ミュージシャンの楽曲を採り上げた彼らの新境地は大成功。エスニックな曲想の魅力もさることながら、料理の仕方が抜群。素材が何であれ、それをマントラ・サウンドに染め上げ、ジャジーなテイストもたっぷり含ませるあたり、ジャズ・コーラスのトップたることを知らしめた。

New York Voices/Hearts Of Fire
ニューヨーク・ヴォイセズ/ハーツ・オブ・ファイア

GRP 1990年録音

DATA≫P278

彼らの斬新さが表れたデビュー第2作。目玉はコルトレーンの名曲「ジャイアント・ステップス」に歌詞を付けて豪快に歌い切ったトラック。インスト・ミュージシャンの間で「難曲」と評判の高いこの曲を小気味よく飛ばしているのが気持ち良い。同じく注目すべきはエリントン・ナンバー「コットン・テイル」。ここでも彼らの勢いは衰えない。

New York Voices/What's Inside
ニューヨーク・ヴォイセス/ホワッツ・インサイド

GRP 1993年発表

DATA≫P278

ニューヨーク・ヴォイセスは男女5名のヴォーカル・グループ。マンハッタン・トランスファーの影響を感じるいかにもアメリカンなサウンド。というかグループ名が表すように、ニューヨーカーらしいお洒落でちょっぴりメッセージ性を込めたポップなテイストが特徴。エラ・フィッツジェラルドに捧げた「オー・レディ・ビー・グッド」が面白い。

New York Voices/Sing, Sing, Sing
ニューヨーク・ヴォイセス/シング、シング、シング

Concord 1999年録音

DATA≫P278

21世紀に入り、結成14年目を迎えた時の録音。メンバーはかなり出入りがあり、このアルバムは男性２名、女性２名の４人チーム。タイトル通りスイング時代のナンバーを採り上げているが、あまりレトロな感じはせず、サウンドは現代的。男女の声質の違いを巧い具合に塩梅し、コーラス・グループでなければ出せない味を的確に表現。

The Singers Unlimited/A Capella
ザ・シンガーズ・アンリミテッド/ア・カペラ

MPS 1971年録音

DATA≫P269

多重録音を駆使し、コーラスの気持ち良さを極限まで追求したコーラス・グループ、シンガーズ・アンリミテッドのヒット作。声を強調するため、伴奏なし、ア・カペラでキメたのも潔い。その効果は抜群で、人の声だけが持つ生理的快感が心置きなく楽しめる。選曲も名画の主題歌「青春の光と影」、ビートルズ・ナンバー「フール・オン・ザ・ヒル」と魅力的。

The Swingle Singers, Modern Jazz Quartet/Place Vendôme
MJQ・ウィズ・スウィングル・シンガーズ/ヴァンドーム

Philips 1966年録音

DATA≫P268

スウィングル・シンガーズはグループ名にもなっているウォード・スウィングルこそアメリカ人だが、他のメンバーは皆フランス人。このアルバムは、クラシック的素養もあるジョン・ルイス率いる４人組、モダン・ジャズ・カルテットとの共演盤で、「リトル・デヴィッズ・フーガ」などのクラシック的トラックではまさに水を得た魚のような息の合いようだ。

Take 6/Take 6
テイク6

Reprise 1988年録音

DATA≫P267

黒人6人のア・カペラ・グループ、「テイク6」のデビュー・アルバム。黒人の声には特徴がある。腰が強く深みのある声で、苦み走った味がそれに加わるとブルースマンなどに特有のテイストが生まれる。他方、裏声の一種であるファルセット・ヴォイスもまた彼らの得意技で、両者が巧い具合に混ざり合うと、テイク6のようなえも言われぬサウンドが誕生する。

Tillery/Tillery
ティレリー

Core Port 2016年発表

DATA≫P267

ティレリーは今を時めくニュー・ヴォーカル・スター、ベッカ・スティーヴンス、レベッカ・マーティン、グレッチェン・パーラトの超強力3人組。レコード会社のプロデュースでない自発的グループの強みが聴き所。つまり彼女たちはほんとうに一緒に歌うのが好きなのですね。その好ましい気配が聴き手に心地よく伝わってくる好盤。

TSF/Drôlement Vocal
TSF/ドロールマン・コーラス

IDA 1987年録音

DATA≫P266

TSFのデビュー作。タイトルは「風変わりなヴォーカル」といった意味で、ゲスト参加しているダニエル・ユックが醸しだすコミカルなテイストを指している。彼は歌手兼サックス奏者にして芸人でもあり、随所に顔を出す演劇的要素は彼のキャラによっている。それを含め、アルバム全体の完成度の高さは、TSFの高度なコーラス技術に負っている。

TSF/Ca Va, Ca Va
TSF/サヴァ、サヴァ

CBS/Sony 1989-90年録音

DATA≫P266

TSFはフランスの男性2人女性2人の4人組、というわけで嫌でもマンハッタン・トランスファーを思い出すが、やはりフランスのヴォーカル・グループは一味違う。エスプリが効いているというんだろうか、それでいてほんのりと古き良きヨーロッパの香りも感じさせる。こうしたレトロ趣味は彼らの持ち味で、聴き手を和ませる好ましい効果がある。

Vocal Sampling/Una Forma Mas
ヴォーカル・サンプリング/彩声〈ア・カペラ〉

Sire 1993-94年録音

DATA≫P265

ヴォーカル・サンプリングはキューバの6人組ア・カペラ・グループ。ラテン・ミュージックらしいエキゾチックなメロディと歯切れの良いリズムが心地よい。聴き所はキューバン・ミュージックならではの、裏声で哀感を込めた節回し。こういうものを“ジャズ・ヴォーカル”とするかは微妙だが、彼らがジャズの影響を受けているのは間違いない。

Vox One/Say You Love Me
ヴォックス・ワン/セイ・ユー・ラヴ・ミー

Primarily A Cappella 1993年発表

DATA≫P265

ヴォックス・ワンはバークリー音楽院で編曲を学んだ松岡由美子が、自分のアレンジした楽曲を歌ってもらうため学生4人に声をかけ88年に結成されたグループ。当初は1回限りの臨時バンドのつもりが好評のため、メンバー・チェンジしつつプロとしてレコーディングを行った。聴き所はオーソドックスながら斬新さを感じさせる素直な歌唱スタイル。

《PART 2》編成・楽曲で聴くジャズ・ヴォーカルの名盤

第3章

ミュージカル・映画をジャズで聴く

—永遠のスタンダード名曲集—

この章が面白いのは、ジャズ・ヴォーカリストたちが採り上げる楽曲の面から、〝ジャズ〟という音楽の特殊性を表しているからです。というのも、ベートーヴェンが作曲した交響曲「運命」は明らかにクラシック音楽のための楽曲ですし、ビートルズが歌ってヒットした「抱きしめたい」はロックのために書かれました。しかるにこの章の主人公たるアメリカを代表する作曲家たち、ジョージ・ガーシュウィンやコール・ポーターは、個人的にはジャズが好きだったとしても、彼らは「ジャズのために」楽曲を書いたわけではないからです。

彼らはブロードウェイ・ミュージカルやハリウッド映画のために膨大な楽曲を書き、それらをジャズ・ミュージシャンたちがジャズ風にアレンジして演奏、歌唱し続けた結果、ジャズの定番曲、つまり〝スタンダード・ナンバー〟となったのです。

では、彼らの楽曲がジャズとはまったく関係ないのかというと、そうでもないのですね。それはポピュラー楽曲成立の事情と比べてみるとわかるのではないでしょうか。おおむねポピュラー・ミュージックは歌うべき歌手を前提として作曲されることが多いようです。いわゆる「アテ書き」ですね。ということは他のヴォーカリストが歌うことを難しくもしており、だからこそ意外な歌い手の「カヴァー」が話題になったりもするのでしょう。

他方、〝ティン・パン・アレー〟の作曲家と称されたガーシュウィンたちは、ミュージカル、映画音楽の注文はされても、具体的なキャスティングにまで関与できたわけではありません。ひどいときは、作曲した楽曲が他のミュージカルや映画に転用されてしまうことだって、珍しくはありませんでした。

そうした状況で生き残った楽曲は、良い意味で誰でもが歌える汎用性、あるいは普遍性と言ってもいい内容を備えていたと考えられるのです。またこれらの楽曲をジャズ・ミュージシャンの視点で捉えてみると、単にメロディが美しいといった外見的要素に留まらない、楽曲構造自体がジャズ・ミュージシャンの創造意欲を喚起する楽曲でもあったのです。

ではこうした〝スタンダード楽曲〟の聴き所はどこにあるのでしょうか？　それは言うまでもなく、同じ楽曲が歌うヴォーカリストによってまったくテイストを変えてしまう面白さにあるのです。

Bing Crosby Sings Songs By George Gershwin
ビング・クロスビー・シングス・ガーシュウィン

①スワニー②サマータイム③俺らはないものだらけさ④そうとは限らない⑤サムバディ・ラヴズ・ミー⑥メイビー⑦バット・ノット・フォー・ミー⑧マイン⑨エンブレイサブル・ユー⑩誰も奪えぬこの想い⑪歩み入る恋⑫ライザ⑬皆笑った⑭首尾よく行けば⑮サムバディ・ラヴズ・ミー

Decca●1936-56年録音 DATA＞P311

まさに古き良き時代のアメリカを象徴するような組み合わせだ。「ポーギーとベス」で知られたアメリカの国民的作曲家、ジョージ・ガーシュウィンの楽曲を、これまた幅広い人気と好ましい人柄によって国民的歌手と愛されたビング・クロスビーが歌う。ビングはイギリス系でガーシュウィンはユダヤ系なので、ホワイト・アメリカン・サウンドと言えるが、ジャズはこうした要素をも養分とし世界的広がりを得ることができた。

それにしても、ガーシュウィン楽曲が持つ健康的な明るさをビングほど適切に表現できる歌手もまたとない。朗らかで屈託のない明朗さで歌い上げる「俺らはないものだらけさ」を聴いてみよう。歌詞の大意は「俺にはなにもなさすぎる。車もなければラバもない。惨めさもない。たっぷりと持っている人はドアに鍵をかける…」。山葵の効いた内容を、ちょっと滑稽で楽天的な庶民感覚に寄り添うように歌うビング。ガーシュウィン特有のほのぼの感を見事に伝えた名唱だ。

Anita O'Day/Swings Cole Porter With Billy May
アニタ・オデイ・スウィングス・コール・ポーター・ウィズ・ビリー・メイ

Verve 1959年録音

DATA≫P315

歌い手と相性の良い楽曲というものがある。コール・ポーターの書く曲は、彼の気質を表す都会的で洒脱な表現ができるヴォーカリストが歌ってこそ光ると言える。アニタの小粋で軽快な歌唱はまさにうってつけ。よく知られた「ユード・ビー・ソー・ナイス・トゥ・カム・ホーム・トゥ」「ラヴ・フォー・セール」などが並ぶ、ポーター極め付き名曲集。

Anita O'Day And Billy May Swing Rodgers And Hart
アニタ・オデイ・アンド・ビリー・メイ・スウィング・ロジャース&ハート

Verve 1960年録音

DATA≫P315

作曲家リチャード・チャールス・ロジャースと作詞のロレンツ・ハートは、コンビを組んで後にスタンダードとなる名曲の数々を世に送り出した。このアルバムはマイルスの名演で知られる「イット・ネヴァー・エンタード・マイ・マインド」や、ペッパーが採り上げたこれも名曲「魅せられて」などを、ビリー・メイのバンドをバックに軽快に歌い上げた好盤。

Chris Connor Sings The George Gershwin Almanac Of Song
クリス・コナー/ジョージ・ガーシュウィン・ソング・ブック

Atlantic 1957年録音

DATA≫P306

アメリカを代表する作曲家、ジョージ・ガーシュウィンはフォーク・オペラ「ポーギーとベス」はじめ、多くの名曲を書いたがその多くがスタンダードとなっている。このアルバムはクール・ヴォイスが魅力のクリス・コナーが彼の作品を採り上げたアルバム。「アイ・ガット・リズム」「サマータイム」といったガーシュウィン代表曲を軽やかに歌う。

Ella Fitzgerald/Ella Sings Gershwin
エラ・フィッツジェラルド/エラ・シングス・ガーシュウィン

Decca 46-54年録音

DATA≫P301

ガーシュウィンの楽曲は多くのジャズ・ミュージシャンたちに採り上げられ、“スタンダード”となった。彼の楽曲を歌うことはファンにとっては「馴染みの曲」という親しみやすさがある半面、歌い手にとってはいかに個性を表現するかが問われることになる。エラは素直に原曲の旋律を歌わせ、その中にエラならではの優しい心情を込める。

Ella Fitzgerald/Sings The Cole Porter Song Book Vol.1
エラ・フィッツジェラルド/エラ・シングス・コール・ポーター・ソング・ブックVol.1

Verve 1956年録音

DATA≫P301

コール・ポーターはミュージカルや映画のために多くの優れた楽曲を提供した。お金に不自由したことがない上流階級出身らしい都会的洗練と、ちょっと斜に構えた諧謔味がポーターの持ち味。エラは原曲の良さを素直に活かし、自分らしさはドライヴ感の利いた軽快な歌唱で表現。聴き所は、じつは歌いこなすのが難しい名曲「ビギン・ザ・ビギン」。

Ella Fitzgerald/Sings The Cole Porter Song Book Vol.2
エラ・フィッツジェラルド/エラ・シングス・コール・ポーター・ソング・ブックVol.2

Verve 1956年録音

DATA≫P301

ポーターの楽曲の特徴は、陰鬱とも思えた旋律に突如希望の光が差すことで、聴き手の気分が心地よく揺さぶられるところだ。典型的なのが冒頭に収録された「アイ・ラヴ・パリ」で、この変化に富んだ楽曲をエラは見事に歌い切る。そこに込められたうつろう感情表現も見事。エラはこうした実績で「スタンダード・シンガー」としての地歩を固めた。

Ella Fitzgerald & Louis Armstrong/Porgy & Bess
エラ・フィッツジェラルド&ルイ・アームストロング/ポーギー・アンド・ベス

Verve　1957年録音

DATA≫P300

ジャズ・ヴォーカルの生みの親、ルイ・アームストロングと女性ジャズ・ヴォーカリスト人気ナンバー・ワンのエラが、国民的作曲家ガーシュウィンのフォーク・オペラ「ポーギーとベス」で共演する。これはもう聴くしかないでしょう。もちろん中身は期待を裏切らない。エラの歌唱はもちろん、ルイの親しみに満ちたダミ声もトランペットも満載。

Ella Fitzgerald/Sings The George And Ira Gershwin Song Book
エラ・フィッツジェラルド/シングス・ザ・ジョージ・アンド・アイラ・ガーシュウィン・ソング・ブック

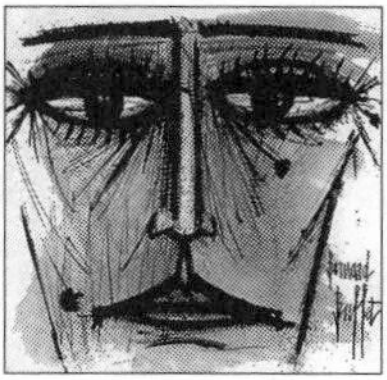
Verve　1959年録音

DATA≫P301

エラの「ガーシュウィン・ソング・ブック」はDecca 時代にも録音されているが、ヴァーヴが潤沢な資金にものを言わせ贅沢なストリングスをつけ再録音させた4枚組CDがこれ。当然前作とダブる楽曲も多いが、録音時期の違いレーベルの違いによって、ずいぶん趣が違っている。それはエラの「引き出しの多さ」の証でもある。どちらも傑作。

Patti Austin/Avant Gershwin
パティ・オースティン/ガーシュウィン・ソングブック

Rendezvous 2006年録音

DATA≫P277

フュージョン・スターのイメージ濃厚なパティのジャズ・スピリットが炸裂したガーシュウィン・ソングブック。パティのドライヴ感に満ちた迫力満点の歌いぶりは、彼女のルーツがR&B歌手だったことを思い知らされる。重厚で厚みのあるバック・バンドは、ケルンを本拠とする名門WDRビッグ・バンド。まさに重量級ミュージシャン同士の好取組。

Rita Reys/The American Songbook Volume 1
リタ・ライス/ジ・アメリカン・ソングブックVol.1

Master Music 1992年発表

DATA>P274

還暦を越えたとは思えない艶のある声で「ボディ・アンド・ソウル」「オーヴァー・ザ・レインボウ」などCD２枚30曲を歌い切る。ヨーロッパ・ナンバー・ワン・ジャズ・ヴォーカリストたる所以がよくわかる。正攻法でありつつ自信に満ちた個性表現も充実している。聴き所は白人らしからぬコクのある声質から繰り出される、心地よいリズム感。

Rita Reys/The American Songbook Volume 2
リタ・ライス/ジ・アメリカン・ソングブックVol.2

Master Music 1992年発表

DATA>P274

Vol.1同様収録楽曲は「スター・アイズ」「スピーク・ロウ」など30曲。それにしても彼女のレパートリーの広さには驚かされる。さすが長きにわたってヨーロッパ・ジャズ・シーンに君臨した大スターだけのことはある。聴き所は、素直でストレートな歌唱にもかかわらず、優しさ、親しみに満ちたリタらしさがあふれているところ。録音の良さも凄い。

Rosemary Clooney Sings The Music Of Cole Porter
ローズマリー・クルーニー/コール・ポーター名曲集

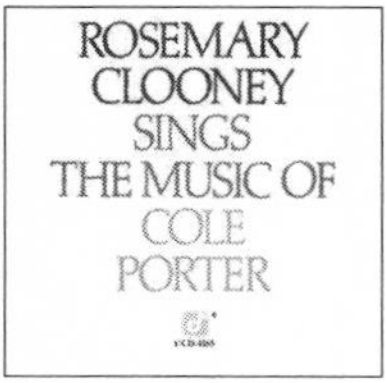

Concord 1982年録音

DATA>P273

白人ヴォーカリストは腰の強い声質を持つ黒人ヴォーカリストに比べ、薄味というかあっさり目の表現が多い。そうした中でロージーは異色。特に変わった声ではないのだが、歌詞に強いアクセントをつけつつも、メロディ・ラインは崩さずていねいに歌うことで、独特の説得力をもたらしている。効果はてき面で極めて力強い印象のポーター集が生まれた。

Sarah Vaughan/Sings George Gershwin
サラ・ヴォーン/シングス・ジョージ・ガーシュウィン

Mercury 1957年録音

DATA≫P270

ジャズ歌手にとってガーシュウィン・ナンバーのような“スタンダード”を歌うことは賭けでもある。嫌でも他の歌い手と技量、個性が比較されるからだ。サラは極めて個性的な声質を持っているので優位に立っているとも言えるが、彼女はそこに留まらず原曲にサラならではの「味付け」を施し、誰が聴いても「これはサラ」とわかる個性表現を行っている。

Sarah Vaughan/Sings The Mancini Songbook
サラ・ヴォーン/マンシーニ・ソングブック

Mercury 1963-64年録音

DATA≫P270

マンシーニの名は知らずとも、オードリー・ヘプバーン主演の名画『ティファニーで朝食を』で彼女自身がギターを爪弾きながら歌う「ムーン・リヴァー」は一度は耳にしたのでは。マンシーニは他にもスタンダードと化した「酒とバラの日々」や「シャレード」など、映画音楽を数多く作った。サラはそれら名曲を完全に自分の世界に引き込んで歌っている。

《PART 2》編成・楽曲で聴くジャズ・ヴォーカルの名盤

第4章 ポピュラー・シンガーが歌うジャズ

―百花繚乱の個性―

今回アルバムを選んでいて一番面白かったのがこの章でした。ポピュラー・シンガーもジャズ・ヴォーカリストも、歌手という点では同じです。では、どこが違うのでしょうか。一番わかりやすいのは両者の楽曲に対するスタンスです。

ジャズ・ヴォーカリストは、もともとはポピュラー・ソングだったミュージカルや映画の挿入歌、「スタンダード・ナンバー」を「素材」として自己表現を行います。他方ポピュラー・シンガーは、「持ち歌」などと呼ばれる自分向けの楽曲の良さを活かすことで、歌手としての存在をアピールします。

例えばトランペッター、チェット・ベイカーは、典型的スタンダード「マイ・ファニー・ヴァレンタイン」を極めて個性的に歌うことによって、ジャズ・ヴォーカリストとしても有名になりました。

他方、大多数のポピュラー・シンガーは特定のヒット曲を引っ提げ、それをきっかけにしてブレイクするケースが多いですよね。例えばエルヴィス・プレスリーの「ハートブレイク・ホテル」や、ビートルズの「抱きしめたい」などが典型です。しかし、こうした楽曲の扱い方による分類はしょせん「程度問題」ですから、両者の中間地帯は当然灰色ゾーン。ここが面白いのですね。

この章で採り上げたアルバムはいくつかのタイプに分かれます。代表に挙げたポール・マッカートニーの『キス・オン・ザ・ボトム』の収録曲、マイルス・デイヴィスも採り上げているスタンダード・ナンバー「バイバイ・ブラックバード」などを聴けば、ここでのポールはまさにジャズ・ヴォーカリストになりきっています。それに比べ、スティングやスティーリー・ダンのアルバムなどは、とくにジャズ・スタンダードを採り上げているわけではなくとも、ジャジーなテイストを感じさせるのですね。

最後にこのコーナーの狙いをいうと、ポールやリンダ・ロンシュタットのように、ポピュラー・シンガーとしての歌唱をよく知られている歌い手が「ジャズ」を歌うと、どのように歌い方が変わるのか、またそれでも変わらない彼らの個性のありよう、というところです。また、ロック、ポップス、ソウル・ファンのみなさんが、ここに挙げたアルバムをきっかけにジャズに興味を持っていただくことも、大きな狙いです。そしてジャズ・ファンの方々には、できるだけ「ジャズ」の枠を広げることによって、ジャズ自体の特性がよく見えてくるということも言いたいですね。

Paul McCartney/Kisses On The Bottom
ポール・マッカートニー/キス・オン・ザ・ボトム

①手紙でも書こう②ホーム③イッツ・オンリー・ア・ペイパー・ムーン④もう望めない⑤グローリー・オブ・ラヴ⑥ウィ・スリー⑦アクセンチュエイト・ザ・ポジティヴ⑧マイ・ヴァレンタイン⑨オールウェイズ⑩マイ・ヴェリー・グッド・フレンド・ザ・ミルクマン⑪バイ・バイ・ブラックバード⑫ゲット・ユアセルフ・アナザー・フール⑬インチ・ワーム⑭オンリー・アワ・ハーツ

Hear Music●2011年録音 DATA≫P276

言わずと知れた元ビートルズの超大物歌手がジャズを歌う。2012年の発売だからポールはもういいお歳。いやいや、私は彼の最近のライヴを何度か観たけれど、声、歌ともまったく衰えていなかった。歌なんぞ前より上手いくらい。それはさておき、このアルバムではライヴの張り切りポールとはイメージが違って、渋さ、落ち着きを前面に打ち出している。そこで合点、彼、こういうことをしたかったんだ。

歳相応の枯れた声はむしろジャズ向きで、味わいが増している。ポピュラー・シンガーとジャズ・ヴォーカリストの違いは、楽曲の良さを活かすのがポピュラー・シンガー、楽曲を素材として歌い手の個性を前面に打ち出すのがジャズ・ヴォーカリストという「定義」を思えば、ここでのポールはまさにジャズ・ヴォーカリストになりきっている。サイドが超豪華、ピアノはダイアナ・クラール、そしてゲストにはエリック・クラプトンやスティーヴィー・ワンダー！　さすが大物だ。

Akiko Yano/Welcome Back
矢野顕子/ウェルカム・バック

Midi 1988-89年録音

DATA≫P316

パット・メセニーがバックについたのでジャズファンの間で話題となったが、超個性的な矢野の歌はやはり凄い。ジャズそのもののバック・サウンドにまったく負けてない。冒頭の楽曲でスキャットを交えメセニーと対等に「勝負」する矢野。まさにジャズ・ヴォーカリストじゃないですか。他の楽曲では矢野節全開で、もちろん矢野ファンも満足。

Barry Manilow/2:00 Am Paradise Cafe
バニー・マニロウ/2:00AMパラダイス・カフェ

Arista 1984年録音

DATA≫P313

あのシナトラから「次に来るのは彼だ」と言われたマニロウ。確かに恵まれた資質の持ち主だ。声良し、歌唱テクニック抜群、そして肝心の情感表現においても圧倒的。とりわけフレーズに心情をゆだねる技が抜きんでており、彼の歌声を聴くうち、知らず知らず心が魅せられてしまうのはどうしたことか。「セイ・ノー・モア」の圧倒的素晴らしさ。

Boz Scaggs/Speak Low
ボズ・スキャッグス/スピーク・ロウ

Decca 2008年録音

DATA≫P310

70年代フュージョン旋風とともにヴォーカル界を席巻したアダルト・コンテンポラリーのスター、スキャッグスの魅力は、やはりソフトな中に独特の個性、味わいを感じさせる声質にあると思う。「味」の中身は「洗練」、そして「大人の感覚」。「アダルト」のネーミングが付いたのは伊達でない。タイトルともなったスタンダード「スピーク・ロウ」、やはり良い。

Bruce Hornsby/Absolute Zero
ブルース・ホーンズビー/アブソリュート・ゼロ

Zappo 2019年発表

DATA ➤ P310

アメリカのシンガー・ソングライターはほんとうに懐が深い。このアルバムも「純ジャズ」とは言えないが、随所にジャジーなテイストが感じられる。ブルージーな感覚、あるいはフォーキーな気分、それらがホーンスビーの渋み、味わいのある声質によってジャズ風の装いを纏わされる。アメリカン・ポップスの、いやジャズのルーツの奥深さを実感させられる。

Bryan Ferry/As Time Goes By
ブライアン・フェリー/アズ・タイム・ゴーズ・バイ - 時の過ぎゆくままに

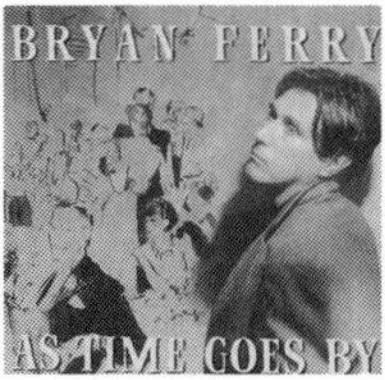

Virgin 1999年発表

DATA ➤ P310

イギリス人の声が好きだ。彼らの声質には紗がかかったようなハスキー感が付きまとっていて、それが言いようのない味となっている。暴論かもしれないが、彼らがスタンダードを歌うとそれだけでジャジーな味が感じられる。ロキシー・ミュージック出身のフェリーがスタンダードに挑戦したこのアルバム、狙い通り馥郁たるジャズの香りが漂ってくる。

Carly Simon/Torch
カーリー・サイモン/トーチ

Warner Bros. 1981年発表

DATA ➤ P309

振り返ってみれば、この81年に出したアルバムがカーリーがスタンダードに挑戦した最初のアルバムだった。あえて「ジャズっぽく」せず、伸び伸びとマイペースで歌ったことが良かった。もともと表現力に優れたシンガー・ソング・ライターだけあって、自然体の歌唱にこそジャズファンが求める個性が表われている。心に染み入る歌だ。

Carly Simon/My Romance
カーリー・サイモン/マイ・ロマンス

Arista 1990年発表

DATA≫P309

81年『トーチ』、05年『ムーンライト・セレナーデ』の間に位置する90年の作。タイトル通りロマンチックに「マイ・ファニー・ヴァレンタイン」「魅せられて」といったスタンダードを歌う。だが、センチメントに陥ることなく明朗さを保った歌唱は、素直に聴き手の気持ちに沁みとおる。ドラマチックに歌い上げる「ダニー・ボーイ」が素晴らしい。

Carly Simon/Moonlight Serenade
カーリー・サイモン/ムーンライト・セレナーデ

Columbia 2004-05年録音

DATA≫P309

70年代、ジョニ・ミッチェル、キャロル・キングらとシンガーソング・ライターの一翼を担ったカーリー・サイモンがジャズ・スタンダードを歌う。ちょっと想像がつかなかったが、これがいいのだ。還暦を迎えた貫禄か声に味わい渋みが加わり、ごく自然に歌っていても、不思議な安らぎ感が聴き手に伝わってくる。一流シンガーは何を歌っても様になる。

Chaka Khan/Echoes Of An Era
チャカ・カーン/あの頃のジャズ

Elektra Musician 1981-82年録音

DATA≫P307

「リズム・アンド・ブルースの女王」と呼ばれたチャカ・カーンがフレディ・ハバード、チック・コリアといったジャズ・ミュージシャンをバックに従え、「A列車で行こう」「アイ・ラヴ・ユー・ポーギー」といったスタンダード・ナンバーをジャジーに歌いまくる特別セッション。シャウト唱法、ディープな感情表現など、ソウルフルなチャカの個性が全開。

Diana Ross/Lady Sings The Blues
ダイアナ・ロス/ビリー・ホリデイ物語

Motown 1972年録音

DATA≫P304

カリスマ・ヴォーカリスト、ビリー・ホリデイ伝記映画の主役を、ソウル界の大スター、ダイアナ・ロスが演じた映画のサウンド・トラック。ともに大物同士ながら、これはミス・マッチじゃなかろうかという事前の予想に反し、映画は大ヒット。成功の秘密は、ホリデイの歌唱の特徴を巧みに写し取りつつも、完全に自分の歌にしちゃったダイアナの作戦勝ち。

Diana Ross/Stolen Moments
ダイアナ・ロス/ライヴ~ストールン・モーメンツ

Motown 1992年録音

DATA≫P304

かつてビリー・ホリデイの伝記映画で好評を博したダイアナが、90年代に改めて「奇妙な果実」などホリデイの愛唱したナンバーを歌ったライヴ・レコーディング。声質、キャラともにホリデイとはまったく違うダイアナだが、彼女なりのホリデイ像の造形という視点で見れば、これはあり。それにしても、可憐かつ個性的なダイアナの歌唱はじつに魅力的。

Donald Fagen/The Nightfly
ドナルド・フェイゲン/ナイトフライ

Warner Bros. 1981-82年録音

DATA≫P303

このアルバムはほんとうによく聴き込んだ。軽いテイストなのに聴き飽きないのは、優れた楽曲を含め極めてていねいに作り込んであるからだろう。80年代ポピュラー・ミュージックの精華と言っていい完成度の高さだ。まずもってフェイゲンの声に力がある。それを支えるバック・サウンドもじつに緻密。今聴くと思いのほかジャジーに聴こえるのはなぜだろう。

Doris Day, André Previn/Duet
ドリス・デイ&アンドレ・プレヴィン/デュエット

Columbia 1961年録音

DATA>P303

ポピュラー歌手ドリスと、クラシック、ジャズの両分野で名を成したピアニスト、プレヴィンのデュオ。聴き所はドリスの歌の巧さ。一流ジャズ・ピアニストと互角に渡り合い、ジャジーなテイストも申し分ない。トップランク歌手は何を歌わせてもこなせちゃう。明るく健康的な、古き良き時代のアメリカン・ポップス・フィールのジャズも悪くない。

James Brown/Getting Down To It
ジェームス・ブラウン/ゲッティン・ダウン・トゥ・イット

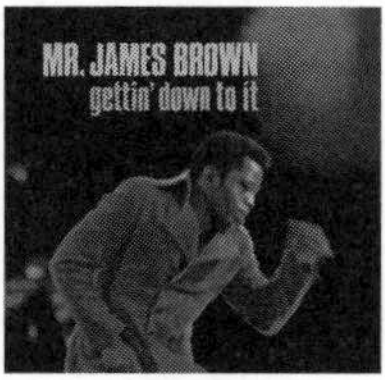

Verv 1968-69年録音

DATA>P293

ソウルの帝王ジェームス・ブラウンが「夜のストレンジャー」「オール・ザ・ウェイ」といったシナトラ・ナンバーを歌っている謎のアルバム。当たり前だがシナトラ臭はまったくなく、完全にブラウンの歌になっている。一聴してブラウンとわかる強烈な声質は極めて個性的で、そこに注目すればジャジーであるとも言える。彼の制作動機が知りたいなあ。

Joni Mitchell/Don Juan's Reckless Daughter
ジョニ・ミッチェル/ドンファンのじゃじゃ馬娘

Asylum 1977年録音

DATA>P290

ジャコのイマジネーションに富んだベース・ラインに支えられたジョニの歌声がジャズ度数を上げている。ダイナミックなリズムへの乗り方や明確な意志が込められた歌詞の扱い様は極めてジャズ的で、このアルバムあたりからジャズファンがジョニに注目しだした。ラリー・カールトンのギターも良い。ジャズ・ヴォーカリスト、ジョニの誕生だ。

Joni Mitchell/Wild Things Run Fast
ジョニ・ミッチェル/ワイルド・シングス・ラン・ファスト

Geffen 1982年発表

DATA》P290

ジョニの持ち味がよく出たアルバム。とくにジャズ的なアプローチは採ってないのにジャズ・スピリットを強く感じる。理由は彼女が明確な自己を持っており、それが自信に満ちた歌唱に表れているからだろう。つまりは個性的でオリジナリティがあるということ。こうしたスタンスが現代ジャズ・ヴォーカリストに大きな影響を与えたのは偶然ではない。

Kenny Rankin/A Song For You
ケニー・ランキン/ア・ソング・フォー・ユー

Verve 2001年録音

DATA》P288

ソフトだが甘すぎない絶妙なさじ加減の声質が魅力。ていねいに、そして優しい歌い回しだが、歌詞の発音は極めて明確。こうした、ある意味実直なスタイルが彼の人気を高めているのだろう。ファンが、自分だけに親密に歌いかけているかのような気持ちにさせられるのは、考え抜かれた歌唱テクニックによるもの。上手い歌手だ。

Laura Nyro/Season of Lights-Complete Concert
ローラ・ニーロ/光の季節・コンプリート

Columbia 1976年録音

DATA》P286

70年代初頭、ロック喫茶をやっていた。その頃ローラの新譜も聴いたが、まったくジャズは感じなかった。ところが、このライヴはバックに参加したジャズ・フュージョン寄りのミュージシャンのせいもあるが、ジャズ・ヴォーカルとしても聴けるのだ。彼女の特徴である極めて高域寄りのあまりジャズ的とは言えない声質までもがジャジーに響くのは不思議。

Linda Ronstadt/What's New
リンダ・ロンシュタット/ホワッツ・ニュー

Asylum 1982-83年録音

DATA≫P285

ロック、ポップ、フォークとあらゆるジャンルで成功したシンガーだけのことはある。当たり前だが歌が巧く、声が良く、そして一番大事な表現力においても申し分ない。そんなリンダがジャズに挑戦したのがこのアルバム。当然のごとく二流ジャズ・シンガーを凌ぐ出来の良さだ。一番の聴き所は、聴き手の心をしっかりと摑むチャームがあること。

Natalie Cole/Unforgettable
ナタリー・コール/アンフォゲッタブル

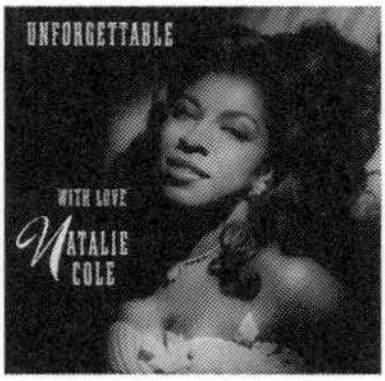

Elektra 1989-91年録音

DATA≫P278

ご存じのようにナタリーはキング・コールの娘。このアルバムの目玉は、現代技術によって亡き父とのデュエットを実現したタイトル曲。だが父譲りといおうか、ナタリーの歌唱はそれ自身で極めて魅力的。やはり父のヒット曲「ネイチャー・ボーイ」のしみじみとした味わいなど、けっして親の七光ではないことが知れる歌い手だ。

Patti Austin/Live At The Bottom Line
パティ・オースチン/ライヴ・アット・ザ・ボトム・ライン

CTI 1978年録音

DATA≫P277

70年代当時、今や死語と化した「クロスオーヴァー歌手」として人気を博したパティのライヴ・アルバム。バック・サウンドは懐かしのフュージョン・サウンドだが、リズム・アンド・ブルースで鳴らしたパティの歌唱はソウルフルかつ十分ジャジー。迫力満点の声質から繰り出される説得力に満ちた歌唱はダイレクトに聴き手に突き刺さる。

Patti Page/In The Land Of Hi-Fi
パティ・ペイジ/イン・ザ・ランド・オブ・ハイファイ

EmArcy 1956年録音

DATA＞P276

戦後日本でもヒットした「テネシー・ワルツ」で知られるパティ・ペイジは、れっきとしたポピュラー歌手。しかしジャズを歌わせても一流。それを知らしめる隠れ名盤がこれ。カーメン・マクレエ、クリス・コナーらも歌った名曲「スリル・イズ・ゴーン」を聴けば、それがウソでないことがおわかりになるはず。上手い人は何でもできちゃうんだ。

Philip Bailey/Soul On Jazz
フィリップ・ベイリー/ソウル・オン・ジャズ

Heads Up 2002年発表

DATA＞P275

ソウル・ミュージックの聴き所のひとつに、男性ヴォーカリストのファルセット（裏声）がある。白人がやると線が細くなりがちだが、声に力のある黒人がやると独特の迫力が生まれる。アース・ウィンド・アンド・ファイアー出身、ベイリーのファルセットは格別。このアルバムの目玉はチック・コリアの名曲「サム・タイム・アゴー」を小気味よく歌ったトラック。

Rickie Lee Jones/Girl At Her Volcano
リッキー・リー・ジョーンズ/マイ・ファニー・ヴァレンタイン

Warner Bros. 1978-83年録音

DATA＞P274

シンガーソング・ライター、リッキーはまさに子供声。初めて彼女の歌を聴いたとき、この女の子は飴玉しゃぶりながら歌ってんじゃないかといぶかしんだものだ。しかしスタンダードでもあるタイトル曲を聴くうち、これはなかなかのものだぞと思い始めた。楽曲解釈、感情表現、そして声質も思い切り個性的。そうした視点で見れば、まさにジャジー。

Rickie Lee Jones/Pop Pop
リッキー・リー・ジョーンズ/ポップ・ポップ

Warner Bros. 1989年録音

DATA≫P274

冒頭の「マイ・ワン・アンド・オンリー・ラヴ」を聴く。第一印象は「よだれが垂れちゃうんじゃなかろうか」だった。「子供声」にしろ、ポジティヴな評価ではない。しかし「引っ掛かる」のですね。ここがポイント。ジャズ・ヴォーカルの場合、声質・歌唱スタイルへの「違和感」がそのまま、個性・魅力へと変化するケースがままあるのだ。彼女もそのひとり。

Ringo Starr/Sentimental Journey
リンゴ・スター/センチメンタル・ジャーニー

Apple 1969-70年録音

DATA≫P274

ビートルズ解散と相前後して発表されたリンゴ初のソロ・アルバムが“ジャズ”だったというのが面白い。それも折り紙付きスタンダードを素直に歌っているんだから驚きだ。イギリスはジャズとロックのシーンが接近・混在しているのだが、これもその表れか。何のけれんもないじつにまっとうなジャズで、リンゴの好ましい人柄がよく出ている好盤。

Rod Stewart/It Had To Be You: The Great American Songbook
ロッド・スチュワート/ザ・グレイト・アメリカン・ソングブック

J 2002年発

DATA≫P273

イギリスのロック・シンガーは声に特徴がある。渋み、苦みが効いているのだ。これが奇しくもジャズ・ヴォーカル向きの声だということを実証したのがロッド。フェイセスでの活動など、れっきとしたロッカーである彼が出したこのジャズ・アルバムは、何と300万枚の大ヒット。ロック・ファンも買ったのだろうが、ジャズファンも見逃す手はない好盤。

Sheena Easton/No Strings
シーナ・イーストン/ノー・ストリングス

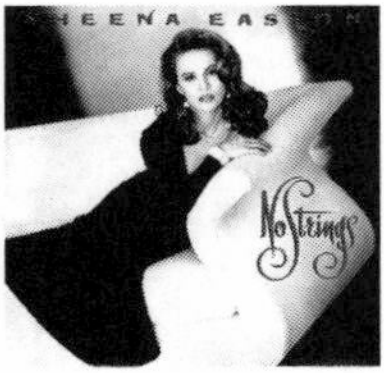

MCA 1993年録音

DATA≫P270

イギリス出身のポップス歌手、シーナが「サムワン・トゥ・ウォッチ・オーヴァー・ミー」「ハウ・ディープ・イズ・ジ・オーシャン」といったスタンダード・ナンバーを取り上げたアルバム。正攻法のジャズ・スタイルながら、ちゃんとシーナらしさも表現している。聴き所はところどころに顔を出す、ちょっとかわいこちゃんぶったポップス的歌い回し。

Steely Dan/Aja
スティーリー・ダン/彩(エイジャ)

MCA 1977年録音

DATA≫P269

何でこのアルバムを新譜で買ったのかよく覚えていないが、とにかくよく聴いた。ジャズファンが聴いても飽きないのだ。メンバーがヴォーカル、キーボードのドナルド・フェイゲン、ギター、ヴォーカルのウォルター・ベッカーのふたりきりとなってしまったが、ジャズ、フュージョン畑のミュージシャンをサイドに迎えた本作の完成度の高さは尋常でない。

Steely Dan/Gaucho
スティーリー・ダン/ガウチョ

MCA 1979年録音

DATA≫P269

前作『エイジャ』もそうだったが、このチームの音楽性の高さ、アルバムの完璧さにはほんとうに驚かされる。その秘密は楽曲の良さ、ヴォーカルの味わい、そして極めて緻密に構成されつつも息苦しさを感じさせないトータル・サウンドの見事さにあるのだろう。ポピュラー・ミュージックの完成形といってもいい。それがジャズを感じさせる不思議。

Stevie Wonder/My Cherie Amour
スティーヴィー・ワンダー/マイ・シェリー・アモール

Motown 1969年発表

DATA≫P268

まだ10代とは思えない完成された歌唱だ。リトル・スティーヴィー・ワンダーと呼ばれた頃から知っているが、ヒットしたタイトル曲を発表したあたりから明らかにスティヴィーはスケール・アップしている。同じくヒット曲「いそしぎ」の堂々たる歌いぶりも大したもの。ソウル・シンガーの伝統シャウト唱法も一本調子にならず、微妙な抑揚が付けられている。

Sting/Bring On The Night
スティング/ブリング・オン・ザ・ナイト

A&M 1985年録音

DATA≫P268

ジャズ喫茶なのにこのアルバムを購入したのは、サイドにブランフォード・マルサリスとケニー・カークランドが入っていたから。だが、スティングの歌が思いのほかジャジーなので一気に彼のファンになった。特にジャズ的な歌い方をしているわけではないが、個性的な歌唱、ジャズ・ミュージシャンとの絡みにまったく違和感がないのだ。名盤だ。

Sting/Nothing Like The Sun
スティング/ナッシング・ライク・ザ・サン

A&M 1987年録音

DATA≫P268

明らかにロック・シンガーなのにジャズ喫茶でかけても違和感のないミュージシャンたちがいる。ジョニ・ミッチェルやスティングがそれだ。理由は、彼らの歌に臨むスタンスにあるような気がする。ご本人たちはどう思っているのかわからないが、聴き手に彼らの「言いたいこと」が素直に伝わってくるからではないか。まさにこれが自己表現なのだ。

Sting/My Funny Valentine At The Movies
スティング/マイ・ファニー・ヴァレンタイン〜アット・ザ・ムーヴィーズ

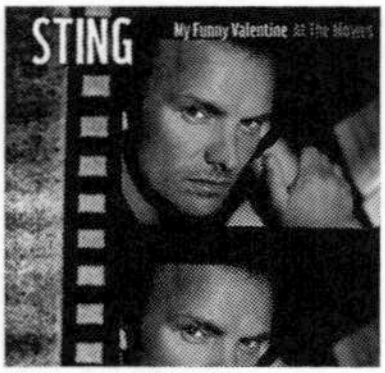

A&M 2005年発表

DATA➤P268

スティングの声が好きだ。美声ではないが渋さ、コク、味がある。そして説得力がある。大スタンダード「マイ・ファニー・ヴァレンタイン」に果敢に挑戦し、ジャズ・ヴォーカリスト何するものぞの意気込みが素晴らしいが、私に言わせれば、もうこれは完全にジャズ。個性のある歌手は、何を歌っても自分の土俵に引き込んでしまう腕力を見せつけられた。

《PART 2》編成・楽曲で聴くジャズ・ヴォーカルの名盤

第5章 日本のジャズ・ヴォーカル

―日本人ならではの個性―

この章の目的は日本のジャズ・ヴォーカルの歴史も眺めつつ、日本独自のジャズ・ヴォーカルの特徴・魅力をご紹介するところにあります。じつをいうと「ジャズ」の日本への到来は意外に古く、戦前からエノケン（榎本健一）のような人気歌手によって幅広く歌われ、ジャズファンも数多く存在していたのです。ただそれらはSPレコードによる記録なので、アルバム単位を基本としたこの本では割愛せざるを得ませんでした。また、第2次世界大戦によるアメリカ文化禁輸時代があったので、ちょうどLPレコードが普及し始めた戦後のジャズ・アルバムをここでは紹介しています。

戦後のジャズ・ヴォーカルにはふたつの潮流があります。美空ひばりに代表される、歌謡曲歌手がジャズも歌ったケース。もうひとつがその次世代のジャズ・ヴォーカリスト、金子晴美のように、最初からジャズ・ヴォーカリストを目指した歌い手の存在です。細かく見ていくと、第1世代ジャズ・ヴォーカリストの大御所マーサ三宅は、じつは音楽学校出身ですが、途中からジャズに転身しています。また、ひばりとともに元祖「三人娘」を結成し歌謡界で成功を収めた江利チエミや雪村いづみも、「テネシー・ワルツ」や「青いカナリヤ」といったアメリカ経由のポップスを歌っているのですね。つまり第2次世界大戦後、アメリカの占領政策もあって急速にアメリカ文化が日本に浸透し、その波が音楽界にも大きな影響を与えた中での「ジャズ・ヴォーカル」だったのです。

この項で強調したいのは、「日本的」ということの再評価です。1960年代、ジャズ喫茶を介して日本にジャズ・ブームが広まった頃は、輸入文化に対するひけめも手伝って、歌謡曲的なコブシを効かせた歌唱法を嫌う風潮がジャズファンにはありました。この心理はわからないでもありませんが、じつはそうした発想はジャズの本質に対する理解不足だったのですね。というのも、ジャズが世界に広まったのは、黒人文化を基調としつつもロックやフォーク、それにクラシック的な白人由来の音楽ジャンルをも貪欲に取り込み、ジャズの幅を広げていったという、「融合音楽としてのジャズの歴史」を当時のファンは知らなかったからなのです。

ジャズの本質は自由な個性表現にあるのですから、日本的であれラテン風であれ、あるいは北欧テイストに満ちていようが、それぞれの歌い手の個性がうまく発揮されているのであれば、すべて立派なジャズ・ヴォーカルと言っていいのです。

美空ひばり/
ひばりジャズを歌う〜ナット・キング・コールをしのんで

①スターダスト
②ラヴ
③魅惑のワルツ
④歩いて帰ろう
⑤トゥ・ヤング
⑥ペイパー・ムーン
⑦恋人よ我に帰れ
⑧プリテンド
⑨月光価千金
⑩慕情
⑪ロンリー・ワン
⑫夕日に赤い帆

Columbia 1965年録音 DATA➤P263

このところ再評価の波が押し寄せているひばりのジャズ名唱がこれだ。黙って極め付き「恋人よ我に帰れ」を聴いてほしい。アメリカ人ヴォーカリストだってこれほどの歌唱力を持った歌い手は数少ない。巧いだけじゃなく、ジャズ的センスだって申し分ないのだから驚きだ。ひばりはこれらの楽曲を「耳から」聴き覚えたという。そしてその相手がタイトルとなっているキング・コールだったのだ。

実際キング・コールの歌った同曲を聴くと、バック・サウンドから細かいニュアンスまでそっくりなのだから恐れ入る。ここで重要なのは、それが「物まね」にはなっていないということ。「歌」のニュアンス、エッセンスは確実に押さえつつも、出てきた歌唱はひばりの歌になっているところだ。ひばりは日本のジャズ・ヴォーカリストでもあったのだ。ちなみにキング・コールも耳が良く、おそらくは耳で覚えた外国語歌唱があるがすべてリアル。ふたりは似た者同士でもあったのだ。

朝丘雪路/シング・シング・シング

Toshiba 1962年発表

DATA≫P265

朝丘雪路がジャズを歌う？　えっ、と思った方が多いのでは。しかし、いいのですよ。確かに日本語で歌うナンバーなどはいささか気恥ずかしかったりもするが、虚心坦懐に聴けば彼女のエンターティナー精神に混じりけがないことがおわかりになるかと思う。とりわけタイトル曲のノリの良さは天下一品。異色の歌唱「ネイチャー・ボーイ」が面白い。

ナンシー梅木(ミヨシ・ウメキ)/ミヨシ

Mercury 1959年発表

DATA≫P264

不思議なテイストのヴォーカルだ。ジャズには違いないのだが、どこかしら私たちが思い描いているジャズ・ヴォーカルのイメージからかけ離れている。理由はおしとやかでたおやかだからだ。それがアメリカで成功した日本人歌手と知れば、何となく腑に落ちる。彼らにとって梅木の歌はエキゾチックなのだ。そうした反転を頭に入れて聴けば、これは名唱。

江利チエミ/チエミ・プラス・ジャズ

King 1953-72年録音

DATA≫P264

一時期、「コブシ」を効かせる歌い方はダサいと思われていたが、今やそれは完全に偏見。チエミの歌唱の随所にみられるコブシは彼女らしさの象徴であり、個性的表現を旨とするジャズの見方からすれば、むしろ長所。それにしても巧い。「家へおいでよ」のコミカルな味わい、「ガイ・イズ・ア・ガイ」の小気味よさ。昭和歌謡のレベルの高さに脱帽。

大野えり・ウィズ・グレイト・ジャズ・トリオ/イージー・トゥ・ラヴ〜コール・ポーターを歌う

Interface 1983年録音

DATA≫P264

あたかも声に脂が乗ったような艶、照りがある。これが強烈なジャジー・テイストを醸しだしている。歌唱力も抜群で、伸びの良い声質から繰り出されるドライヴ感の効いた歌声は生理的な快感。小粋さが売り物のポーター楽曲だが、大野の歌はかなり濃いめの味付けで、日本人がこうしたブラック・テイストを帯びていること自体、極めて個性的。

越智順子/ジェシー

Village 2001年発表

DATA≫P264

関西を中心にライヴ活動を続けてきた越智のメジャー・デビュー・アルバム。彼女の特徴は、ソウルフルで伸びのある声から繰り出される力強くドライヴ感のある歌唱。アップ・テンポで歌い切る「ジャスト・ワン・オブ・ゾーズ・シングス」の勢い、一転してスローな「ダニー・ボーイ」でみせるていねいな感情表現と、多彩な楽曲に対する対応能力も見事。

金子晴美/ニューヨーク・ステイト・オブ・マインド

Philips 1980年録音

DATA≫P264

70年代頃まで、日本のジャズ・ヴォーカルと言えば赤坂、六本木界隈の高級ジャズ・クラブが発信地だった。その壁を突き破ったのが金子。学生バンドのメンバーなどがファン層を形成し、ジャズ・ヴォーカルがカジュアルな音楽として受け入れられるようになったのだ。若々しく闊達とした金子の歌いぶりは日本ヴォーカル・シーン刷新の息吹が感じられた。

金子晴美/The Name Is Harumi

Philips 1982年録音

DATA≫P264

それまでのブルーなジャズ・ヴォーカルのイメージを覆す明朗で健康的な金子の歌唱は、若い新たなヴォーカル・ファンを獲得した。たとえてみれば、エラのポピュラリティとアニタの明るさを日本風に料理したとでも言えようか。その味付けは、おそらく彼女の人柄に由来する親しみ感がもたらしているのだろう。嫌みのない可愛らしさを感じさせる声質も魅力。

JUJU(ジュジュ)/ デリシャス〜JUJU's JAZZ 3rd Dish〜

Sony 2018年発表

DATA≫P264

ペギー・リーばり濃厚路線の「ブラック・コーヒー」、だがどこかが違う。これは明らかに21世紀日本ヴォーカルだ。一聴可愛げな声質だが、意外と芯が強そうな印象もある。ごろっと曲想が変わる「ホワット・ア・ワンダフル・ワールド」でみせる若干ヤンキーっぽい歌いぶりに隠された思いのほかの優しさが、ジュジュの魅力なのだろう。好ましい個性派歌手だ。

デューク・エイセス/ デューク・ミーツ・コンコード・ジャズ・オールスターズ

Toshiba 1981年録音

DATA≫P264

日本が誇るハイテク・コーラス・グループ、デューク・エイセスが81年来日したコンコード・ジャズ・オールスターズと共演したアルバム。それにしても巧い。バッチリ決まったハーモニーの心地よさに加えパワー感もハンパなく、ジャズ・コーラスの快感を身体ごと満喫できる。聴き所は切れ味抜群の「イッツ・オール・ライト・ウィズ・ミー」。

土岐麻子/Standards
In A Sentimental Mood ～土岐麻子ジャズを歌う～

rhythmZONE 2014年発表

DATA≫P264

土岐の父は著名なジャズ・サックス奏者、土岐英史。このジャズ・アルバムは父との共同プロデュース。オーソドックスな作りながら21世紀ジャズの香りもあり、彼女の個性も自然に出ている。聴き所はフレーズのところどころで強調されるジャジーなテイスト。おそらくこれは父親譲りのもので、ジャズが身に染み付いた世代ならではのもの。

中本マリ/メモリーズ

JVC 1987年発表

DATA≫P263

何の仕掛けもないスタンダード集だが、これが良い。あえて言えば、奇をてらわず素直に歌ったことが好結果に繋がったのだろう。しかしそれは地力のある歌手じゃないと出来ない技でもある。肩の力を抜いても自ずと滲み出る個性がなければ、聴き流されてしまう。中本の歌には自然体の人柄とでも言うべきものが滲み出ている。

弘田三枝子/スタンダードを唄う

Toshiba 1963年発表

DATA≫P263

弘田三枝子は、戦後日本歌謡に初めて本格的黒人音楽のテイストを持ち込んだエポック・メーキングな歌い手。パンチの効いた声質から繰り出されるドライヴ感に満ちた歌唱は、60年代ポップス・シーンに新風を吹き込んだ。それだけにジャズを歌っても堂に入っており、「マック・ザ・ナイフ」「ジョージア・オン・マイ・マインド」などを見事歌い切る。

弘田三枝子/ニューヨークのミコ ニュー・ジャズを唄う

Columbia 1965年録音

DATA》P263

65年、日本人初のニューポート・ジャズ・フェスティヴァル出演という快挙を成し遂げたミコが、ニューヨークでレコーディングした伝説のアルバム。サイドはビリー・テイラーのピアノにベン・タッカーのベース、それにグラディ・テイトという豪華版。それにしても、本場のジャズマンに囲まれ臆せず歌い切るミコはなかなかのもの。

弘田三枝子/ミコ・イン・コンサート

Columbia 1966年録音

DATA》P263

弘田は65年ニューポート・ジャズ・フェスティヴァルに出演という快挙を成すが、このアルバムは日本での凱旋コンサートといったもの。従って採り上げている楽曲もジャズ系の楽曲で占められている。彼女の持ち味であるノリの良さ、パンチ力、そして一種のアクの強さが極めてジャジーな味わいとなっている。バック・バンドの演奏も秀逸。

フランク永井/フランク、ジャズを歌う

Victor 1955-84年録音

DATA》P263

ふくよかで厚みのある低音ヴォイスが圧倒的なフランク永井が、ジャズを歌う。想像通り素晴らしい。余裕の「シャドウ・オブ・ユア・スマイル」、ゆったりと余韻を残して歌い上げる「酒とバラの日々」の味わい。ムード歌謡の名曲「有楽町で逢いましょう」も素晴らしいが、彼、もともとジャズ歌手志望だったことを忘れてはいなかった。

マーサ三宅/マイ・フェイヴァリット・ソングス

London 1960年録音

DATA≫P263

マーサは戦後日本ジャズ・ヴォーカル界を代表する大御所。音楽学校出という異色ジャズ歌手だが、著名なジャズ評論家でもあった大橋巨泉との結婚体験もあり、ジャズ・スピリットに欠けるところはない。これは、彼女の代表作にして日本人ジャズ・ヴォーカルが本場に引けを取らないことを実証した名盤。堂々とした姿勢の良い歌唱はじつに魅力的。

美空ひばり/ひばりとシャープ

Columbia 1961年発表

DATA≫P263

日本を代表するバンド、シャープス・アンド・フラッツとひばりの共演盤。ひばりがジャズを歌いたいという希望でこの組み合わせが誕生。それにしてもひばりの歌い回しは個性的。恵まれた声質と的確な歌唱力に支えられ、フレーズの節々に日本歌謡調をちりばめたスタンダード「虹の彼方」は、まさしくひばりの、そして日本のジャズになっている。

森山良子/ザ・ジャズ・シンガー

Dreamusic 2003年録音

DATA≫P263

森山良子といえばフォーク、あるいは歌謡曲の歌い手としてのイメージが強く、「え、ジャズ？」って声が多いだろう。しかし彼女のお父さん、森山久はサンフランシスコ生まれの日系2世ジャズ・トランペッターなのですね。冒頭に出てくる懐かしい歌声は久さんの声。というわけで彼女がジャズを歌うのはむしろ必然。つまりこれは満を持した意欲作。

雪村いづみ/三人娘を唄う

East World 1998年録音

DATA≫P263

美空ひばり、江利チエミ、そして雪村いづみは日本の元祖「三人娘」。そのいづみがひばり、チエミの歌を歌ったのがこのアルバム。要するにカヴァー集だが、元歌が誰であれ、いづみの強烈な個性がすべてをいづみ色楽曲に染め上げげちゃってるのが凄い。稀有とも思える高域寄りの、しかしカン高さを感じさせない声質は、ハマると中毒性がある。

吉田日出子/上海バンスキング

Show Boat 1981年録音

DATA≫P263

1979年のオンシアター自由劇場によるヒット演劇『上海バンスキング』をもとにしたアルバム。吉田は本来女優だが歌の巧さはとんでもないもの。加えてバック・バンドもプロ・ミュージシャンでなく劇団バンドだというのだから驚きだ。とにかく戦前の上海租界のジャズ界を写し取ったリアリティが素晴らしく、演技力がそのまま音楽力となった傑作。

《PART 2》編成・楽曲で聴くジャズ・ヴォーカルの名盤

第6章 ジャズ・ヴォーカルで聴くクリスマス

―〝特別な〟スタンダード―

「ジングル・ベル」「ホワイト・クリスマス」など、誰もが知っているクリスマス・ソングをジャズで聴く。一見楽しそうなコーナーですが、じつをいうと歌う方にとっては思いのほか難題なのですね。とりわけ自己表現を旨とするジャズ・ヴォーカリストにとっては…。

「朝日のようにさわやかに」とか「サマータイム」といったスタンダード・ナンバーをジャズ・ヴォーカリストが歌うのは当たり前です。それを思えば、同じように数多くのミュージシャンたちが歌い継いできた定番曲、クリスマス・ソングだって変わらないじゃないかと思われるでしょう。ところがいささか事情が違うのですね。

例えば「朝日のように爽やかに」は、１９２８年にオスカー・ハマースタイン2世が作曲家シグムンド・ロンバーグと組んで作ったミュージカル『ニュー・ムーン』の主題歌です。ミュージカルは基本「生」なので、28年にブロードウェイでこの舞台を見た人は当時15歳としても今や１０７歳、まあ聴衆として考慮に入れる必要はないでしょう。つまり「オリジナル歌唱・舞台」がどうであれ、ジャズ・ミュージシャンたちはこの楽曲を「素材」として、自由に自己表現できるのです。

他方、クリスマス・ソングは「歌の目的」が極めて明快です。それはキリストの生誕を喜んだり、聖夜を敬虔な気持ちで迎えたり、あるいはさまざまなクリスマス情景の描写など、中身こそ多彩でもそれぞれの「シチュエーション」がはっきりしちゃっている。それだけにキリスト教国民にとってのクリスマス・ソングは、「かくあるべし」というイメージが極めて強固なのです。

ということは、クリスマス・ソングに「自由な解釈・改変」を施して「自己表現」を行うのは極めて困難ということなのですね。つまり「縛り」がきついジャンル。だからこそこのジャンルはミュージシャンの腕の見せ所でもある。ちょっとメロディの断片が流れただけで確固たるイメージができてしまう「ジングル・ベル」でどう個性を出すか。聖夜の敬虔な気分をどう自分流に表現するか。というわけでこのコーナーは、本来「聴き比べ」が目的のスタンダードの「難解問題編」として聴くという、ちょっとイジワルな側面もあるのです。

要するに、クリスマス・ソングをしっかりと歌いこなせるジャズ・ヴォーカリストは一流の折り紙付きということなのですね。

Bing Crosby/Merry Christmas
ビング・クロスビー/ホワイト・クリスマス

Decca●1942-51年録音 DATA≫P311

①きよしこの夜
②アデステ・フィデレス
③ホワイト・クリスマス
④ゴッド・レスト・イ・メリー・ジェントルメン
⑤御子、み霊の
⑥クリスマスをわが家で
⑦ジングル・ベル
⑧サンタが町にやって来る
⑨シルヴァー・ベルズ
⑩クリスマスらしくなって来た
⑪キラニーのクリスマス
⑫メレ・カリキマカ

これぞクリスマス・ソングの決定版。何しろ作曲家アーヴィング・ヴァーリン自身が「最高傑作」と評したビング歌うタイトル曲は、シングル盤売り上げの累計が５０００万枚を超えているのだ！

それだけではない。コーナー解説で歌い手にとってのクリスマス・ソングの難しさを書いたが、ビングは唯一その困難を免れている歌い手と言っていい。

というのも、ビングの歌が醸しだす気分がもうクリスマスになっている。アメリカ人のクリスマス観にはおよそふたつの方向があるように思える。まずはイエスの誕生を祝福すると同時に、はるか昔自分たちの祖先が信仰の自由を求めて新大陸を目指した敬虔な建国の記憶。もうひとつがアメリカ人らしいクリスマスを楽しむお祭り気分ではなかろうか。

そしてビングの歌はその敬虔さとハッピー要素を兼ね備えている。これほどクリスマス向きの歌手はいないだろう。

Diana Krall/Christmas Songs
ダイアナ・クラール/クリスマス・ソングス

Verve 2005年発表

DATA》P305

いかにもアメリカンな「ジングル・ベル」だ。活きのいいヤンキーお姉さんが流し目をくれながら歌っているよう。彼女のトレード・マーク、ハスキー・ヴォイスが効いている。だから敬虔度数にはいささか疑問符が付くが、個性的歌唱という点ではまったく問題ない。まあ、これはクラール・ファンが買うんだろうから、躊躇なく奨められる。

Ella Fitzgerald/Ella Wishes You A Swinging Christmas
エラ・フィッツジェラルド/スインギング・クリスマス

Verve 1960年録音

DATA》P301

冒頭に収録された定番曲「ジングル・ベル」、まさにクリスマスのウキウキ気分を見事に描き出した名唱だ。このノリの良さ、明るさはエラの持ち味であり、クリスマス・ソングが持つ「喜びを分かち合う」気分に最適。他の楽曲もエラらしさ、クリスマスらしさが満杯。ある意味で多くの人々が思い描く「クリスマス・ソング」の定番アルバムがこれ。

Ella Fitzgerald's Christmas
エラ・フィッツジェラルド/エラのクリスマス

Capitol 1967年録音

DATA》P301

クリスマス・ソングには大きく分けてふたつのジャンルがある。ひとつはいわばポップス系で、クリスマスを題材とした流行歌や子供向けソング。もうひとつは讃美歌で、純粋に宗教的なもの。多くのクリスマス・ソング集は両者を取り混ぜているが、エラは峻別した。で、こちらのアルバムは「もろびとこぞりて」や「きよしこの夜」といった讃美歌系だ。

Holly Cole/Baby, It's Cold Outside
ホリー・コール/聖夜の物語

Alert 2001年録音

DATA≫P294

クリスマス・ソングとひと言で言っても、本場アメリカ〜ヨーロッパのキリスト教圏と、輸入国日本の楽曲知名度には違いがあるようだ。だから、このアルバムの収録楽曲の日本人にとってのクリスマス度数は、率直に言って高くはない。だがその効用か、楽曲を素材とした個性発揮という点では、良い意味で普通のジャズ・ヴォーカルとして聴ける。

June Christy/This Time Of Year
ジューン・クリスティ/ディス・タイム・オブ・イヤー

Capitol 1961年録音

DATA≫P289

ハスキー・ヴォイスで聴くクリスマス・ソングもなかなかのもの。といってもこのアルバムにはいわゆる「定番曲」はなく、クリスマスにちなんだ新曲が並んでおり、そういう意味では普通のジャズ・ヴォーカル・アルバムとして聴くことができる。とは言え、歌詞は明らかに聖なる日を意識しており、クリスティも敬虔さを基調とした歌い方をしている。

Mel Tormé/Christmas Songs
メル・トーメ/メリー・クリスマス

Telarc 1992年録音

DATA≫P282

収録されているアメリカにおけるクリスマス定番曲「ザ・クリスマス・ソング」は、トーメとロバート・ウェルズの共作。夏の暑い日、ロバートが涼しさを思い出そうと冬の情景をノートに書いたところ、それにヒントを得てトーメは一気に曲を書き上げたという。まさに瓢箪から駒的楽曲。トーメのヴェルヴェット・ヴォイスもまたクリスマス向き。

Nancy Wilson/A Nancy Wilson Christmas
ナンシー・ウィルソン/ア・ナンシー・ウィルソン・クリスマス

Telarc 2001年録音

DATA≫P279

完全にスタンダードと化している「ホワイト・クリスマス」は、ある意味クリスマス・ソングの勝負曲だ。歌いつくされているこの曲をどう料理するか。ナンシーは明らかにこの楽曲を自分の世界に引き込んでナンシー流解釈で歌っている。21世紀のクリスマス・アルバムは、定番曲収録よりミュージシャンの世界を打ち出す方向で作られている。

Nat King Cole/The Christmas Song
ナット・キング・コール/ザ・クリスマス・ソング

Capitol 1946-63年録音

DATA≫P278

「良きアメリカ人」を象徴するビング・クロスビーはクリスマス・ソング向きと書いたが、キング・コールも適役と言える。理由は彼もまた（ジャズ・ミュージシャンには珍しく）ほんとうに「良い人」なのだ。だから敬虔さに説得力がある。暖かみのある声質と抜群の歌唱力による「樅の木」はじめ、キング・コールならではの名唱を収録。

Christmas With Patti Page
クリスマス・ウィズ・パティ・ペイジ

Mercury 1951/55年録音

DATA≫P276

クリスマス・ソングと一口に言ってもさまざまなアプローチがあるが、パティは正攻法。正確な歌唱力できっちり私たちのクリスマス・イメージを満足させてくれる。かといって無個性というわけではなく、彼女ならではの情感もたっぷりと味わえる。明るく健康的なアメリカン・ポップスに加わった、建国以来の敬虔な国民性が浮かび上がる歌唱。

Peggy Lee/Christmas Carousel
ペギー・リー/クリスマス・カルーセル

Capitol 1960年録音

DATA≫P276

「ブラック・コーヒー」のセクシー・イメージを思い浮かべると、「ペギーのクリスマス？」と、はてなマークが頭をよぎるが、彼女には「優しいお姉さんキャラ」もあったのだ。だからクリスマス・ソングの大事な要素、聴き手の心を和ませる効果は抜群。暖かく包み込むような声で優しく歌いかけられれば、聖夜は心穏やかに迎えられること請け合い。

Rod Stewart/Merry Christmas, Baby
ロッド・スチュワート/メリー・クリスマス・ベイビー

Verve 2012年発表

DATA≫P273

ブリティッシュ・ロッカーの思い切り渋い声に癒し効果があるとは！　ちょっとコミカルな味を出した「サンタが街にやってくる」など、完全にロッドの世界でありつつ不思議にもクリスマス気分を盛り上げる。そして超定番「ホワイト・クリスマス」。これがいいのだ。味わい、気分、そしてちょっぴり敬虔な雰囲気を醸しだしつつロッド節全開。

Rosemary Clooney/White Christmas
ローズマリー・クルーニー/ホワイト・クリスマス

Concord 1996年録音

DATA≫P273

ロージーも歳を重ね貫禄たっぷり。だが、そこが魅力になっている。優しい御祖母さんが孫に歌って聴かせるクリスマス・ソングって、素敵じゃないですか。とはいえ歌唱力に衰えはみえず、荘重なコーラスに続いて登場するタイトル曲など、説得力に満ちている。聴き手をウキウキさせる「ウィンター・ワンダーランド」もクリスマス気分を盛り上げる。

《PART 3》

21世紀のジャズ・ヴォーカル

—ジャンルを越境する〝声〟—

この章の特徴は、ホセ・ジェームスやグレゴリー・ポーターの健闘を念頭に入れても、相対的に非黒人ヴォーカリストの活躍が目立つところでしょう。この章の代表たるエスペランサにしても、アフリカン・アメリカンの血筋は半分です。

これはジャズという音楽の本質とも関係しているのです。ルイ・アームストロング、チャーリー・パーカー、そしてマイルス・デイヴィスあるいはオーネット・コールマンと受け継がれたブラック・ミュージックの血統が一種の飽和点に達し、ジャズのもうひとつの伝統である「融合音楽」としての本能が、必然的に未開拓の領域である非黒人音楽の魅力を貪欲に吸収しつつある結果なのです。

今やソウル、ヒップホップなどの音楽ジャンルで活躍するアフリカン・アメリカンも増え、ブラックネスさえ保っておればジャズは安泰というシンプルな状況ではなくなっているのです。他方、近年私は「ジャズこそ最強の音楽ジャンル」とも思うようになりました。誤解していただきたくないのですが、「最良の音楽ジャンル」ではないというところです。昔から言われていることですが、ジャンル内の優劣はあってもジャンル間に優劣はないということですね。

強いというのは、例えばロック・ミュージシャンがジャズを取り入れればロックの幅が広がるのかというと必ずしもそうはならず、むしろジャズの幅が広がる結果に終わりがちという興味深い事実があるからです。「ポピュラー・シンガーが歌うジャズ」の章でも触れましたが、優れたジャズ的フィールを持ったロック・ミュージシャンは、もう〝ジャズ・ミュージシャン〟なのですね。つまりジャズは「乗っ取り」の専門ジャンルなのです。

　現にここに挙げたヴォーカリストたちは現代ミュージシャンらしく、ロック、フォーク、クラシックは言うに及ばずラップ、ヒップホップといった音楽だって日常的に耳にし、それらを栄養として自己表現をしているのですが、結果としてそれがジャズ・ヴォーカルの幅を広げているのです。

　聴き所は、まさにジャズが他ジャンルを侵食しつつある状況が、ジャズ・ヴォーカルの分野で顕著に表れているところです。エスペランサの歌唱など、従来のジャズ・ヴォーカルの範疇には収まり切らない斬新さと同時に、視野を拡大してみれば、自己表現の発揮というジャズの本質的要素を完全に備えていることが聴き取れるのです。

Esperanza Spalding/Emily's D+Evolution
エスペランサ/エミリーズ・D+エヴォリューション

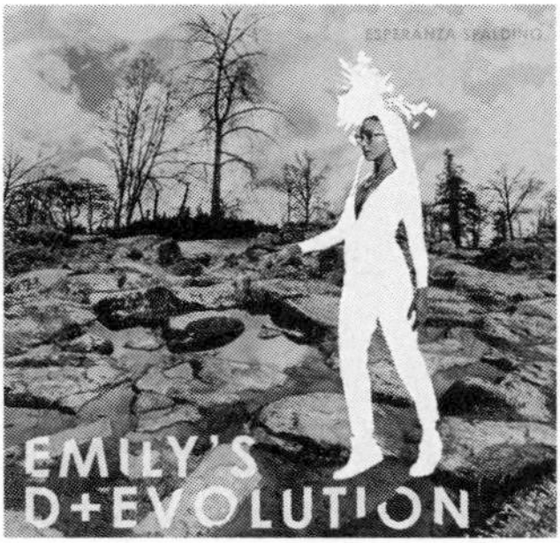

①グッド・ラヴァ
②アンコンディショナル・ラヴ
③ジューダス
④アース・トゥ・ヘヴン
⑤ワン
⑥レスト・イン・プレジャー
⑦エボニー・アンド・アイヴィー
⑧ノーブル・ノーブルズ
⑨フェアウェル・ドリー
⑩エレヴェート・オア・オペレート
⑪ファンク・ザ・フィアー
⑫アイ・ウォント・イット・ナウ

Concord●2016年発表 DATA≫P300

エスペランサ（・スポルディング）はもともとベーシスト。だがこのヴォーカルで押し通したアルバムは、とうていベーシストの余技とは思えない。まずは収録曲「レスト・イン・プレジャー」を聴いてみよう。思いっきりユニークな曲想だ。従来の〝ティン・パン・アレー〟流楽曲とは明らかに次元を異にしている。それにしても、極端に音域が上下するメロディ・ラインを確実に歌い切るエスペランサの歌唱力が凄まじい。同じく「エボニー・アンド・アイヴィー」もまた意表を突く展開で聴き手を驚かす。

彼女の音楽を聴いて思ったのはセロニアス・モンクの音楽との共通点だ。もちろん表面的な曲想はまったく違うが、意表を突く発想・旋律の背後に、エスペランサなりの確固たる音楽観が存在しているであろう感触が、同じく意表を突きつつも聴くうちにモンクのロジカルな世界に引き込まれる気分に極めて近いのだ。ここには明らかに新時代のジャズへの扉が開いている。

Banda Magda/Tigre
バンダ・マグダ/ティガー

Verve 2017年発表

☑ DATA❯P314

ギリシャ出身の女性ヴォーカリスト、マグダ・ヤニクウ率いる多国籍バンドがバンダ・マグダ。面白いもので、聞き覚えのない言語はそれだけで個性的に聴こえる。加えてマグダの作曲センスが極めてユニーク。リズミカルで哀愁がこもった曲想に乗って、歌詞に強烈なアクセントをつけてマグダが歌うと、心地よくも未知の世界が開けてくるのだ。

Becca Stevens Band/Tea Bye Sea
ベッカ・スティーヴンス・バンド/ティー・バイ・シー

Core Port 2008年録音

☑ DATA❯P313

現代ジャズ・ヴォーカルの重要人物のひとり、ベッカのデビュー・アルバム。ロック、フォークの要素とジャズが混然となったサウンドは、彼女の音楽的ルーツを示している。聴き所は何より冒険を恐れない溌溂とした歌声だ。多少粗削りなところもあるが、多様な音楽的要素を自分の声として表現しようとしている意気込みは極めて前向き。

Becca Stevens Band/Weightless
ベッカ・スティーヴンス・バンド/ウエイトレス

Sunnyside 2011年録音

☑ DATA❯P312

無教養な私は女性給仕人のことかと勘違いしちゃったが、よくよく綴りを見ればこれは無重力のこと。じつによく内容を表しているアルバム・タイトルだ。ベッカの声はまさに軽々と天空に舞っていくよう。デビュー作の荒々しさは影を潜め、フォーク的とも言える穏やかな佇まいが好ましい。囁くような声質から繰り出される歌唱はじつに端正。

Becca Stevens Band/Perfect Animal
ベッカ・スティーヴンス・バンド/パーフェクト・アニマル

Core Port 2014年録音

DATA≫P313

こういう音楽を“ジャズ”と呼ぶか、微妙なところではある。だが、本来“ジャズ”は混交・融合音楽で、ロック、フォークといった隣接音楽ジャンルを貪欲に飲み込みつつ、その魅力を増してきた。また、「個性表現を重要な特徴とする」というジャズの定義めいたことを頭に置いてみると、ベッカの魅力をジャズとして捉えても、何の問題もない。

Becca Stevens/Regina
ベッカ・スティーヴンス/レジーナ

Core Port 2016年録音

DATA≫P313

緻密な楽曲構成、豊かなバック・サウンドを伴ったスケールの大きな作品。レジーナとはラテン語の「女王」のこと。ベッカはハムレットの登場人物オフェリアや清少納言といった歴史上の女性たちに刺激され、このアルバムを作ったという。明確なテーマ設定をしたことで、精神的上昇志向がベッカの音楽の核となっていることがよくわかる。

Cyrille Aimée & Diego Figueiredo/Just The Two Of Us
シリル・エイメー&ディエゴ・フィゲレイド/ジャスト・ザ・トゥ・オブ・アス

Venus 2010年録音

DATA≫P305

フランス系ながら母親がドミニカ人のせいか、極めて濃い声だ。これが心地よい。腰が強く低域に力のある黒人的な声質のシリルが情感を込めて歌うと、よく知られた曲がまったく違った景色の中に浮かび上がる。歌唱力は折り紙付きで個性もあるとなれば、次世代歌手として極めて有望。バックのギターとの相性も申し分ない好盤。

Diana Krall/Wallflower
ダイアナ・クラール/ウォールフラワー

Verve 2015年発表

DATA≫P304

冒頭のポップス名曲「夢のカリフォルニア」でノックアウト。「お色気」に留まらないサムシングとは、パワフルなアンニュイという形容矛盾にある。一聴退嬰的なんだけど、クラールの囁くようなハスキー・ヴォイスからは言いようのないエネルギー感が迸っているのですね。これが凄い。思わせぶりバック・サウンドもそれを強調。この1曲で買い。

Dianne Reeves/When You Know
ダイアン・リーヴス/ラヴィン・ユー

Blue Note 2008年発表

DATA≫P304

ダイアン円熟の境地のポピュラーなアルバム。ゆったりと余裕で流しているようだが押さえるところはしっかりと押さえ、気軽に聴けしかも後味もスッキリした好盤だ。若い頃は張りのある声質を武器にバリバリ歌いまくる元気溌溂お姐さんだったが、年輪を重ね歌に味が出てきた。この方向は彼女のようなタイプにとって悪くないと思う。

Esperanza Spalding/Radio Music Society
エスペランサ/ラジオ・ミュージック・ソサイエティ

Heads Up 2012年発表

DATA≫P300

エキサイティングで斬新、加えてポップな感覚も充分。エスペランサは優れたベーシストだが、このヴォーカル・アルバムでジャズ・ヴォーカルの世界が一新された。声もいいが歌唱テクニックがとんでもない。聴いてる方は小気味よいが、よく考えてみるとユニーク極まりないメロディ・ラインを破綻なく歌いこなすエスペランサの音感は天才的。

Gregory Porter/Take Me To The Alley
グレゴリー・ポーター/希望へのアレイ

Blue Note 2015年録音

DATA≫P296

グラミー賞受賞で注目を浴びたグレゴリー・ポーターは現代ジャズ・ヴォーカルを代表する黒人ミュージシャン。聴き所は、伸びのある声から繰り出される洗練されたソウル・フィーリング。ジャズ・ヴォーカルの伝統に連なりつつ、21世紀ミュージシャンらしい都会性洗練と感情表現の機微も備えた新世代ヴォーカリストの登場だ。

Gregory Porter/Nat King Cole & Me
グレゴリー・ポーター/ナット・キング・コール・アンド・ミー

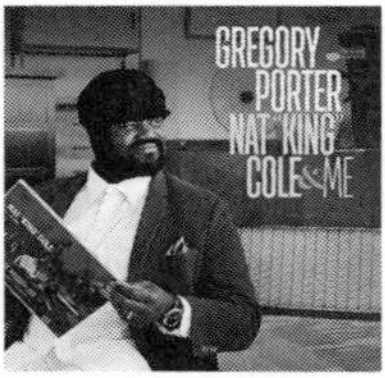

Blue Note 2017年録音

DATA≫P296

ポーターが敬愛するナット・キング・コールの愛唱曲を集めたアルバム。彼がジャズ・ヴォーカルの伝統に連なっていることがよくわかる。黒人ヴォーカリストというとブルージーな側面や激しくシャウトするイメージが強いが、キング・コールが示したソフトで、良い意味でのポピュラリティを現代に継承する歌手がポーターなのだ。

Gregory Porter/One Night Only
グレゴリー・ポーター/ワン・ナイト・オンリー (ライヴ・アット・ザ・ロイアル・アルバート・ホール)

Blue Note 2018年録音

DATA≫P296

上記『～コール・アンド・ミー』に収録された楽曲を中心にロンドンで行ったコンサート・ライヴ。驚くべきは、同じ楽曲がまったく違った印象を与えるところ。ライヴということで観衆にアピールすることを優先したためか、極めてインパクトの強い歌唱になっている。親しみを感じさせるキング・コールの持ち味とは違うが、この迫力は賞賛すべき。

Gretchen Parlato/Gretchen Parlato
グレッチェン・パーラト

Core Port 2004年録音

DATA≫P296

現代ジャズ・ヴォーカルを代表するグレッチェンのデビュー作。異彩を放つ現在のスタイルの原点を探る上でじつに興味深い。彼女の特徴はちょっと鼻にかかったような独特の癖のある声。ボサ・ノヴァ調の収録曲は極めてソフトだが、この声質が歌唱にただならぬ気配を漂わせている。そういう意味では、グレッチェンはスタート地点から個性的。

Gretchen Parlato/In A Dream
グレッチェン・パーラト/イン・ア・ドリーム

ObliqSound 2008年録音

DATA≫P296

ユニークとしか言いようのない声質から繰り出される、せっつくような追い立てるような歌唱。この声と歌唱スタイルの組み合わせの結果、グレッチェンは他にあまり類例のない歌い手となった。それが次第に好ましく思えてくる不思議。まさにジャズだ。個性が魅力であるジャズ・ヴォーカリストとしての条件を、彼女は完璧にクリアしている。

Gretchen Parlato/Live In NYC
グレッチェン・パーラト/ライヴ・イン・ニューヨーク・シティ

ObliqSound 2012年録音

DATA≫P296

ハンコックの名曲「バタフライ」を極めてアヴァンギャルドに料理。しかし難解な感じはなく、聴くうちにグレッチェンの強烈な世界に紛れ込む。その正体は切実感をもって訴える異様とも思える声質が醸しだすワンダー・ワールド。だが彼女の原点にはボサ・ノヴァの影響が。囁くような発声もハイパワーをかければこうなっちゃうんだ！

Isis Giraldo Poetry Project/Padre
イシス・ヒラルド・ポエトリー・プロジェクト/パドレ

Jazz The New Chapter 2015年発表

DATA≫P294

ヒラルドは南米コロンビアで生まれ10歳でカナダに移住。このアルバムは彼女が率いる大編成のポエトリー・プロジェクトによるもの。不思議な雰囲気を持った音楽で、たんにラテン風というわけではなく、クラシック、ジャズを含むさまざまな音楽要素がヒラルドという特異な音楽家の中で醸成発酵した、聴き手の想像力を強く喚起するサウンドになっている。

Jamie Cullum/Twentysomething
ジェイミー・カラム

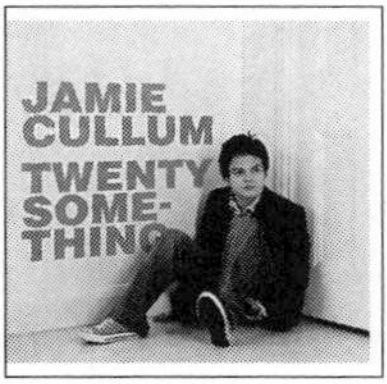

Verve 2003年録音

DATA≫P293

典型的な「イギリス声」。その鼻にかかったような声がアメリカ人ジャズ・ヴォーカリストにはない渋く枯れた味わいを出している。79年生まれだからまださほど歳を経ているわけではないのに、こうした気分が出せるのはなかなかのもの。豪快に歌い上げるトラックも良いが、しっとりとした楽曲でみせる説得力も聴き応えがある。

José James & Jef Neve/For All We Know
ホセ・ジェイムズ&ジェフ・ニーヴ/フォー・オール・ウィ・ノウ

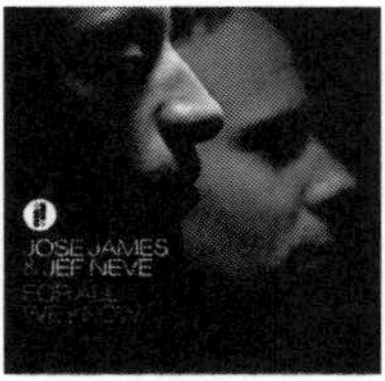

Impulse 2008-09年録音

DATA≫P290

ホセを初めて見たのはブルーノートに新社長が就任したお披露目イヴェントの場だった。確か2、3曲歌ったと思うのだが、いい声をしているな、ぐらいの軽い印象。その後彼のライヴを観て驚いた。優れた歌唱力だけでなく、ジャズ・スピリットに満ちた新世代ヴォーカリストと確信した。このアルバムはピアノのみのシンプルな伴奏で実力のほどを見せた好盤。

José James/Yesterday I Had the Blues: The Music of Billie Holiday
ホセ・ジェイムズ/イエスタデイ・アイ・ハド・ザ・ブルース

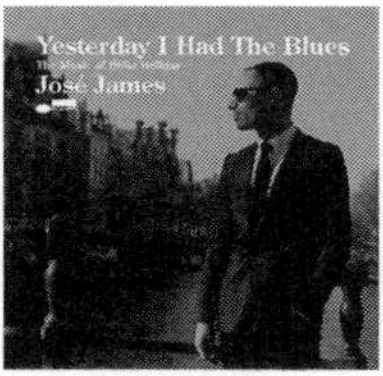

Blue Note 2014年録音

DATA≫P290

ホセがたんにいい声の的確な歌唱力をもった歌手に留まらないことを示した傑作。このビリー・ホリデイへのトリビュート作品で彼は情感表現の豊かさ、オリジナリティというジャズ・ヴォーカリストとしてのキー・ポイントを押さえた新人であることを、ウルサ型ヴォーカル・ファンに示した。聴き所は後半「ラヴァー・マン」から「奇妙な果実」に至るトラック。

José James/Lean On Me
ホセ・ジェイムズ/リーン・オン・ミー

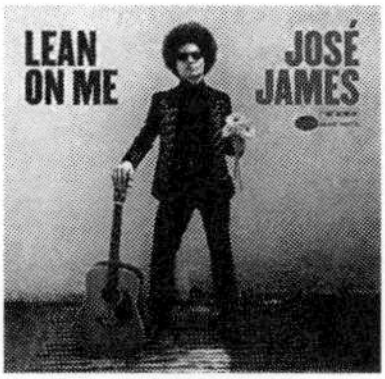

Blue Note 2018年録音

DATA≫P290

急にアフロヘアーに変身しちゃったホセ、どうしたのかと聴いてみれば、それはポピュラリティの導入と気付いた。一昔前のジャズファンなら「シャリコマ（コマーシャリズムのスラング）」と揶揄したかもしれないが、現代ジャズメンはポピュラリティと創造性の両立など当たり前。このアルバムも親しみやすさとジャズ・スピリットが見事に両立している。

Kandace Springs/Soul Eyes
キャンディス・スプリングス/ソウル・アイズ

Blue Note 2016年録音

DATA≫P289

キャンディスはテネシー州ナッシュビルを拠点として活動。この地はカントリー・ミュージックの中心地であるばかりでなく、R&B、ゴスペル、ジャズを含む一大音楽都市。彼女はそうしたバックグラウンドを反映した新人。キャンディスのヴォーカルは現代ジャズがジャンル融合的かつポピュラリティも備えた形態に変容しつつあることを如実に示している。

Ketil Bjørnstad, Anneli Drecker/A Suite Of Poems
ケティル・ビヨルンスタ、アンネリ・ドレッカー/ア・スイート・オブ・ポエムス

ECM 2018年発表

DATA≫P314

アンネリ・ドレッカーはオルタナティヴ・バンド「ベル・カント」のメンバー。このアルバムは、共演ピアニスト、ケティル・ビヨルンスタが友人でもある北欧の有名な詩人の詩に曲を付け、ドレッカーに歌わせたもの。聴き所は優しく切々と訴えるように歌うドレッカーと、彼女に寄り添うようにして詩の世界を表現するビヨルンスタの透明感のあるピアノ。

Kurt Elling/Dedicated To You
カート・エリング/デディケイテッド・トゥ・ユー

Blue Note 2009年録音

DATA≫P287

『ジョン・コルトレーン・アンド・ジョニー・ハートマン』の世界に挑戦した楽曲を含む、カートの意欲ライヴ・レコーディング。そういえば、カートの白人にしては低く厚みのある声質はハートマンに似てなくもない。だが、ドラマチックに歌い上げる「マイ・ワン・アンド・オンリー・ラヴ」はさておき、「ゼイ・セイ・イッツ・ワンダフル」は完全にカートの世界。

Kurt Elling/Live in Chicago
カート・エリング/ライヴ・イン・シカゴ

Blue Note 1999年録音

DATA≫P287

「巧すぎる」カートは、聴衆とのやりとりを含めラフな雰囲気のライヴ録音の方がいいように思う。スタジオものは、いいんだけれど聴く方の神経も緊張しちゃうほど繊細なんですね。それはさておきこれは名唱だ。ジャズは聴き手も含んだ音楽だということが如実にわかる。奔放自在な「オー・マイ・ゴッド」など、ライヴならではの興奮が伝わってくる。

Melody Gardot/Worrisome Heart
メロディ・ガルドー/夜と朝の間で

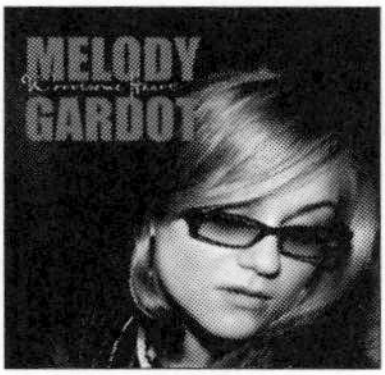

Verve 2005年録音

DATA≫P281

声が良い。雰囲気がある。独特の柔らかく人を包み込むような声質。歌い方もじつにていねい。歌詞を一語一語確かめるよう、自分自身に言い聞かせるように歌っている。それが聴き手に「真実味」として伝わってくるのだ。こういうのは歌唱テクニックというより、「人柄」というか歌い手の歌に対する姿勢なんでしょうね。いっぺんで好きになった。

Melody Gardot/Live In Europe
メロディ・ガルドー/ライヴ・イン・ヨーロッパ

Decca 2012-16年録音

DATA≫P281

ガルドーが12年から16年にかけてヨーロッパで行った公演を収録。スタジオ録音とライヴでは大概の歌手が異なった面を出すものだが、ガルドーは目の前に観衆がいようが自分のペースを崩さない。かといって聴衆を無視しているのではなく、しっかりと歌の心を伝えようというスタンスに変わりはない。思わず「本物の歌手」という言葉が浮かぶ。

Melody Gardot/Currency Of Man
メロディ・ガルドー/カレンシー・オブ・マン〜出逢いの記憶

Decca 2015年発表

DATA≫P281

一聴して聴き手を惹き込む力がガルドーにはある。深みのある声質、的確な歌唱力に支えられた情感表現。それらは事実だけど、それだけではないサムシングが彼女にはある。心の芯に確実なものを持った歌い手と聴き手に確信させる何か。それを不幸な交通事故を乗り越えた人生体験と説明しちゃうのは簡単だが、やはり何か強いものを持った歌手だ。

Moon/Kiss Me

Moon(ムーン)/Kiss Me

Verve 2017年録音

DATA≫P280

韓国のスター歌手ヘフォンが、Moon名義でソロ・デビューした。彼女、「いーぐる」に来てくれたことがあるが、たいへん感じの良い女性。それはさておきチャーミングな歌手だ。声も良く歌唱テクニックも完璧。何より好感が持てるのは、美人歌手にありがちなヘンに男性目線を意識した歌い方をしないところ。歌自体でファンを惹きつける本格歌手だ。

Natasha Agrama/The Heart Of Infinite Change Special Edition

ナターシャ・アグラマ/ザ・ハート・オブ・インフィニット・チェンジ・スペシャル・エディション

Rings 2005年録音

DATA≫P278

凄い新人が現れた。これがデビュー・アルバムとは思えない。とにかく「グッドバイ・ポークパイ・ハット」を聴いてほしい。完璧な歌唱テクニック、切実感を伴った感情表現の凄みが嫌というほど伝わってくる。「イン・ア・センチメンタル・ムード」でみせる抒情的かつ強烈な心情移入もとんでもないもので、しかもそれが自然体なのが驚きだ。

Nicola Conte/Let Your Light Shine On

ニコラ・コンテ/レット・ユア・ライト・シャイン・オン

Universal 2018年発表

DATA≫P278

現代ジャズの大きな特徴として、インスト作品にも必ずと言っていいほどヴォーカル、あるいはコーラス・トラックが含まれていることが挙げられる。ニコラはギタリストで歌手ではないが、このアルバムも彼が長年追求してきたアフリカ音楽がテーマとなっており、ブリジット・アモファーらのヴォーカルがニコラの音楽の重要な要素を占めている。

Norah Jones/Come Away With Me
ノラ・ジョーンズ

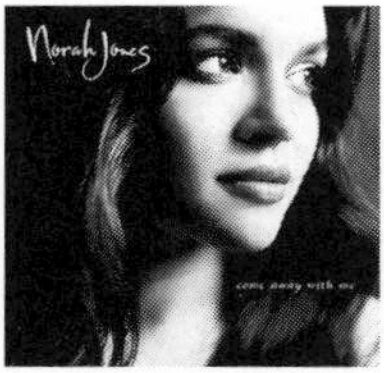

Blue Note 2001年録音

DATA➤P277

このデビュー・アルバム発表の直後だったと記憶しているが、プロモーションで来日した際、レコード会社の方がノラを「いーぐる」に連れて来てくれたことがある。その彼女がこれほど有名になるとは……。確かに彼女の歌唱にはジャズファンを超える幅広い層にアピールする魅力がある。目玉は親しみやすい名曲「カム・アウェイ・ウィズ・ミー」。

Norah Jones/Covers
ノラ・ジョーンズ/カヴァーズ〜私のお気に入り

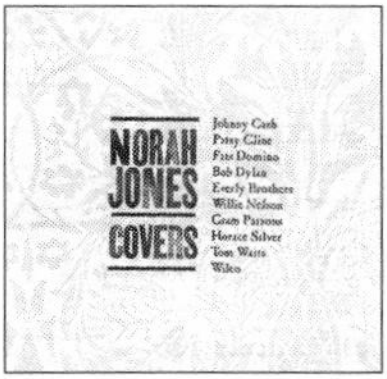

Blue Note 2012年発表

DATA➤P277

彼女のお父さんはビートルズにも影響を与えたインドのシタール奏者、ラヴィ・シャンカールだが、とりわけそうした影響は感じられない。むしろ、子供の頃聴いたさまざまなアメリカの音楽が彼女の栄養になっているようだ。このアルバムはそうした楽曲をカヴァーしており、ノラの音楽的ルーツを探るのに最適。聴き所はホレス・シルヴァーの名曲「ピース」。

Patricia Barber/Verse
パトリシア・バーバー/ヴァース

Blue Note 2002年発表

DATA➤P277

囁くような話しかけるような歌唱が極めて特徴的なパトリシアは優れたシンガー・ソング・ライターでもあり、このアルバムもロック的要素を取り入れつつ、それを巧い具合にジャズに落とし込んでいる。切迫した調子の歌唱「ロスト・イン・ラヴ」があるかと思えば、じっくりと聴かせる「クルーズ」もあるという具合に、表現の幅も広い個性派歌手だ。

Rebecca Martin/People Behave Like Ballads
レベッカ・マーティン/ピープル・ビヘイヴ・ライク・バラッズ

Maxjazz 2004年発表

DATA≫P275

明らかにロック歌手なのに“ジャズ”を感じさせる大物シンガーにジョニ・ミッチェルがいる。私も大好きだ。彼女の女性ヴォーカリストへの影響力は大きく、レベッカ・マーティンもそのひとり。確かにロック的要素がありつつも、レベッカの歌にはジャジーなテイストがある。このアルバムは彼女が全曲オリジナルで通した04年の作品。

Rebecca Martin/The Growing Season
レベッカ・マーティン/ザ・グローイング・シーズン

Sunnyside 2008年発表

DATA≫P275

レベッカの声は基本明るいのだが、ホンの少し紗がかかったような翳りがある。そしてそれが歌にニュアンスを与えている。個性と言ってもいい。あえて言えば、「歌手」という特別な存在ではない、信頼できる一女性の存在を思わせる声なのだ。一語一語ていねいに歌いかけるレベッカの歌声は、聴き手に何とも言えない安心感と親しみを感じさせる。

Rebecca Martin/Twain
レベッカ・マーティン/トゥワイン

Sunnyside 2013年発表

DATA≫P275

ベッカ・スティーヴンス、グレッチェン・パーラトらと組んだグループ、ティレリーのリーダー的存在であるレベッカは、64年生まれ。50代半ばに達した彼女は声質も微妙に変わり、「翳り」がハスキーと言ってもいいレベルにまで達した。それが良い方向に作用し、歌の説得力が増している。穏やかに優しく歌いかけるレベッカの歌に心が和らぐ。

Rebekka Bakken/Art Of How To Fall
レベッカ・バッケン/アート・オブ・ハウ・トゥ・フォール

EmArcy 2004年発表

DATA≫P275

レベッカは70年ノルウェーのオスロ生まれ。ニューヨーク、ウィーンと移り住み、さまざまな音楽ジャンルに触れている。デビューは2000年で、このアルバムは2003年にエマーシー移籍直後の作品。聴き所は北欧出身ミュージシャンらしいクールで透明感のある歌唱ながら、トラックによっては思いのほかホットな表現もあり、そのあたりの多彩さが面白い。

Rebekka Bakken/I Keep My Cool
レベッカ・バッケン/アイ・キープ・マイ・クール

EmArcy 2006年発表

DATA≫P275

2006年のアルバム。興味深いのは3年間でレベッカのアメリカ化が進行しているところ。これならアメリカ人歌手と言っても通る。その分わかりやすい歌唱になっているがけっして悪い方向ではなく、むしろ歌手としての個性、オリジナリティが確立した結果のように思えた。明らかにジャズ度数が上がっており、それが明快な表現に繋がっているのだ。

Sinne Eeg/Don't Be So Blue
シーネ・エイ/ブルーな予感

Red Dot Music 2010年発表

DATA≫P269

シーネ・エイは75年デンマーク生まれ。北欧ジャズというと一種の類型化したクールなイメージがあるが、シーネの歌はもう少しグローバル。声質、歌い回しが温かく親しみに満ちていることがアメリカのジャズとの距離を縮めている。とはいえ、そこはかとなく漂う空気感は、やはり豊かな自然を思い起こさせるもの。この微妙なテイストがシーネの個性。

Theo Bleckmann/Origami
テオ・ブレックマン/オリガミ

Songlines 2000年録音

DATA≫P267

テオが来日したときに会ったことがある。非常に折り目正しく、そして繊細な印象を受けた。このアルバム、まさに人柄通りの繊細で折り目正しい内容だった。「オリガミ」とは日本の折り紙のことで、彼は日本文化に関心があるそう。それにしても、この声を器楽的に使うやり方はそれまでになかったもの。ヴォーカルは進化する。

V.A./The Passion Of Charlie Parker
V.A./ザ・パッション・オブ・チャーリー・パーカー

Impluse 2017年発表

DATA≫P265

パーカーの一生をミュージカル仕立てとしたアルバム。ポイントは、もし彼が今生きていたらという発想で作られているところ。当然最新のサウンドだ。登場人物が凄い。ヴォーカル陣にグレゴリー・ポーターはじめメロディ・ガルドー、マデリン・ペルー、カート・エリング、キャンディス・スプリングス、カミーユ・ベルトーら。まさにオールスター・キャスト。

後藤雅洋インタヴュー

「今、声と歌がジャズを動かしている」

取材・文　長門竜也
撮影　中島正男（nobi）

「ジャズ・ヴォーカル」はジャズの亜流か？

——長くジャズの現場に立ってこられた後藤さんの目に、ジャズ全体の中でのヴォーカルの立ち位置はどのように映ってきましたか？　長らくジャズの中でも亜流というか、硬派なファンからは違うジャンルのもののように扱われてきた歴史もあったように思うのです。

私自身、数年前に隔週刊の『ジャズ・ヴォーカル・コレクション』（小学館／２０１６年創刊、全52巻）で監修と執筆をまかされるまで、あまりヴォーカルのことには詳しくなかったんです。そのお話をいただいたとき、「これはよっぽど腰を据えてかからなくちゃいけないぞ」と思ったんです。

私がジャズ喫茶を始めたときは、ちょうどハードバップやファンキー・ブームを経てマイルス・デイヴィスやジョン・コルトレーン、ビル・エヴァンスなどの新しいスタイルが流行りだしていた頃でした。既に開業していた周囲の老舗ジャズ喫茶はどこもそういったインスト・ジャズを中心に、営業をしていたわけです。そうした中で新参者の「いーぐる」が注目されるには、他ではやらないことをしなくちゃいけない。ということで60年代には異例ともいえるピアノ・トリオに力を入れたのと、店にあるレコードの20%あまりを「ジャズ・ヴォーカル」アルバムにしたんです。ヴォーカル・ファンには通なマニアが多く、他店でかけてもらえないこともあって、そうした人たちの間で評判になり良い客に恵まれた経験があるんです。だからじつはけっこう早くから「ジャズ・ヴォーカル」の良さを私は知っていたんです（笑）。

１９６０年代というのは学生たちの間では学生運動が勢いを増していて、コルトレーンなんかを聴いて士気を高めるわけだけど、社会に出るともうジャズに興味はなくなる人が多いんです。ところが当時ビリー・ホリデイやアニタ・オデイ、カーメン・マクレエ、クリス・コナー、

ジューン・クリスティなんかを聴いていた人は、そのままずっと「ジャズ・ヴォーカル」を聴いているんですよね。

ただ70年代に入り、より多くのリクエストに応えていかなければならなくなると、コレクション中で「ジャズ・ヴォーカル」が占める割合は相対的に減っていきました。戦略的にハードバップの入手困難なアルバムを、その頃から増やしていくんです。まだレコードも高かったし、盤の輸入も困難な時代で、ジャズ喫茶でなければそういうアルバムは聴けなかったですから。また60年代、70年代、インスト・ジャズが目覚ましい発展を遂げていく時代に「ジャズ・ヴォーカル」はロックに押され、苦戦を強いられますね。私の〝歌〟への興味もそこで少しずつ遠のいていったのかな。

おっしゃるとおり、ジャズとはいいながら多くのファンから別ジャンルであるかのように扱われていくわけです。そこからはコレクションは続けながらも、とくに〝歌〟に肩入れすることはなくなっていきましたね。

後藤雅洋的「ジャズ・ヴォーカル」史観

――かつては一流奏者を有するビッグ・バンドがあって、そこに必ず専属歌手がいて、インストとヴォーカルは親密な関係を築いていました。それがどういう歴史を辿ってふたつは分離し、二元化していったのか。簡単な歴史解説をお願いできますでしょうか？

確かにビング・クロスビーもフランク・シナトラも、そしてエラもサラも、出身はみんなビッグ・バンドの専属歌手ですよね。だから戦前はインストとヴォーカルはとても親密な関係にあったんです。それが第2次世界大戦が始まり、戦時体制が布かれて、ダンスホールやボールルームがどんどん閉鎖されていく。ビッグ・バンド要員もみんな兵役にとられたから、そもそも楽団の運営ができなくなるんです。「ダンスなんかやっている場合じゃない」という時代の雰囲気もあったしね。当然、専属歌手はみんな失業し、ソロ・シンガーとなっていわゆる地方巡業で食べていくことになる。ツアーに出るときもビッグネームはそんな伴奏にはつき合えないから、渋めのB級ミュージシャンと組んで回ることになる。そこで伴奏者としての名人も生まれましたが、マイルスやコルトレーンたちのインスト・

ジャズを聴く人と、クラブなんかで歌うソロ・シンガーを聴く人と、微妙にファン層が分かれていっちゃった。

もちろんエンタテイナーとしての大物歌手や、人気シンガーが登場していった歴史も忘れてはいけないですけどね。

それから大きかったのはビートルズの出現ですよ。彼らが出てくると人気をそっちへとられて「ジャズ・ヴォーカル」としての存在をアピールすることが厳しくなっていく。インスト・ジャズはまだロックとは別の音楽だから、何とか持ちこたえました。ヴォーカルはその点、厳しいんです。というのも〝歌〟というのはロックもジャズも地続きですから。エラやサラだって、60年代になるとポップスを歌い始めますよね。お客の方もロック・シンガーの派手な歌とジャズ・ヴォーカリストの渋めな歌を比べると「何かロックの方がカッコいいじゃん」となって(笑)。もともと「ジャズ・ヴォーカル」はインストと切り離して見られているし、ロックとの境界線もあやふやな状況で、その立ち位置がずいぶんと不安定なものとなっていった…。私はそう分析しています。

60年代半ばから70年代にかけて、インスト・ジャズが急激に新しい作品を作り出したことも、それに追い討ちをかけます。一方の「ジャズ・ヴォーカル」は、そうして熱心なジャズ・ファンからも徐々に忘れられる、そんな時代へ否応なく突入していったように思えるんですよね。

「ジャズ・ヴォーカル」の復権が始まった

――でもここにきて再び「ジャズ・ヴォーカル」というテーマが浮上し、実際に後藤さんは雑誌への寄稿で多くのヴォーカル作品を聴き直されるわけです。さらにこの度、これをテーマに1冊の本まで仕上げられた。シーンを眺めてみて改めて「今こそ『ジャズ・ヴォーカル』にスポットを当てるときだ」と思われたのかと想像します。だとすればその要因はどんなところにあったのでしょうか。

　いったんは波に乗り遅れてしまった「ジャズ・ヴォーカル」ですが、あるときからそれまでのものとは違ったスタンスで輝きだしているのを発見したんです。とくにヴォーカル・シリーズの執筆を始めたのと同じ頃から、音楽評論家の柳樂《なぎら》光隆さんがムック『Jazz The

New Chapter』（シンコーミュージック・エンタテイメント刊）で新しいジャズの動向に注目しだして、最初は彼の紹介するものを「これをジャズと呼ぶには無理があるんじゃないか?」って思っていたんです。でもここ10年ぐらいの間に発表された、そうしたヴォーカルを含むアルバムを聴いてきて、いろいろと思うことがあったんです。もちろん従来のジャズ・ヴォーカルの素晴らしさをわかった上で言うのだけど、今のヴォーカルのスタイルはただ歌詞をメロディに乗せて歌うのとは違って、それまでになかった表現スタイルを生み出しているんですね。

　例えばロバート・グラスパー（kb）などの新譜を聴いていると、必ずと言っていいほどそれまで聴いてきた「ジャズ・ヴォーカル」とは違う〝歌〟が有効に用いられています。彼の『ブラック・レディオ』に出てくるエリカ・バドゥの歌を「ジャズ・ヴォーカル」と言っていいかどうかは微妙ですが、カマシ・ワシントン（ts）の『ヘヴン・アンド・アース』の「フィスト・オブ・フューリー」だとか、カート・ローゼンウィンケル（g）の『カイピ』での新しいタイプのコーラスはジャズと密接にリンクしていて、ミュージシャンの表現したい音と完全に融合している。それらはジャズの延長線上にあるものだと確信をもって言える〝歌〟です。

　80年代後半からスティーヴ・コールマン(as)たち「ブルックリン派」が展開しだしたムーヴメントにM-BASE《エム・ベース》というのがあって、そこでヴォーカルのカサンドラ・ウィルソンがやっていたことが、じつはそれに近いものでした。あれは「ジャズ・ヴォーカル」としては画期的な動きで、少し出てくるのが早すぎたのじゃないかな。彼らの作品中でポピュラリティもあってなかなかいいなと思ったのが、スティーヴ・コールマンの『シネ・ディエ』。これにカサンドラのヴォーカルも入っているんですが、いわゆるヴォーカル曲ではないんですね。ビリー・ホリデイにしろ、サラ・ヴォーンにしろ、昔は彼女たちの〝歌〟に対して「歌伴」という発想だったけれど、スティーヴ・コールマンがやっているのは「歌伴」

ロバート・グラスパー『ブラック・レディオ』（Blue Note）2015年

カマシ・ワシントン『ヘヴン・アンド・アース』（Young Turks）2018年

カート・ローゼンウィンケル『カイピ』（Song X）2010年

スティーヴ・コールマン&ファイヴ・エレメンツ『シネ・ディエ』（Pangaea）1988年

（年はいずれも発表年）

ではないんです。歌とインストが並行して進んでいる。それ以前のヴォーカルと、現代のヴォーカルを、あそこでカサンドラが繋げてくれていたんですね。実際、彼女の歌に影響を受けたヴォーカリストが、今はたくさん出現してきていますから。

　カサンドラはその後ブルーノート・レーベルへ移り、オーソドックスになっていきます。ジャズだけじゃなくフォークやカントリーやポップスの要素も取り入れ、だからオリジナリティはあるんだけど歌と伴奏の関係性からいうと、若干後退した感じですね。まあだから逆に人気が出たともいえるんだけど。ともあれそういった一連の流れにあらためて気が

ついて、だから「まさに今こそ『ジャズ・ヴォーカル』にスポットを当てるべきときだ」と思い立ったわけです。

――ブルースやゴスペルに始まり、ロックや民族音楽などからの影響や融合もあって、インスト・ジャズとは違ってジャンルの境界線が曖昧になっているのも「ジャズ・ヴォーカル」の特徴かと思うのですが。

そうなんです。インストのジャズとロックは全然違うものというのは、おおむねみんなが認識するところですよね。つまり両者は楽器の使い方も違えば、理論や演奏法だって違う。だから、誰が聴いても「これはジャズだ」「これはロックだ」とわかるでしょう。だけどヴォーカルというのは発音体がどちらも同じ声帯だし、その扱い方も似ているので、地続きで繋がっているんです。そうなると、どうしてもロックの側に一般的な人気は持っていかれるんだけど(笑)。

でもそのことは「ジャズ・ヴォーカル」の弱点であると同時に強みでもあって、ジャズという音楽自体がもともと境界の曖昧な音楽でした。最初からジャズというジャンルがあったわけではなく、クラシックみたいな長い伝統があるわけでもない。ロックの場合、その歴史は案外一本の線で辿ってこられます。その誕生から音が残されていて、ビル・ヘイリーの「ロック・アラウンド・ザ・クロック」が１９５４年に歌われ、エルヴィス・プレスリーが56年に「ハートブレイク・ホテル」をヒットさせて、60年代に登場したビートルズが音楽産業のあり方を変えていく……。はっきりそれまでにはなかったものが出てきた過程が、その音源や証言とともに提示できちゃう。ジャズが誕生した19世紀末というのは録音技術も発達していないから、発祥自体がよくわからず、いろんな音楽ジャンルが混ざってできたんだろうぐらいの、じつに曖昧な音楽なんです（笑）。

ただインストのジャズとロックが別々の道筋を辿って来たことは、歴然としていた。それに対しヴォーカルについてはロックなのかジャズなのか、その曖昧さをずっと引きずってきました。ジョニ・ミッチェルなんていうのはロックであり、一方でジャズ的な聴き方もできます。そのことはくり返しますがジャズの強みでもあって、曖昧ながらそういう「ジャズっぽい」表現が、現代の「ジャズ・ヴォーカル」にも非常によく出ているんです。

先ほどの話に戻るけど、グラスパーもカマシもカートも、ブラッド・メルドーやスナーキー・

パピーにしても、この10年間にリリースされたジャズ・アルバムのほとんどには、必ずそういうタイプのヴォーカル・トラックが挟み込まれているんです。じゃあ、こうしたジャズの文脈から出てきた〝歌〟も全部まとめて「ジャズ・ヴォーカル」としてこの本で紹介しちゃおうと思って。

ポピュラー・シンガーとジャズ・ヴォーカリストの違いとは

――あえてお聞きしますが、後藤さんなりの何か「これが『ジャズ・ヴォーカル』だ」という定義のようなものがあったりするのですか？

「ポピュラー・シンガーとジャズ・ヴォーカリストの違いはどこにあるか？」と言うなら、私の考えは、当然その境界は灰色ではあるけど、楽曲の良さをアピールするのがポピュラー・シンガー。一方、楽曲を素材に自分を表現できる人、これがジャズ・ヴォーカリスト。でもそれは割合の問題で、どちら側にも両方の要素があって。だから、なるべく周縁の音楽も幅広く取り込んで「ジャズ」にしちゃった方がいいんじゃないかと思っているわけ（笑）。
「何だかわからないけどジャズっぽいよね？」と思ったら「ジャズ」と言っちゃっていいんです。ほら、少し前に次の政権を担うんじゃないかとまで言われたある政党の党首が、「排除」のひと言で大失速したじゃないですか。言わなければよかったし、取り込めるものなら取り込んでおけばよかったんだよね。この際、ジャズのテイストが感じられれば、すべて受け入れてしまおうよ、と。どこかにジャズを感じさせる〝歌〟ならすべて「ジャズ・ヴォーカル」だと断言しちゃおうよと思って。だって、そこがジャズの強みじゃないですか。
　はっきり言ってジャズとは思えないものもあって…、リッキー・リー・ジョーンズなんて最初はそうでしたよ。全然「ジャズ・ヴォーカル」だとは思えなかったけど、ああいうアクの強い歌い方も、いやだからこそ「ジャズっぽいんじゃないか」って最近では思えるようになってきました。そういうのも同じ土俵に置いて聴いていった方が、断然ジャズ・シーンそのものが面白くなっていくじゃないですか（笑）。

私的愛聴ヴォーカリスト

――そんな後藤さんにとって一番の、忘れがたい、あるいは思い出深い「ジャズ・ヴォーカル」アルバムというと、どのような作品が挙がってきますか？

そうだなぁ、カーメン・マクレエの『ブック・オブ・バラーズ』（p.１０２）。これは、私がジャズを聴き始めた頃、「ジャズ・ヴォーカル」のなんたるかもわかっていない頃から好きな1枚でした。58年の録音で、まだいわゆる普通の「ジャズ・ヴォーカル」なんだけど。同じカーメンでいうなら60年代に入ると先ほども言ったとおりロックの台頭があり、彼女もやむを得ずポップな録音も残しています。相対的には『ブック・オブ～』や『アフター・グロウ』（p.28）の方が評判は高いけど、時代を感じさせる良盤といったら、『フォー・ワンス・イン・マイ・ライフ』（p.81）を挙げたい。私の店の開店当初に新譜で入ってきたということもあって、思い出深い1枚なんです。

アニタ・オデイなんかは最初、一体どこが良いんだかさっぱりわからなかった（笑）。音程が外れているように聴こえるし、ヘタクソなんじゃないかとさえ思ったけど、友達から「彼女は意図的にトリッキーな歌唱法を用いているけれど、最後は辻褄を合わせている」と教えられ、そのつもりで聴いてみると、たしかにそういうことだったのかと合点がいきました。フラついているようだけどヘタだからではなく、意図的にそうした声を使って効果を上げているんだってわかるようになりました。代表作品を挙げるなら、やはりオスカー・ピーターソンのトリオとやった『アニタ・シングス・ザ・モスト』（p.59）がいいかな。

それからジョニ・ミッチェルの『シャドウズ・アンド・ライト』（p.65）なんて、「ジャズ・シンガーじゃないのに凄いじゃん！」と感心しましたね。カサンドラ・ウィルソンは、私は彼女の初来日公演を聴いているんですね。スティーヴ・コールマンと一緒に来て、渋谷クアトロでスタンダード・アルバム『ブルー・スカイ』（p.29）の発売記念ライヴをやったんです。新譜のお披露目だから昼間はアルバムに収録したスタンダード曲を歌うんだけど、「夜もセッションをやるから来てほしい」と言われて行くと、そこではバリバリのブルックリン・スタイルで、そっちの方がカサンドラのノリも断然に良かったんです。ブルックリン一派の出す音とカサンドラのヴォーカルって、明らかに歌伴とヴォーカリストの関係ではなく、ふたつがセットでひとつの音楽を作っていた。あのライヴを見て開眼したこともあり、『ブルー・スカイ』も忘れがたい1枚として挙げておきましょう。

「ジャズ・ヴォーカル」は〝気分〟で聴くべし！

――そんな「ジャズ・ヴォーカル」が新たに評価の俎上にあがってくると、それを聴くに当たっての、後藤さんなりの特別な視点が生まれてきたりもしたのではないですか？

そうやって改めて「ジャズ・ヴォーカル」を聴き込んでみると、新しいスタイルをした新世紀のヴォーカルも含め、インスト・ジャズを聴くのとは聴き手の意識が違っていることに気がついたんです。マイルスやコルトレーンやエヴァンスを聴くときって、それがどんな状況下であろうと、思い立ったすぐに彼らの作品の中から選んでトレイに乗せますよね。「今日は朝からずっとコルトレーンを聴くぞ！」なんていう剛胆な人もいるかもしれない。でも「ジャズ・ヴォーカル」の場合、どちらかといえば「さて聴こうか」というその時の状況や気分に合わせて、ミュージシャンやアルバムが選ばれていくんです。その状況が「一日の始まり」なのか、「仕事が終わったあと」なのか、「気分を高揚させたい時間帯」なのか、「眠りにつくまでの頃合い」なのか。意識的に考えてないけど、実際はそういうヴォーカル・アルバムを無意識に選んで聴いていたりするわけです。そのときの「気分」次第で取り上げるアルバムも、歌手も、声の質も、全然違ってくる。「ジャズ・ヴォーカル」の場合は、そうやって聴くのがいいんですよ。

――だから今回の『一生モノのジャズ・ヴォーカル名盤５００』も、これまでの歌手ごと、時代ごと、スタイルごとに区分けしてきた〝ヴォーカル指南書〟とは、視点を違えているわけですね?

最初に考えたのは、啓蒙書にはしたくないなと。極端なことを言うと、ジャズ・ファンは読まなくてもいい…。むしろ、ジャズに関心があるんだけど、どこから聴いていいかわからない、そういう人に読んでもらいたいんです。『ジャズ・ヴォーカル・コレクション』を執筆してきた体験からいうと、普通の人たちはミュージシャンが何年に生まれたとか、どういう人から影響を受けてきただとか、じつはそれほど興味はないんです。ただ「どんな感じのヴォーカルなの？」「楽しいの？」「暗いの？」という方が重要。我々だって自宅で寛いでいて、仕事と関係なく音楽を聴くときは、故事来歴からアルバムを選ぶわけじゃないですよね。

「朝だから爽やかに過ごしたい」「夜だからちょっと落ち着きたい」…寝る前にビッグ・バンドはちょっとウルサすぎるでしょう。そこでアルバム・ガイドとしてどういうスタンスをとればいいか考えたんです。すると、名盤紹介という発想ではダメだと。ジャズという音楽、ジャンルに関心があって、でも何から聴いていっていいか迷っている人たちに、シチュエーションごとの「気分」に沿った紹介をしてあげた方が親切なのではないかと思ったんですね。

一般に「気分」というものは軽視されていて、「移ろいやすいもの」と思われています。でも人間というのは生活や行動をいちいちロジカルには考えていない。昼ゴハンだってその日の気分でラーメンにしたり、牛丼を食べたりしている。無意識のうちに胃が「つゆだく牛丼にショウガをたっぷり乗せて」「辛口カレーにヒレカツのトッピング」なんて、知らぬ間に脳が指令を出し、理屈でなくその日の体調や気分で選択しているんです。人間というのは自分の思う以上に無意識に支配されていて、その無意識を私は「気分」と呼んだわけ。ということで「気分」を大事なものとして扱い、その日その時の「気分」に合わせ、「声質」もその判断基準に加えて選べるという、そんな切り口でやってみようと。ジャズはよくわからないけど関心のある人には、そうした視点の方が親切だと思ったんです。

――さらに「編成」や状況設定などからも「ジャズ・ヴォーカル」を区分けしていますね。そこにも後藤さんの発想が見え隠れしますね。

「聴こえ方」をわかりやすく表示するものって、ひとつは「編成」なのじゃないかと思ったわけ。インストで言えば、ビッグ・バンドなら「賑やか」だし、ピアノ・ソロなら「静か」という、わかりやすい情報が与えられるでしょう。同じようにヴォーカルであればひとりで歌っているのとデュエットで歌っているのとでは、まったく違うものになります。デュエットといっても組み合わせやスタイルでも違ってくるでしょうが、デュエットでひとまとめにしてみると、ある聴こえ方の特徴が浮き上がってくるんです。同じことはコーラスにもいえて、そこが気に入ってくれれば、同じ「編成」からまた新たなアルバムを探していければいいじゃないですか。

そしてこれをやっていて一番面白かったのは、ポピュラー・シンガーが歌うジャズだったんです。例えばリンゴ・スターもジャズを歌っていて、これがなかなか良いのですね(笑)。ジョニ・ミッチェル、リッキー・リー・ジョーンズ、パティ・オースティン、スティング…。ロック・ファンは彼らの〝歌〟をロックとして聴くでしょう。もちろんそれでいいんですけど、「ジャズとして聴いても楽しめるんだよ」という提案もして、聴き方の多様性を感じてもらいたいわけなんです。

現代ジャズ・ヴォーカルにはジャズの本道がある

――そして最終章はまるまる「21世紀のジャズ・ヴォーカル」を扱われました。それだけ今世紀にみせる「ジャズ・ヴォーカル」の飛躍に、後藤さんが大きな期待を寄せていらっしゃるのが知れます。

昔の「ジャズ・ヴォーカル」、とくに40年代末から60年代までインストとヴォーカルは別ものだった…、先ほど説明しましたね。マイルスは素晴らしい、エラやサラも素晴らしい。だけど両者に音楽的な共通項はほとんど感じられない。ところが21世紀に入り、ここ10年はとくにインスト・ジャズの面白さと、新しいタイプの「ジャズ・ヴォーカル」の面白さが、リンクしてきました。ベッカ・スティーヴンスがいて、レベッカ・マーティンがいて、グレッチェン・パーラトも典型的ですよね。それからエスペランサは自身がインスト奏者（ベース）でありながらヴォーカリストでもあって、つまりインスト・ジャズと「ジャズ・ヴォーカル」が接近している。以前にカサンドラがやって、そのときは時期尚早で上手くいかなかったことが、今は普通にやられている。それ以前のジャズ・ヴォーカルは、エラ、サラ、カーメン、アニタ・オデイもヘレン・メリルも大きな目で見れば、ルイ・アームストロングやビリー・ホリデイの影響下にあった。それが現代の「ジャズ・ヴォーカル」は、影響の元がいわゆる伝統的ジャズが養分としていたものだけでなく、従来あまり参照されてこなかったフォーク、カントリー、ヒップホップ、そういうものも取り込んでいるんです。

　少し古いジャズファンはそこで「あれは黒くないからジャズじゃない」なんて言うんだろうけど、それはちょっと認識が古いと思うんです。モダン・ジャズの時代に限れば、そうも言えるかもしれない。でもジャズ史をもっと広く眺めてみれば、19世紀末のニューオリンズで興ったジャズのプロトタイプはラテン音楽の影響を受けていたし、「セントルイス・ブルース」なんかもラテン・ミュージック、ハバネラの影響を受けていますよね。ジャズは最初から融合音楽であって、ディジー・ガレスピーはキューバ音楽を取り入れ、60年代にはボサ・ノヴァも入ってきた。そもそも最近の研究ではブルースというのも、じつはアパラチア地方の白人音楽の影響を受けていたりするらしいんですね。ということはジャズも、普通の人が考える以上に白人的要素が大きいことになる。

そう考えると、フォーク、カントリー、あるいはヒップホップに影響を受けて興った新世紀の「ジャズ・ヴォーカル」も、別にそれでいいじゃないかって思うんです。それはジャズの変質とか後退ではなく、始まりからそうであったジャズの本道を行くものなんですよ。

――そうした「21世紀のジャズ・ヴォーカル」は、従来のジャズもクラシックも、フォークもカントリーもヒップホップも混ぜ込んで出来上がった。可能性として次は、こちらから他ジャンルに影響を及ぼしていく時代がやってくるとも期待ができませんか？

いや、それはないんです。ジャズがロックの要素を取り入れてジャズにすることはできるけど、ロックがジャズを取り入れた瞬間、もうそれはジャズになっちゃうんですね。ワールド・ミュージックについても同じことが言えて、そうなったときにそれはジャズになってしまっているんですよね。だから、ジャズは最強なんです。ヒトのものを取ってきて自分のものにしちゃうんだからね…ズルいんですよ（笑）。取られた方が取り返そうとしても、それもまたジャズになっちゃうんだからジャズは史上最強の音楽ジャンルなんですよ！

——冒頭と同じことをお聞きしますが、まさに今「ジャズ・ヴォーカル」を語るとき、「ジャズ・ヴォーカル」に注目すべきときだとおっしゃる。そう思われる理由を、改めてお聞かせください。

「ジャズ・ヴォーカル」って、ジャズの中でも一番わかりやすい分野なんです。普通の人にとってジャズが敷居の高い音楽であるというのは事実だと思う。だけどスキャット・ヴォーカルも含めて、人間の声というのはダイレクトに人の情動や情緒に訴えかける力があるんです。人の声で聴くと、他国語で何をしゃべっているのかわからなくても、声音や口調で何を伝えたいか感じさせる力がある。声というすごく情報量を含んだサウンドを伝達手段としているから〝歌〟は表現として強いんです。そういうところからジャズに入るのは、ジャズを知るにも一番わかりやすい方法なわけですよ。

歌の情感は、直接的に心に伝わってきますよね。そこが〝歌〟の強みだと思っているんです。ポップスになると、曲の良さとか、歌詞の世界観にハマったりもしますが、「ジャズ・ヴォーカル」だと、スタンダードなど歌詞はさておいても、それぞれの歌手たちの個性的な表現を通したジャズ的な聴き方ができるんです。曲を聴くのではなく個性を聴く、その人そのものを聴くというようなね。そういうちょっと複雑な機微にも、ヴォーカルだと入って

いきやすい。だからヴォーカルからジャズに入ってくるというのは、非常に良い方法だと思うようになりました。

とりわけ今は、インスト・ジャズ自体がヴォーカルを多用しています。なぜかというと、グラスパーが言ったようにポピュラリティの確保です。ここが重要なんだけど、ジャズファンには「ポピュラーであっちゃいけない」みたいに思う人が今だに多い。だけどそれはカン違いで、ジャズの歴史を眺めてみればルイ・アームストロングは非常にポピュラリティを重視したし、マイルスだってある意味では同じでした。ポピュラリティと芸術性は相反する要素だという考え方自体がたいへん偏狭なんですよ。ルイの音楽は大衆的であると同時に芸術的でもあった…ジャズ評論家の油井正一さんの有名な言葉ですね(※)。ジャズはもともと芸術性とポピュラリティが上手い具合に融合した音楽で、個性の発現というキーワードで、ポピュラリティと芸術性を良い形で融合させた音楽であったわけなんです。

ヴォーカルというのはインストに比べてわかりやすく、加えてポピュラリティを重視する今のジャズにとって最高の戦力になっているんです。それはまったくジャズの後退という話ではなく、ビ・バップ以前のジャズの本道に戻ったということなんですね。そういう視点でもって、ここでもう一度「ジャズ・ヴォーカル」を取り上げてみたくなったんです。若干芸術的な方向へ偏りすぎて、マニアックになってしまったジャズを、もう一度芸術性とポピュラリティを両立させた本来のジャズとして聴くという姿勢を改めて提案してみたくなったんです。

――そのキーとなるのが、ジャズの中でもヴォーカルであったと。

そう。あるいはジャズ全体を救うのが「ジャズ・ヴォーカル」なのかもしれない…近頃そんなことを思っているんですよね。

【二〇一九年十二月】

※油井正一著『ジャズの歴史物語』より。
「アームストロング自身の見解はまったく反対なのだ。彼の考えにしたがえば『ジャズは芸術ではなく、大衆芸能の一種』なのである。にもかかわらず『芸術』といわれるジャズをつくった当の男がルイ・アームストロングなのだ。この矛盾にみえる論理を理解しないとジャズはあなたのものにならないのである」

あとがき

　この新書は小学館から刊行されたＣＤ付き隔週刊マガジン『ジャズ・ヴォーカル・コレクション』『ＪＡＺＺ絶対名曲コレクション』を基に作るつもりでしたが、計画が拡大し、やはり小学館から刊行した新書形式の「一生モノ・シリーズ」と同じく、「聴いた感じ」で分けた５００枚のジャズ・ヴォーカル・アルバムを収録することとなりました。隔週刊マガジンのシリーズは楽曲単位だったこともあり、収録アルバム総数はおよそ３３０枚ほど。ざっと5割増しのアルバムがこの新書には収録されていることになります。

　１５０枚もの新規アルバム選定には苦労しましたが、終わってみればじつに面白い作業でありました。というのも「ジャズ・ヴォーカル」の幅を出来るだけ広くとる方針のもと、ロック、ソウル、フュージョンは言うに及ばずボサ・ノヴァ、日本人のジャズに至るまで、「ジャズを感じるアルバム」を出来るだけ多く収録したので、それらの音源からジャズを聴き取る作業がたいへんに楽しかったのです。

　この新書の基本方針は、ジャズに関心を持っているが敷居の高さゆえ今ひとつ前に踏み出せない「潜在ファン」をジャズの世界に招待しようという、『ジャズ・ヴォーカル・コレクション』の狙いを踏襲しています。つまり普通の音楽ファンが聴いて楽しめることを第一に考えて選曲しました。

選定にあたっては出来るだけ幅広い音楽ジャンルを網羅するため、音楽評論家の佐藤英輔さん、日本ジャズ音楽協会・音楽コーディネーターの田中ますみさん、熱心なジャズ・ファンの須藤克治さんから大量の音源をお借りしたことをこの場を借りて御礼いたします。また、ジャズ・ヴォーカルについての深い知見をお持ちの小針俊郎さんから貴重なご意見を賜ったことも御礼いたします。そしてインタヴュアーの長門竜也さん。本当にご苦労様でした。おそらくは大いにご迷惑をおかけのことと思う校正、校閲、印刷所のみなさん、原稿が遅れたのはひとえに著者の怠慢の故です。そして何より、極めてタイトなスケジュールにもかかわらず、正確なデータ、情報を寄せてくれた有能なジャズ編集者の池上信次さん、データ処理を助けていただいた林建紀さん、たいへんお世話になりました。また、遅れ気味の進行を暖かく見守っていただいた責任編集者、宮澤明洋さん、ありがとうございました。

編集　池上信次
編集協力　小針俊郎
佐藤英輔
須藤克治
田中ますみ
長門竜也
林 建紀
本文デザイン　大塚登志夫
グッドクエスチョン

中本マリ

1947-

メモリーズ ―――――――― *202*

JVC | 1987年発表 | 中本マリ(vo)、ジミー・ロウルズ(p)、オスカー・カストロ・ネヴィス(g)、ジョン・ハード(b)、ドナルド・ベイリー(ds)、ビル・ホルマン(strings arr)

弘田三枝子

1947-

スタンダードを唄う ―――――――― *202*

Toshiba | 1963年発表 | 弘田三枝子(vo)、宮間利之とニューハード・オーケストラ、前田憲男(arr)、八城一夫(p)カルテット、ネルソン・リドル(arr)・オーケストラ

ニューヨークのミコ ニュー・ジャズを唄う ― *203*

Columbia | 1965年 | 弘田三枝子(vo)、ビリー・テイラー(p)、ベン・タッカー(b)、グラディ・テイト(ds)

ミコ・イン・コンサート ―――――――― *203*

Columbia | 1966年3月17日 | 弘田三枝子(vo)、原信夫とシャープス&フラッツ、渡辺明とリズム&ブルーセズ

フランク永井

1932- 2008

フランク、ジャズを歌う ―――――――― *203*

Victor | 1955-84年 | フランク永井(vo)、福原彰(tp)、鈴木章治(cl)、与田輝雄(ts)、秋満義孝(p)、横内章次(g)、稲葉国光(b)、松崎龍生(vib)、ジョージ川口(ds)、前田憲男とミッドナイト・サウンズ ほか

マーサ三宅

1933-

マイ・フェイヴァリット・ソングス ―― *204*

London | 1960年8月11、14日 | マーサ三宅(vo)、中島泰三(flh)、宮沢昭(afl, ts)、大野雄二(p, arr)、杉本喜代志、小西徹(g)、寺川正興、小泉喜美男(b)、原田寛治、小津昌彦、石松元(ds)、川原直実(per)

美空ひばり

1937-1989

ひばりジャズを歌う～ナット・キング・コールをしのんで ―――――――― *198*

Columbia | 1965年5月24、25日 | 美空ひばり(vo)、原信夫(ts,cond)とシャープス&フラッツ、コロムビア・ストリングス、大西修(arr)、山屋清(arr)

ひばりとシャープ ―――――――― *204*

Columbia | 1961年発表 | 美空ひばり(vo)、原信夫とシャープス&フラッツ、高珠恵ステレオストリングス

森山良子

1948-

ザ・ジャズ・シンガー ―――――――― *204*

Dreamusic | 2003年5-8月 | 森山良子(vo)、マイケル・ブレッカー(ts)、島健(p, arr, cond)、田中義人(g)、納浩一(b)、山木秀夫(ds)、ザ・ヴァンガード・ジャズ・オーケストラ

雪村いづみ

1937-

三人娘を唄う ―――――――― *205*

East World | 1998年 | 雪村いづみ(vo)、前田憲男(arr)、吉田弥生(arr)

吉田日出子

1944-

上海バンスキング ―――――――― *205*

Show Boat | 1981年 | 吉田日出子(vo)、越部信義(arr, cond)、オンシアター自由劇場劇団員 ほか

ナンシー梅木（ミヨシ・ウメキ）
1929-2007

ミヨシ ―――― ***199***

Mercury | 1959年発表 | ナンシー梅木(vo)

江利チエミ
1937-1982

チエミ・プラス・ジャズ ―――― ***199***

King | 1953-72年 | 江利チエミ（vo）、原信夫とシャープス&フラッツ、東京キューバン・ボーイズ、中村八大トリオ、松本伸とニュー・パシフィック、渡辺弘とスターダスターズ ほか

大野えり
1955-

イージー・トゥ・ラヴ
〜コール・ポーターを歌う ―――― ***200***

Interface | 1983年10月 | 大野えり（vo）、グレイト・ジャズ・トリオ［ハンク・ジョーンズ(p)、エディ・ゴメス(b)、ジミー・コブ(ds)］

越智順子
1965-

ジェシー ―――― ***200***

Village | 2001年発表 | 越智順子（vo）、太田剣(as,bs)、ユキ・アリマサ(p)、大石学(p,key,org)、道下和彦（g）、石橋敬一、納浩一、小松秀行（b）、大坂昌彦、小島勉(ds)、ヤヒロトモヒロ(per)

金子晴美
1950-

ニューヨーク・ステイト・オブ・マインド
―――― ***200***

Philips | 1980年7月25-27日 | 金子晴美(vo)、数原晋（tp）、中沢忠孝（tb）、西条孝之介(ts)、原田忠幸(bs)、弘勢憲二(p)、中牟礼貞則(g)、稲葉国光(b)、小原哲次郎(ds)、前田憲男(arr)

The Name Is Harumi ―――― ***201***

Philips | 1982年発表 | 金子晴美（vo)、リッチー・コール（as)、鈴木宏昌（p)、杉本喜代志、松木恒秀（g)、井野信義、岡沢章(b)、日野元彦、渡嘉敷祐一(ds) ほか

JUJU（ジュジュ）
1976-

デリシャス〜 JUJU's JAZZ 3rd Dish 〜 ― ***201***

Sony | 2018年発表 | JUJU、久保田利伸(vo)、島健、安部潤、川口大輔（p, arr）ほか

デューク・エイセス
1955結成

デューク・ミーツ・コンコード・ジャズ・オールスターズ ―――― ***201***

Toshiba | 1981年8月 | デューク・エイセス［谷口安正、吉田一彦、谷道夫、真木野義孝（vo）］、アル・コーン、スコット・ハミルトン、バディ・テイト（ts）、デイヴ・マッケンナ（p）、カル・コリンズ（g）、ボブ・メイズ(b)、ジェイク・ハナ(ds)

土岐麻子
1976-

Standards In A Sentimental Mood
〜土岐麻子ジャズを歌う〜 ―――― ***202***

rhythmZONE | 2014年発表 | 土岐麻子、細野晴臣（vo）、市原ひかり（flh）、土岐英史（ss, as）、宮川純、秋田慎治（p）、ハル高内(g)、井上陽介、坂井紅介（b）、山木秀夫(ds)、フランシス・シルヴァ(per)

Tuck Andress: 1952- (アメリカ)
Patti Cathcart: 1949- (アメリカ)

Dream ——— ***72***
Windhum Hill | 1991年 | パティ・カスカート(vo)、タック・アンドレス(g)

Love Warriors ——— ***54***
Windhum Hill | 1989年 | パティ・カスカート(vo)、タック・アンドレス(g)

V

Vocal Sampling
ヴォーカル・サンプリング
1980年代結成 (キューバ)

Una Forma Mas ——— ***167***
Sire | 1993年8月-94年3月 | ヴォーカル・サンプリング [ルネ・バニョス、カルロス・ディアス、レイナルド・サンレール、ルイス・アルザガ、アベル・サナブリア、セルジオ・ペレダ(vo)]

Vox One
ヴォックス・ワン
1988結成 (アメリカ)

Say You Love Me ——— ***167***
Primarily A Cappella | 1993年発表 | ヴォックス・ワン [ジョディ・ジェンキンス、松岡由美子 (vo)、ポール・スティラー (vo, ds)、ポール・パンピネラ、ベニー・チューズ(vo)]

W

Weslia Whitfield
ウェズラ・ホイットフィールド
1947-2018 (アメリカ)

Lucky To Be Me ——— ***120***
Landmark | 1989年11月9、10日 | ウェズラ・ホイットフィールド (vo)、マイク・グリーンシル(p)、ディーン・ライリー (b)

Various Artists

Bob Belden Presents Strawberry Fields ——— ***94***
Somethin'else | 1996年4月、7月 | カサンドラ・ウィルソン、ダイアン・リーヴス、ホリー・コール(vo)、マイク・ディーノ・キャンベル、ファリード・ハーク (g)、ケヴィン・ヘイズ (key)、アーロン・デイヴィス(p, arr)、ボブ・ベルデン(syn, arr)、アイラ・コールマン、デヴィッド・ダイソン(b)、ビリー・キルソン (ds)

The Passion Of Charlie Parker ——— ***232***
Impulse | 2017年発表 | マデリン・ペルー、バーバラ・ハニガン、グレゴリー・ポーター、ジェフリー・ライト、シアーナ・ソウザ、カート・エリング、キャンディス・スプリングス、カミーユ・ベルトー (vo)、ダニー・マッキャスリン (ts)、クレイグ・テイボーン (p,key)、ベン・モンダー (g)、スコット・コリー、ラリー・グレナディア(b)、マーク・ジュリアナ、エリック・ハーランド(ds)

《PART 2》第5章
日本のジャズ・ヴォーカル

朝丘雪路
1935-2018

シング・シング・シング ——— ***199***
Toshiba | 1962年5月発表 | 朝丘雪路 (vo)、小野崎孝輔 (arr)、高見健三とミッドナイト・サンズ・オーケストラ

ネット (vo)、ジョニー・マンデル (arr, cond)、リー・ムジカー (p)、グレイ・サージェント (g)、ポール・ランゴッシュ (b)、クレイトン・キャメロン (ds)、フィル・ウッズ(as) ほか

Duets: American Classic —— ***154***

Columbia | 2006年発表 | トニー・ベネット、ディキシー・チックス、バーブラ・ストライサンド、ジェームス・テイラー、ポール・マッカートニー、ファネス、エルトン・ジョン、ビリー・ジョエル、ティム・マクグロウ、ダイアナ・クラール、スティーヴィー・ワンダー、エルヴィス・コステロ、k.d.ラング、マイケル・ブーブレ、スティング、ボノ、ジョン・レジェンド、ジョージ・マイケル、デルタ・グッドレム (vo)、トニー・ベネット・カルテット、ホルヘ・カランドレリ (arr, cond)

Perfectly Frank —— ***120***

Columbia | 1992年発表 | トニー・ベネット (vo)、ラルフ・シャロン・トリオ

Strike Up The Band (Tony Bennett and Count Basie) —— ***71***

Roulette | 1959年1月3、5日 | トニー・ベネット (vo)、カウント・ベイシー・オーケストラ［カウント・ベイシー (p)、サド・ジョーンズ、ウェンデル・カーリー、スヌーキー・ヤング、ジョー・ニューマン (tp)、ヘンリー・コーカー、ベニー・パウエル、アル・グレイ (tb)、マーシャル・ロイヤル (as, cl)、フランク・ウェス (as, ts, fl)、フランク・フォスター、ビリー・ミッチェル (ts)、チャーリー・フォークス (bs)、フレディ・グリーン (g)、エディ・ジョーンズ (b)、ソニー・ペイン (ds)］、ラルフ・シャロン (p, cel, arr)

The Tony Bennett Bill Evans Album —— ***119***

Fantasy | 1975年6月10-13日 | トニー・ベネット (vo)、ビル・エヴァンス (p)

Tony Bennett & Diana Krall

トニー・ベネット＆ダイアナ・クラール

Love Is Here To Stay —— ***154***

Verve | 2018年発表 | トニー・ベネット、ダイアナ・クラール (vo)、ビル・チャーラップ (p)、ピーター・ワシントン (b)、ケニー・ワシントン (ds)

Tony Bennett & Lady Gaga

トニー・ベネット＆レディー・ガガ

Lady Gaga: 1986- (アメリカ)

Cheek To Cheek —— ***148***

Interscope | 2014年発表 | トニー・ベネット (vo)、レディー・ガガ (vo)、トニー・ベネット・カルテット［マイク・レンツィ (p)、グレイ・サージェント (g)、マーシャル・ウッド (b)、ハロルド・ジョーンズ (ds)］、ジョー・ロヴァーノ (ts)、トム・レイニア (p) ほか

TSF

ティー・エス・エフ

1987デビュー (フランス)

Ca Va, Ca Va —— ***167***

CBS/Sony | 1989-90年 | ＴＳＦ［フィリップ・ベルト (vo, g, tu)、ジャン・イヴ・ラコンブ (vo, b, cello)、マリネット・メニャン (vo, sax)、ドミンク・ヴィシュゼーヌ、(vo)］、ディディエ・ゴレ (p, org, syn) ほか

Drôlement Vocal ! —— ***166***

IDA | 1987年9-10月 | ＴＳＦ［フィリップ・ベルト (vo, g)、ジャン・イヴ・ラコンブ (vo, b)、マリネット・メニャン、ドミンク・ヴィシュゼーヌ、(vo)］、ダニエル・フック (vo, sax) ほか

Tuck & Patti

タック & パティ

1988 (デビュー)

ムニエル、ウォード・スウィングル、クロード・ジェルマン、ジャン・キュサック、ホセ・ジェルマン (vo)]、ジョン・ルイス (p)、ミルト・ジャクソン(vib)、パーシー・ヒース(b)、コニー・ケイ(ds)

Sylvia Syms

シルヴィア・シムズ
1934- (イギリス)

Songs of Love — **54**
Decca | 1957年6-7月 | シルヴィア・シムズ(vo)、ラルフ・バーンズ(cond)

Sylvia Syms Sings — **118**
Atlantic | 1952年3月、54年2月 | シルヴィア・シムズ(vo)、バーバラ・キャロル・トリオ、ジョニー・リチャーズ(arr, cond)

T

Take 6

テイク6
1988 (デビュー)

Take 6 — **166**
Reprise | 1988年 | テイク6(vo)、デヴィッド・ハンフリーズ (finger snaps, sound effects)

Teddi King

テディ・キング
1929-1977

All The Kings' Songs — **119**
Coral | 1959年3月23-25日 | テディ・キング(vo)、ルー・ダグラス、ジョニー・リチャーズ(dir)

Now In Vogue — **118**
Storyville | 1955年 | テディ・キング(vo)、ボブ・ブルックマイヤー (vtb)、ビリー・テイラー (p)、ミルト・ヒントン(b)、オシー・ジョンソン(ds)、ニック・トラヴィス(tp)、ジーン・クイル(as)、ソル・シュリンジャー(bs)

Thelma Gracen

セルマ・グレーセン
1922- (アメリカ)

Night And Day — **119**
EmArcy | 1955年10月9、10日 | セルマ・グレーセン(vo)、クエンティン・アンダーソン (tb)、ジョージ・オールド (ts)、ルー・リーヴィー (p)、バーニー・ケッセル (g)、ジョー・カムフォート(b)、シド・バルキン(ds)

Theo Bleckmann

テオ・ブレックマン
1966 - (ドイツ)

Origami — **232**
Songlines | 2000年9、12月 | テオ・ブレックマン(vo. p)、ベン・モンダー (g)、マット・モラン (vib)、スクーリ・スヴェリソン(b)、ジョン・ホーレンベック(ds)

Tillery

ティレリー
2010結成 (アメリカ)

Tillery — **166**
Core Port | 2016年発表 | ティレリー [ベッカ・スティーヴンス(vo, g, ukulele, charango, hand per)、レベッカ・マーティン (vo, g, hand per)、グレッチェン・パーラト (vo, charango, hand per)] ほか

Tony Bennett

トニー・ベネット
1926- (アメリカ)

Art Of Romance — **120**
Columbia | 2004年5月25日 | トニー・ベ

fl)、ケニー・アッシャー (p)、ボブ・マン(g)、チャック・バーグホッファー (b)、ジョン・ゲラン(ds)、ジェーン・モンハイト(vo)、ストリングス ほか

This Guy's In Love* —— *53
Columbia | 2003年 | スティーヴ・タイレル(vo)、クラーク・テリー、ルー・ソロフ(tp, flh)、ボブ・ミリケン、グレン・ドリューズ、マイケル・レンハート(tp)、バーチ・ジョンソン、デイヴ・バージェロン、キース・オクイン(tb)、デイヴ・テイラー (btb)、ロウレンス・フェルドマン、デイヴ・トファニ (as, fl, afl)、デイヴ・マン、チャールズ・ピロウ(ts, cl)、ロジャー・ローゼンバーグ (bs, bcl, bassoon)、アラン・パスクァ(p, vib)、ボブ・マン (g, vib)、チャック・バーグホッファー (b)、ジョン・ゲラン(ds)、ストリングス ほか

Stevie Wonder
スティーヴィー・ワンダー
1950- (アメリカ)

My Cherie Amour* —— *193
Motown | 1969年発表 | スティーヴィー・ワンダー (vo) ほか

Sting
スティング
1951- (イギリス)

...Nothing Like The Sun* —— *193
A&M | 1987年3-8月 | スティング (vo, el-b, b, g, arr)、ブランフォード・マルサリス(sax)、ケニー・カークランド(key)、マヌ・カチェ(ds)、ミノ・シネル(per, vocoder)、ドレット・マクドナルド、ジャニス・ペンダーヴィス(bgvo)、ギル・エヴァンス・オーケストラ、エリック・クラプトン(g) ほか

Bring On The Night* —— *193
A&M | 1985年5、12月 | スティング (vo, el-b, g)、ブランフォード・マルサリス(sax)、ケニー・カークランド (key)、ダリル・ジョーンズ (el-b)、オマー・ハキム (ds)、ドレット・マクドナルド、ジャニス・ペンダーヴィス(bgvo) ほか

MyFunny Valentine At The Movies* —— *194
A&M | 2005年発表 | スティング(vo)、ハービー・ハンコック (p)、マイケル・ベアデン(key)、ジョン・パティトゥッチ(b)、スティーヴ・ジョーダン(ds)、シロ・バプティスタ(per) ほか【コンピレーション】

Sue Raney
スー・レイニー
1940- (アメリカ)

Songs For A Raney Day* —— *118
Capitol | 1959年 | スー・レイニー (vo)、ビリー・メイ(cond)

Susanne Abbuehl
スザンヌ・アビュール
1970- (スイス)

April* —— *130
ECM | 2000年11月20-22日 | スザンヌ・アビュール (vo)、クリストフ・メイ (cl, bcl)、ヴォルフェルト・ブレデローデ (p, harmonium, melodica)、サミュエル・ローラー (ds, per)

Swingle Singers, The
スウィングル・シンガーズ
1962結成 (フランス)

Place Vendôme (The Swingle Singers, Modern Jazz Quartet)* —— *165
Philips | 1966年 | スウィングル・シンガーズ［ジャネット・ボーコモン、クリスチャンヌ・ルグラン、アリス・ヘラルド、クロディーヌ・

Singers Unlimited, The
ザ・シンガース・アンリミテッド
1967結成（アメリカ）

A Capella —— ***165***
MPS | 1971年7月 | シンガース・アンリミテッド(vo)

Sinne Eeg
シーネ・エイ
1977- (デンマーク)

Don't Be So Blue —— ***231***
Red Dot | 2010年発表 | シーネ・エイ(vo)、ヤコブ・クリストファーセン(p)、モルテン・ラムズボル(b)、モーテン・ルンド(ds)

6 1/2 (Six & Half)
シックス&ハーフ (6 1/2)
1997結成（フランス）

New York-Paris-Nice —— ***159***
Dreyfus | 1995-96年 | シックス&ハーフ［ヴァレリー・バルクル、ローラ・リタルディ、ティアリー・ペアラ、オリヴィア・ウーセ、マール・トマス、ピエール＝ジェラルド・ヴェルニー (vo)］、ティエリ・エリーズ (p)、ジャン・マルク・ジャフェ (b)、アンドレ・チェカレリ(ds) ほか

Stacey Kent
ステイシー・ケント
1968- (アメリカ)

Breakfast On The Morning Tram —— ***19***
Parlophone | 2007年3-4月 | ステイシー・ケント (vo)、ジム・トムリンソン (reed)、グラハム・ハーヴェイ(p, el-p)、ジョン・パリッセリ (g)、デイヴ・チェンバレン (b)、マット・スケルトン(ds, per)

Tenderly —— ***130***
Okeh | 2015年 | ステイシー・ケント (vo)、ジム・トムリンソン(ts, fl)、ホベルト・メネスカル(g, el-g)、ジェレミー・ブラウン(b)

Steely Dan
スティーリー・ダン
1972結成（アメリカ）

Aja —— ***192***
MCA | 1977年1-7月 | スティーリー・ダン［ドナルド・フェイゲン (vo, syn, key, whistle, bgvo)、ウォルター・ベッカー (vo, el-b, el-g)］、ヴィクター・フェルドマン (el-p, vib, p, per)、ラリー・カールトン (el-g)、チャック・レイニー (el-b)、バーナード・パーディ (ds)、トム・スコット(ts, liricon, horn arr)、ウェイン・ショーター (ts)、クライド・キング(bgvo) ほか

Gaucho —— ***192***
MCA | 1979年 | スティーリー・ダン［ドナルド・フェイゲン(vo, el-p, syn)、ウォルター・ベッカー (el-b, el-g)］、ロブ・マウンジー (p, syn, horn arr)、スティーヴ・カーン(el-g)、スティーヴ・ガッド(ds, per)、トム・スコット(ts, as, cl, lyricon, horn arr)、ランディ・ブレッカー (tp, flh)、マイケル・ブレッカー (ts)、フランク・フロイド、ヴァレリー・シンプソン、パティ・オースティン、レスリー・ミラー (bgvo) ほか

Steve Tyrell
スティーヴ・タイレル
1944- (アメリカ)

Standard Time —— ***53***
Columbia | 2001年 | スティーヴ・タイレル(vo)、クラーク・テリー (tp, vo)、ハリー・スウィーツ・エディソン、ゲイリー・グラント、ジェリー・ヘイ (tp)、スティーヴン・ホルトマン、ビル・ライケンバック・ジュニア(tb)、ラリー・ウィリアムス、ダン・ヒギンズ(sax,

EmArcy | 1954年12月16、18日 | サラ・ヴォーン(vo)、クリフォード・ブラウン(tp)、ハービー・マン (fl)、ポール・クィニシェット (ts)、ジミー・ジョーンズ (p)、ジョー・ベンジャミン(b)、ロイ・ヘインズ(ds)、アーニー・ウィルキンス(arr, cond)

Send In The Crowns ―― ***93***

Mainstream | 1974年 | サラ・ヴォーン(vo)、ジーン・ペイジ、ポール・グリフィン、アーニー・ウィルキンス、ミシェル・ルグラン、ウェイド・マーカス(arr, cond)

Sings George Gershwin ―― ***177***

Mercury | 1957年3-4月 | サラ・ヴォーン(vo)、ハル・ムーニー(arr)

Sings The Mancini Songbook ―― ***177***

Mercury | 1963-64年 | サラ・ヴォーン (vo)、ボブ・ジェームス(p, arr)

Sergio Mendes & Brasil'66

セルジオ・メンデス&ブラジル'66

1966結成

Sergio Mendes: 1941- (ブラジル)

Fool On The Hill ―― ***143***

A&M | 1968年発表 | ラニ・ホール、カレン・フィリップ (vo)、セルジオ・メンデス (el-p, arr)、ジョン・ピサノ (g)、セバスチャン・ネト(b)、ドン・ウン・ロマン(ds)、ルーベンス・バッシーニ (per)、デイヴ・グルーシン(arr, cond)

Sergio Mendes & Brasil'66 ―― ***143***

A&M | 1966年 | ラニ・ホール (vo)、ジャニス・ハンセン (vo)、セルジオ・メンデス (p)、ボブ・マシューズ (b)、ジョアン・パルマ(ds)、ホセ・ソアレス(per)

Sheena Easton

シーナ・イーストン

1959- (イギリス)

No Strings ―― ***192***

MCA | 1993年 | シーナ・イーストン (vo)、パトリース・ラッシェン (p, arr)、レジー・ハミルトン (b)、ジョン・ゲラン、レオン・チャンクラー (ds) ほか

Shirley Eikhard

シャーリー・エイクハード

1955- (カナダ)

Going Home ―― ***71***

Blue Note | 1998年 | シャーリー・エイクハード (vo, bgvo, string-pad, hca)、ボブ・アーレンドソン (p)、エド・ビッカート (el-g)、ジョージ・コラー (el-b, b)、マーク・ケルソ (ds, per)、マーカス・プリンタップ (tp)、マイク・マーレイ(sax)

Shirley Horn

シャーリー・ホーン

1934-2005 (アメリカ)

You Won't Forget Me ―― ***53***

Verve | 1990年6、8月 | シャーリー・ホーン (vo, p, arr)、チャールズ・アブレス(b, g)、スティーヴ・ウィリアムス (ds)、マイルス・デイヴィス、ウィントン・マルサリス (tp)、ブランフォード・マルサリス(ts)、トゥーツ・シールマンス(hcs, g) ほか

Sidsel Endresen

シゼル・アンドレセン

1952- (ノルウェー)

Out Here, in There (Sidsel Endresen & Bugge Wesseltoft) ―― ***129***

Jazzland | 2001年秋 | シゼル・アンドレセン (vo)、ブッゲ・ヴェッセルトフト (key, per, programming)

ザレク(vo, arr)、ステュ・ミンデマン(p, el-p, arr)、アレックス・ボーナム(b, arr)、クリスチャン・ユーマン(ds)、イド・メシュラム(tb)、ジョシュ・ジョンソン(as, arr)、ブライアン・ウォルシュ(bcl) ほか

Sara K.

セーラ K
1956- (アメリカ)

Closer Than They Appear —— ***19***
Chesky | 1991年12月12-16日 | セーラ K (vo, g)、ブルース・ダンラップ(g, dir)、デヴィッド・フィンク(b)、ジェイミー・ハダッド(ds) ほか

Sarah Vaughan

サラ・ヴォーン
1924-1990 (アメリカ)

After Hours —— ***51***
Columbia | 1949-52年 | サラ・ヴォーン(vo)、ジョー・リップマン・オーケストラ、ノーマン・ライデン・オーケストラ、パーシー・フェイス・オーケストラ、ポール・ウェストン・オーケストラ ほか

After Hours At London House —— ***24***
Mercury | 1958年3月7日 | サラ・ヴォーン(vo)、サド・ジョーンズ、ウェンデル・カーリー(tp)、ヘンリー・コーカー(tb)、フランク・ウェス(ts)、ロンネル・ブライト(p)、リチャード・デイヴィス(b)、ロイ・ヘインズ(ds)

At Mister Kelly's —— ***52***
Mercury | 1957年8月6-8日 | サラ・ヴォーン(vo)、ジミー・ジョーンズ(p)、リチャード・デイヴィス(b)、ロイ・ヘインズ(ds)

Copacabana —— ***143***
Pablo Today | 1979年10月1-5日 | サラ・ヴォーン(vo)、エリオ・デルミオ(g)、アンディ・シンプキンス(b)、グラディ・テイト(ds)、ウィルソン・ダスネヴィス(perc)

I Love Brazil! —— ***142***
Pablo Today | 1977年10-11月 | サラ・ヴォーン(vo)、アントニオ・カルロス・ジョビン(p)、ホセ・ロベルト・ベルトラミ(el-p)、エリオ・デルミロ(g)、セルジオ・バローソ(b)、ウィルソン・ダス・ネヴィス(ds)、シコ・バテラ、アリオヴァルド(per)

In The Land Of Hi-Fi —— ***52***
EmArcy | 1955年10月25-27日 | サラ・ヴォーン(vo)、アーニー・ロイヤル、バーニー・グロウ(tp)、J.J.ジョンソン、カイ・ウィンディング(tb)、キャノンボール・アダレイ、サム・マロウィッツ(as)、ジェローム・リチャードソン(fl, ts)、ジミー・ジョーンズ(p)、ターク・ヴァン・レイク(g)、ジョー・ベンジャミン(b)、ロイ・ヘインズ(ds)、アーニー・ウィルキンス(arr, cond)

It's A Man's World —— ***93***
Mercury | 1967年1月20日 | サラ・ヴォーン(vo)、ハル・ムーニー(arr)

No Count Sarah —— ***70***
Mercury | 1958年1月、12月 | サラ・ヴォーン(vo)、サド・ジョーンズ(tp, cond)、ウェンデル・カレイ、スヌーキー・ヤング、ジョー・ニューマン(tp)、ヘンリー・コーカー、アル・グレイ、ベニー・パウエル(tb)、マーシャル・ロイヤル(as, cl)、フランク・ウェス(as, ts, fl)、フランク・フォスター、ビリー・ミッチェル(ts)、チャーリー・フォークス(bs)、ロンネル・ブライト(p)、フレディ・グリーン(g)、リチャード・デイヴィス(b)、ソニー・ペイン(ds)

Pop Artistry —— ***93***
Mercury | 1965年11月11、12日 | サラ・ヴォーン(vo)、ルチ・デ・ジーザス(arr, cond)

Sarah Vaughan —— ***52***

スヌーキー・ヤング、ジミー・ノッティンガム、ダニー・ムーア、リチャード・ウィリアムス、ビル・ベリー（tp）、ガーネット・ブラウン、ジミー・クリーヴランド、ジミー・ネッパー、クリフ・ヘザー（tb）、ジェリー・ダジオン、ジェローム・リチャードソン(as)、エディ・ダニエルズ 、セルダン・パウエル(ts)、ペッパー・アダムス（bs）、ローランド・ハナ（p）、リチャード・デイヴィス（b）、メル・ルイス(ds)］

Ruth Olay
ルース・オレイ
1924-（アメリカ）
Olay! ——— ***92***
EmArcy | 1957-58年 | ルース・オレイ(vo)、ドン・ファーガキスト(tp)、バド・モトシンガー（p）、レッド・ノーヴォ(vib)、ハワード・ロバーツ（g）、レッド・ミッチェル（b）、シェリー・マン（ds）、ピート・ルゴロ(arr, cond) ほか

S

Salena Jones
サリナ・ジョーンズ
1944-（アメリカ）
My Love ——— ***117***
JVC | 1981年4月8、13日 | サリナ・ジョーンズ（vo）、リチャード・ティー（key, vo）、エリック・ゲイル（g）、コーネル・デュプリー（el-g）、ゴードン・エドワーズ（el-b）、スティーヴ・ガッド(ds)

Sam Cooke
サム・クック
1931-1964（アメリカ）
Tribute To The Lady ——— ***117***
Universal | 1959年発表 | サム・クック(vo)、ルネ・ホール(arr, cond)

Sammy Davis. Jr
サミー・デイヴィス・ジュニア
1925-1990（アメリカ）
Our Shining Hour (Sammy Davis & Count Basie) ——— ***70***
Verve | 1965年発表 | サミー・デイヴィス・ジュニア(vo)、カウント・ベイシー・オーケストラ［カウント・ベイシー（p）、アル・アーロンズ、スヌーキー・ヤング、ジョー・ニューマン、サム・ノート、ソニー・コーン、ウォーレス・ダヴェンポート(tp)、グローヴァー・ミチェッル、ヘンダーソン・チェンバース、ヘンリー・コカー（tb）、ビル・ヒューズ（btb）、ボビー・プラター（as）、マーシャル・ロイヤル（as, cl）、エリック・ディクソン、サル・ネスティコ(ts)、チャーリー・フォークス（bs）、フレディ・グリーン（g）、レイ・ブラウン(b)、ソニー・ペイン(ds)］、クインシー・ジョーンズ（arr, cond）、ジョージ・ローズ(arr) ほか

Sammy Davis Jr. & Carmen McRae
サミー・デイヴィス・ジュニア&カーメン・マクレエ
Boy Meets Girl ——— ***154***
Decca | 1957年2月18、19日 | カーメン・マクレエ（vo）、サミー・デイヴィス・ジュニア(vo)、ジャック・プレイズ(arr, cond)

Sara Gazarek
サラ・ガザレク
1982-（アメリカ）
Distant Storm ——— ***19***
Core Port | 2018年8月20-23日 | サラ・ガ

(p)、エド・チェリー (g)、デヴィッド・ウォン (b)、アルバート・トゥッティ・ヒース (ds)、ジェームス・ムトゥーメ(per)

Rod Stewart
ロッド・スチュワート
1945- (イギリス)

It Had To Be You: The Great American Songbook —— *191*

J | 2002年発表 | ロッド・スチュワート (vo)、フィリップ・セス (key, orchestra arr, cond)、ラス・カソフ (p)、アンドリュー・チャカーマン (syn)、ジェフ・ミロノフ (g)、デヴィッド・フィンク (b)、ショーン・ペルトン(ds)、マイケル・ブレッカー (ts)、アルトゥーロ・サンドヴァル (tp, flh)、クリス・ボッティ (tp)、ドン・セベスキー (arr, cond) ほか

Merry Christmas, Baby —— *214*

Verve | 2012年発表 | ロッド・スチュワート (vo)、デヴィッド・フォスター (p, arr)、ディーン・パークス (g)、チャック・バーグホーファー (b)、ピーター・アースキン(ds)

Rosa Passos
ホーザ・パッソス
1952- (ブラジル)

Entre Amigos (Rosa Passos & Ron Carter) —— *18*

Chesky | 2003年 | ホーザ・パッソス (vo, g, arr)、ロン・カーター (b)、ルーラ・ガルヴァオン (ac-g, arr)、パウロ・ブラガ (per)、ビリー・ドリューズ(ts, cl)

Rosemary Clooney
ローズマリー・クルーニー
1928-2002 (アメリカ)

Do You Miss New York? —— *51*

Concord | 1992年9月14-17日 | ローズマリー・クルーニー (vo)、ウォーレン・ヴァシェ(cor)、スコット・ハミルトン (ts)、ジョン・オド (p)、バッキー・ピザレリ (g)、デヴィッド・フィンク(b)、ジョー・コクーゾ(ds) ほか

Rosie Sings Bing —— *51*

Concord | 1978年1月6日 | ローズマリー・クルーニー (vo)、ナット・ピアース (p)、モンティ・バドウィック(b)、ジェイク・ハナ (ds)、スコット・ハミルトン(ts)、カル・コリンズ(g)

Swing Around Rosie —— *92*

Coral | 1958年12月26日 | ローズマリー・クルーニー (vo)、バディ・コール・トリオ

Sings The Music Of Cole Porter —— *176*

Concord | 1982年1月 | ローズマリー・クルーニー (vo)、ウォーレン・ヴァシェ(cor, flh)、スコット・ハミルトン (ts)、デヴィッド・ラッド(fl)、ナット・ピアース(p)、カル・ジェイダー (vib)、カル・コリンズ(g)、ボブ・メイズ(b)、ジェイク・ハナ(ds)

White Christmas —— *214*

Concord | 1996年4月1-4日 | ロースマリー・クルーニー (vo)、ピーター・マッズ・オーケストラ

Ruth Brown
ルース・ブラウン
1928-2006 (アメリカ)

Late Date With Ruth Brown —— *117*

Atlantic | 1959年1-2月 | ルース・ブラウン (vo)、リチャード・ウェス(arr, cond)

The Big Band Sound Of Thad Jones Mel Lewis Featuring Miss Ruth Brown —— *71*

Solid State | 1968年7月18日 | ルース・ブラウン (vo)、サド・ジョーンズ=メル・ルイス・オーケストラ[サド・ジョーンズ(flh)、

イヴィン・オールセット (g)、ラリー・ダニエルソン(b)、パー・リンドヴァル(ds)、ストリングス

Rénee Manning

レニー・マニング
1955- (アメリカ)

As Is ―――― ***70***
Ken Music | 1991年2月13、14日 | レニー・マニング (vo)、ロン・トゥーリー(tp)、アール・マッキンタイヤー(btb, arr)、ディック・オーツ(as, fl)、ラルフ・ララマ(ts, fl)、ロニー・マシューズ(p)、ビリー・バトラー(g)、ルーファス・リード(b)、ケニー・ワシントン(ds)、ヴィクター・シー・ユエン(per)

Rickie Lee Jones

リッキー・リー・ジョーンズ
1954- (アメリカ)

Girl At Her Volcano ―――― ***190***
Warner Bros. | 1978-83年 | リッキー・リー・ジョーンズ (vo, p, syn)、マイケル・ラフ (el-p, syn, voice)、マイケル・ボディッカー (syn)、レジー・マクブライド (b)、レニー・カストロ (cga)、ニック・デカーロ (arr)、エディ・カラム(cond) ほか

Pop Pop ―――― ***191***
Geffen | 1989年 | リッキー・リー・ジョーンズ(vo, ac-g)、ジョー・ヘンダーソン(ts)、ディノ・サルーシ(bandoneon)、ロベン・フォード (ac-g)、チャーリー・ヘイデン、ジョン・レフトウィッチ(b)、ウォルフレド・レイジェス(bgo, shaker) ほか

Ringo Starr

リンゴ・スター
1940- (イギリス)

Sentimental Journey ―――― ***191***
Apple | 1969-70年 | リンゴ・スター (vo)、ジョージ・マーティン・オーケストラ、リチャード・ペリー、チコ・オファリル、ロン・グッドウィン、モーリス・ギブ、クラウス・フォアマン、ポール・マッカートニー、オリヴァー・ネルソン、クインシー・ジョーンズ、ジョージ・マーティン、ジョン・ダンクワース、エルマー・バーンスタイン、レス・リード(arr)

Rita Reys

リタ・ライス
1924-2013 (オランダ)

The American Songbook Volume 1 ― ***176***
Master Music | 1992年発表 | リタ・ライス(vo)、ピム・ヤコブス(p)、ルード・ヤコブス(b)、ピーター・イプマ(ds)

The American Songbook Volume 2 ― ***176***
Master Music | 1992年発表 | リタ・ライス(vo)、ピム・ヤコブス(p)、ルード・ヤコブス(b)、ピーター・イプマ(ds)

The Cool Voice Of Rita Reys ―――― ***50***
Philips | 1955-56年 | リタ・ライス (vo)、アック・ヴァン・ルーエン(tp)、ヘルマン・スホーンデルヴァルト (bs)、ロブ・マドナ(p)、ディック・ベゼメル(b)、ウェッセル・イルケン (ds)、アート・ブレイキー&ザ・ジャズ・メッセンジャーズ[アート・ブレイキー (ds)、ドナルド・バード (tp)、ハンク・モブレー (ts)、ホレス・シルヴァー (p)、ダグ・ワトキンス(b)] ほか

Roberta Gambarini

ロバータ・ガンバリーニ
1972- (イタリア)

Connecting Spirits ―――― ***116***
55 Records | 2015年頃 | ロバータ・ガンバリーニ (vo)、ジミー・ヒース (ss, ts)、フレディ・ヘンドリックス(tp)、ジェブ・パットン

Copacabana | 1980年発表 | ペリー・リベイロ(vo)、アルイジオ・ポンテス(arr)

Philip Bailey

フィリップ・ベイリー

1951- (アメリカ)

Soul On Jazz ——— ***190***

Heads Up | 2002年発表 | フィリップ・ベイリー (vo, arr)、スコット・キンゼイ(key, p, el-p, handclaps, arr)、マイロン・マッキンリー (p, key, melodica, arr)、マイク・キャンベル (g)、アイラ・コールマン (b)、デヴィッド・ダイソン (el-b)、ビリー・キルソン (ds)、ドン・アライアス (cga, per, handclaps)、デヴィッド・ウィットワース (bgvo, bgvo arr) ほか

Pinky Winters

ピンキー・ウィンターズ

1930- (アメリカ)

Shadow Of Your Smile ——— ***116***

SSJ | 1983年2月27日 | ピンキー・ウィンターズ (vo)、ルー・リーヴィー (p)、ビル・タカス(b)

R

Ranee Lee

ラニー・リー

1942- (アメリカ)

Seasons Of Love ——— ***129***

Justin Time | 1997年 | ラニー・リー (vo)、デヴィッド・マレイ (ts)、ティルデン・ウェッブ(p)、リチャード・リング(g)、ジョン・クレイトン(b)、ジェフ・ハミルトン(ds)

Raul Midón

ラウル・ミドン

1966- (アメリカ)

If You Really Want ——— ***92***

Artistry | 2014年6-7月 | ラウル・ミドン(vo, g)、メトロポール・オルケスト、ヴィンス・メンドーザ(arr, cond)

Rebecca Martin

レベッカ・マーティン

1969- (アメリカ)

People Behave Like Ballads ——— ***230***

Maxjazz | 2004年発表 | レベッカ・マーティン(vo)、ビル・マクヘンリー (ts)、ベン・モンダー、スティーヴ・カーディナス (g)、ピート・レンデ (p, key)、マット・ペンマン (b)、ダーレン・ベケット(ds)

The Growing Season ——— ***230***

Sunnyside | 2008年発表 | レベッカ・マーティン(vo, g)、カート・ローゼンウィンケル (g, key)、ラリー・グラナディア (b)、ブライアン・ブレイド(ds)

Twain ——— ***230***

Sunnyside | 2013年発表 | レベッカ・マーティン(vo, g)、ピート・レンデ(p, key)、ラリー・グラナディア (b)、ブライアン・ブレイド(ds)

Rebekka Bakken

レベッカ・バッケン

1970- (ノルウェー)

Art Of How To Fall ——— ***231***

EmArcy | 2004年発表 | レベッカ・バッケン(vo)、タクヤ・ナカムラ(tp, key)、ロベルト・シペリ(p)、アイヴィン・オールセット(g)、ディーター・イルグ (b)、ジョジョ・メイヤー (ds)

I Keep My Cool ——— ***231***

EmArcy | 2006年発表 | レベッカ・バッケン(vo)、ケティル・ビェルケストラン(p)、ア

ウィル・リー(el-b)、チャールズ・コリンズ(ds)、エロール・ベネット(per)、バビ・フロイド(bgvo)、デイヴ・グルーシン(arr)ほか

Patti Page

パティ・ペイジ

1927-2013(アメリカ)

Christmas With Patti Page ——— **213**

Mercury | 1951、55年 | パティ・ペイジ(vo)

In The Land Of Hi-Fi ——— **190**

EmArcy | 1956年5月7、8日 | パティ・ペイジ(vo)、ピート・ルゴロ(arr, cond)

Paul McCartney

ポール・マッカートニー

1942-(イギリス)

Kisses On The Bottom ——— **182**

Hear Music | 2010年3月 | ポール・マッカートニー(vo, ac-g, whistling)、ダイアナ・クラール(p, rhythm arr)、ジョン・ピザレリ(g)、ロバート・ハースト(b)、カリーム・リギンス(ds)、エリック・クラプトン(g)、スティーヴィー・ワンダー(hca)、ジョニー・マンデル、アラン・ブロードベント(orchestra arr, cond)ほか

Peanuts, The

ザ・ピーナッツ

1959デビュー(日本)

The Best 50-50 ——— **153**

King | 1959-75年 | ザ・ピーナッツ(vo)、渡辺晋とシックス・ジョーズ、高橋達也と東京ユニオン・オーケストラ、東京キューバン・ボーイズ ほか

Peggy Lee

ペギー・リー

1920-2002(アメリカ)

Beauty And The Beat ——— **50**

Capitol | 1959年4月28日 | ペギー・リー(vo)、ジョージ・シアリング(p)、レイ・アレキサンダー(vib)、トゥーツ・シールマンス(g)、カール・プルイット(b)、レイ・モスカ(ds) ほか

Black Coffee ——— **49**

Decca | 1953年4-5月、1956年4月 | ペギー・リー(vo)、ピート・カンドリ(tp)、ジミー・ロウルズ、ルー・レヴィ(p)、ビル・ピットマン(g)、マックス・ウェイン、バディ・クラーク(b)、エド・ショーネシー(ds)、ラリー・バンカー(ds, per, vib)、ステラ・キャステルッチ(harp)

Christmas Carousel ——— **214**

Capitol | 1960年 | ペギー・リー(vo)、ビリー・メイ(arr, cond)

Dream Street ——— **49**

Decca | 1956年6月5-7日 | ペギー・リー(vo)、ルー・レヴィ(p)、サイ・オリヴァー(arr, cond)

Mink Jazz ——— **50**

Capitol | 1962年3月、1963年2月 | ペギー・リー(vo)、ジャック・シェルドン(tp)、ジャスティン・ゴードン(ts, fl)、ボブ・コーウィン(p)、ジョン・ピサノ(g)、マックス・ベネット(b, arr)、スタン・リヴィー(ds)、フランシスコ・アガベラ(per) ほか

Sea Shells ——— **49**

Decca | 1955年2-3月 | ペギー・リー(vo)、ステラ・カステラッチ(harp)、ジーン・ディノヴィ(harpsichord)

Pery Ribeiro

ペリー・リベイロ

193-2012(ブラジル)

Sings Bossa Nova Hits ——— **116**

A Records | 1997年発表 | ルード (vo, p, accor)、フランク・デ・クリーア (g)、ボブ・ワイスリンク (b)、トン・ナニングス (ds, per)、マリーケ・ヴァン・ズトフェン (as, ts)

Nina Simone
ニーナ・シモン
1933-2003 (アメリカ)

At Newport —— ***128***
Colpix | 1960年6月30日 | ニーナ・シモン (vo, p, arr)、アル・シャックマン (g)、クリス・ホワイト (b)、ボビー・ハミルトン (ds)

Baltimore —— ***129***
CTI | 1978年1月 | ニーナ・シモン (vo, key, arr)、デヴィッド・マシューズ (p, arr)、エリック・ゲイル (g)、ウィル・リー (el-b)、ジム・マディソン (ds)、ニッキー・マレロ (per) ほか、ストリングス、コーラス

Little Girl Blue —— ***128***
Bethlehem | 1957年 | ニーナ・シモン (vo, p)、ジミー・ボンド (b)、アル・ヒース (ds)

Norah Jones
ノラ・ジョーンズ
1979- (アメリカ)

Come Away With Me —— ***229***
Blue Note | 2001年 | ノラ・ジョーンズ (vo, p, key)、ジェシー・ハリス、アダム・レヴィー、ケヴィン・ブレイト (g)、リー・アレキサンダー (b)、ブライアン・ブレイド、ダン・リーザー (ds) ほか

Covers —— ***229***
Blue Note | 2012年発表 | ノラ・ジョーンズ (vo, p, g) ほか【コンピレーション】

Day Breaks —— ***48***
Blue Note | 2016年発表 | ノラ・ジョーンズ (vo, p, el-p, org, el-g)、ジョン・パティトゥッチ (b)、クリス・トーマス (b, el-b, el-g)、ブライアン・ブレイド (ds)、ピート・レム (org, el-g)、ウェイン・ショーター (sn, ss)、ドクター・ロニー・スミス (org, bgvo)、ストリング・カルテット ほか

P

Patricia Barber
パトリシア・バーバー
1955- (アメリカ)

Modern Cool —— ***48***
Premonition | 1998年1-2月 | パトリシア・バーバー (vo, p)、マイケル・アーノポル (b)、ジョン・マクリーン (g)、マーク・ウォーカー (ds, per)、デイヴ・ダグラス (tp)、ジェフ・スタイトリー (udu)、コーラル・サンダー・ヴォーカル・クワイア

Verse —— ***229***
Blue Note | 2002年発表 | パトリシア・バーバー (vo)、ニール・アルガー (g)、マイケル・アーノポル (b)、ジョーイ・バロン (ds)

Patti Austin
パティ・オースティン
1950- (アメリカ)

Avant Gershwin —— ***175***
Rendezvous | 2006年 | パティ・オースティン (vo)、WDRビッグ・バンド

For Ella —— ***91***
Playboy | 2001年6月 | パティ・オースティン (vo)、WDRビッグ・バンド、WDRストリング・アンサンブル・ケルン、パット・ウィリアムス (arr, cond)

Live At The Bottom Line —— ***189***
CTI | 1978年8月19日 | パティ・オースティン (vo)、マイケル・ブレッカー (ts)、レオン・ペンダーヴィス (key, arr)、パット・レビロット (key)、デヴィッド・スピノザ (el-g)、

N

Nancy Wilson

ナンシー・ウィルソン
1937-2018（アメリカ）

A Nancy Wilson Christmas* ——— *213
Telarc | 2001年 | ナンシー・ウィルソン、ニューヨーク・ヴォイセズ(vo)、ディジー・ガレスピー・アルムナイ・オールスター・ビッグ・バンド ほか

Can't Take My Eyes Off You* ——— *69
Capitol | 1970年発表 | ナンシー・ウィルソン(vo)、フィル・ライト(arr, cond)

Echoes Of An Era 2* ——— *69
Elektra Musician | 1982年4月7日 | ナンシー・ウィルソン (vo)、ジョー・ヘンダーソン (ts)、チック・コリア (p)、スタンリー・クラーク(b)、レニー・ホワイト(ds)

If I Had My Way* ——— *47
Columbia | 1997年発表 | ナンシー・ウィルソン (vo)、ロバート・ジェラルド (key)、スコット・ハンフリーズ (syn)、マイケル・トンプソン (g, ac-g)、ブライアン・ジェームス(ac-g)、ランディ・ジャクソン(b, key)、ハーマン・ジャクソン(ds)、リッキー・ジョーンズ(bgvo, vo arr) ほか

Now I'm A Woman* ——— *69
Capitol | 1970年8月25、26日 | ナンシー・ウィルソン (vo)、ボビー・マーティン (arr, cond)

Today Tomorrow Forever* ——— *91
Capitol | 1964年2月18、19日 | ナンシー・ウィルソン (vo)、ルー・レヴィ (p, cel)、ジョン・グレイ(g)、ビル・プラマー (b)、ケニー・デニス(ds)、ミルト・ホランド(per) ほか

Yesterday's Love Songs, Today's Blues* ——— *68
Capitol | 1963年10月8-10日 | ナンシー・ウィルソン (vo)、ジェラルド・ウィルソン (arr, cond)

Nara Leão

ナラ・レオン
1942-1989（ブラジル）

Dez Anos Depois* ——— *141
Polydor | 1971年 発 表 | ナ ラ・レ オ ン (vo,g)、トゥッカ(g, p, arr) ほか

Garota de Ipanema* ——— *142
Philips | 1985年6月 | ：ナラ・レオン(vo)、ホベルト・メネスカル(g) ほか

Meus Sonhos Dourados* ——— *142
Philips | 1987年 | ナラ・レオン (vo)、ルイス・アヴェラール(p)、ホベルト(ロベルト)・メネスカル(g)、パウロ・プラガ(ds)

Nat King Cole

ナット・キング・コール
1919-1965（アメリカ）

After Midnight* ——— *47
Capitol | 1956年8-9月 | ナット・キング・コール(vo, p)、ジョン・コリンズ(g)、チャーリー・ハリス(b)、リー・ヤング(ds)、ハリー・スウィーツ・エディソン(tp)、ウィリー・スミス (as)、ファン・ティゾール (vtb)、スタッフ・スミス(vln) ほか

Just One Of Those Things* ——— *91
Capitol | 1957年7-8月 | ナット・キング・コール(vo)、ビリー・メイ(arr, cond)

Love Is The Thing* ——— *47
Capitol | 1956年12月19、28日 | ナット・キング・コール(vo)、ゴードン・ジェンキンス (arr, cond)

Nat King Cole Sings George Shearing Plays* ——— *98
Capitol | 1961年12月19-22日 | ナット・キング・コール(vo)、ジョージ・シアリング(p, arr)、ラルフ・カーマイケル(arr, cond)

Milton Nascimento

ミルトン・ナシメント
1942- (ブラジル)
A Barca Dos Amantes* —— *141
Verve | 1986年4月 | ミルトン・ナシメント(vo, g)、ウェイン・ショーター (ss)、ルイス・アベラール(key)、リカルド・ベイラ(g)、ニコ・アスンサン (b)、ロベルチーノ・シルバ(ds, per)

Miúcha

ミウシャ
1937-2018 (ブラジル)
Miúcha* —— *141
Saudi Brazil | 1987-88年、70-71年 | ミウシャ(vo)、ポリーニョ、ビディーニョ(tp)、セルジーニョ、マイケル・ジェセ・ナシメント、ロベルト・マークス(tb)、ゼ・カルロス、レオ・ガンデルマン、イオン・ムニツ(sax)、クリストヴァン・バストス(p)、ルイス・クラウジオ・ラモス(g, vla)、ジョルジャン(b)、ウィルソン・ダス・ネヴィス(ds) ほか

Molly Johnson

モリー・ジョンソン
1959- (カナダ)
Another Day* —— *46
Marquis | 2002年4月17-24日 | モーリー・ジョンソン(vo)、コリーン・アレン(sax, cl, fl, accor, bgvo)、アンドリュー・クレイグ(p, key, bgvo) 、マイク・ダウンズ(b)、マーク・マクリーン(ds, per)
Because Of Billie* —— *114
Universal | 2014年頃 | モリー・ジョンソン(vo)、ロビ・ボトス(p)、マイク・ダウンズ(b)、テリー・クラーク(ds)

Monica Borrfors

モニカ・ボーフォース
1954- (スウェーデン)
Slowfox* —— *114
Ariola | 1994-95年 | モニカ・ボーフォース(vo)、ゴスタ・ニルソン(p)、パー・ニルソン(b)、リロイ・ロウ(ds)、ラッセ・アンデルソン(syn-g, g)、ヨハン・セッターリンド(tp)、ハンス・ウルリク (ts)、ラーシュ・ダニエルソン(b)、マグナス・ペルソン(per) ほか

Monica Zetterlund

モニカ・ゼタールンド
1937-2005 (スウェーデン)
Chicken Feathers* —— *115
Sveriges Radio | 1972年10月17、18日 | モニカ・ゼタールンド(vo)、スウェーデン・ラジオ・ジャズ・グループ
Spring Is Here* —— *90
Dragon | 1958-60年 | モニカ・ゼタールンド(vo)、アルネ・ドムネラス (as)、オキ・ペルソン(tb)、アーノルド・ヨハンソン(tp)、ルネ・ファルク (bs)、ベニー・ベイリー(tp)、ドナルド・バード (tp)、ロルフ・ラーソン(p)、ブジャルネ・ネレム(ts) ほか
Waltz For Debby* —— *115
Philips | 1964年8月29日 | モニカ・ゼタールンド(vo)、ビル・エヴァンス(p)、チャック・イスラエル(b)、ラリー・バンカー (ds)

Moon

ムーン
1984- (韓国)
Kiss Me* —— *228
Verve | 2017年 | Moon(vo)、伊藤ゴロー (g, key, arr)、佐藤浩一、坪口昌恭 (p, key)、鳥越啓介、ジョルジ・エルデル(b)、みどりん、ハファエル・バラータ(ds, per) ほか

Verve | 1960年1月-2月11日 | メル・トーメ(vo)、マーティ・ペイチ・オーケストラ[マーティ・ペイチ (p, arr)、アル・ポーシノ、スチュ・ウィリアムソン (tp)、フランク・ロソリーノ (tb)、ヴィンセント・デローサ(frh)、レッド・カレンダー (tu)、アート・ペッパー (as)、ビル・パーキンス(ts)、ビル・フード(bs)、ジョー・モンドラゴン(b)、メル・ルイス(ds)]

With The Marty Paich Dek-tette — ***113***
Bethlehem | 1956年1月16-18日 | メル・トーメ(vo)、マーティ・ペイチ・デクテット

Melissa Morgan

メリッサ・モーガン
1964- (アメリカ)

Until I Met You — ***90***
Telarc | 2008年頃 | メリッサ・モーガン(vo)、クリスチャン・スコット (tp)、フランシスコ・トレス(tb)、ティム・グリーン(as)、ベン・ウェンデル (ts)、ジェラルド・クレイトン(p)、ランディ・ナポレオン(g)、ジョー・サンダース(b)、ケヴィン・カナル(ds)

Mellonie Irvine

メロニー・アーヴァイン
1957- (アメリカ)

You've Changed — ***46***
SSJ | 2005-07年 | メロニー・アーヴァイン(vo)、クリスチャン・ジェイコブ (p, arr)、ケヴィン・アクスト(b)、ケヴィン・ワイナード(ds, vo)、カール・サーンダース(tp)、マット・キャティンクーブ(ts) ほか

Melody Gardot

メロディ・ガルドー
1985- (アメリカ)

Currency Of Man — ***227***
Decca | 2015年発表 | メロディ・ガルドー (vo, p, g) ほか

Live In Europe — ***227***
Decca | 2012-16年 | メロディ・ガルドー (vo, p, g) ほか

Worrisome Heart — ***227***
Verve | 2005年11月-06年5月 | メロディ・ガルドー (vo, p, g) ほか

Meredith d'Ambrosio

メレディス・ダンブロッシオ
1941- (アメリカ)

Love Is Not A Game — ***114***
Sunnyside | 1990年12月19、20日 | メレディス・ダンブロッシオ(vo)、エディ・ヒギンス(p)、ルーファス・リード(b)、キース・コープランド(ds)

Mills Brothers, The

ミルス・ブラザーズ
1928結成 (アメリカ)

The Board Of Directors (Conut Basie & The Mills Brothers) — ***61***
Dot | 1967年11月20、21日 | ミルス・ブラザーズ[ハーバート・ミルス、ハリー・ミルス、ドナルド・ミルス] (vo)、ノーマン・ブラウン (g)、カウント・ベイシー ・オーケストラ[ジーン・ゴー、アーニー・ロイヤル、アル・アーロンズ、ナット・パヴォーン、スヌーキー・ヤング、アル・アーロンズ(tp)、グローヴァー・ミッチェル、リチャード・ブーン、ハーラン・フロイド(tb)、ビル・ヒューズ(b-tb)、マーシャル・ロイヤル、ボビー・プラター (as)、エリック・ディクソン (fl, ts)、フランク・フォスター (ts)、チャーリー・フォークス(bs)、カウント・ベイシー (p)、フレディ・グリーン(g)、ノーマン・キーナン(b)、ソル・ガビン(ds)]

Blue Note | 1974年12月 | マリーナ・ショウ(vo)、ラリー・ナッシュ(el-p)、マイク・ラング (p)、デヴィッド・T・ウォーカー、ラリー・カールトン (el-g)、デニス・バディマー (g)、チャック・レイニー (el-b)、ハーヴィー・メイソン(ds, per)、キング・エリソン(cga)、ホーンズ、ストリングス ほか

Marvin Gaye

マーヴィン・ゲイ

1939-1984 (アメリカ)

A Tribute To The Great Nat King Cole ―― ***45***

Tamla | 1965年 | マーヴィン・ゲイ(vo)、ザ・ファンク・ブラザース

The Soulful Mood Of Marvin Gaye ― ***45***

Tamla | 1961年 | マーヴィン・ゲイ(vo) ほか

Matt Dennis

マット・デニス

1914-2002 (アメリカ)

Plays And Sings ―――― ***45***

Kapp | 1953年 | マット・デニス (vo, p)、ジーン・イングランド(b)、マーク・バーネット(ds)、ヴァージニア・マキシー (vo)

Welcome Matt Dennis ―――― ***46***

Jubilee | 1959年頃 | マット・デニス (vo)、サイ・オリヴァー (arr, cond)

Maxine Sullivan

マキシン・サリヴァン

1911-1987 (アメリカ)

Close As Pages In A Book ―――― ***112***

Monmouth Evergreen | 1969年6月11、13日 | マキシン・サリヴァン (vo)、ボブ・ウィルバー (ss, cl)、バーニー・レイトン (p)、ジョージ・デュヴィヴィエ(b)、ガス・ジョンソン(ds)

It Was Great Fun ―――― ***113***

Audiophile | 1982年 | マキシン・サリヴァン(vo)、ドク・チータム (tp)、ハーブ・ホール(cl)、レッド・リチャーズ(p)、ジョニー・ヘインズ(b)、トム・マーティン(ds)

Mel Tormé

メル・トーメ

1925-1999 (アメリカ)

At The Crescendo ―――― ***88***

Bethlehem | 1957年2月22日 | メル・トーメ(vo)、ドン・ファガーキスト(tp)、マーティ・ペイチ (p)、ラリー・バンカー (vib, accor, bgo)、マックス・ベネット (b)、メル・ルイス(ds)

Christmas Songs ―――― ***212***

Telarc | 1992年4月 | メル・トーメ(vo)、ジョン・コリアンニ(p)、ジョン・リーザム(b)、ドニー・オズボーン(ds)、キース・ロックハード (cond)、シンシナティ・シンフォニエッタ

My Kind Of Music ―――― ***89***

Verve | 1961年7月18-21日 | メル・トーメ(vo)、ウォーリー・ストット(arr, cond) ほか

New York My Heart (Mel Tormé And Friends) ―――― ***89***

Finesse Records | 1980年6月、8月 | メル・トーメ(vo)、マイク・レンジー (p)、ルーファス・リード、ジェイ・レオンハート (b)、ドニー・オズボーン(ds)、ジェリー・マリガン(bs) ほか

Night At The Concord Pavilion ―― ***90***

Concord | 1990年8月17日 | メル・トーメ(vo)、ジョン・キャンベル (p)、ボブ・メイズ(b)、ドニー・オズボーン(ds)

Sings Fred Astaire ―――― ***113***

Bethlehem | 1956年11月10、11日 | メル・トーメ(vo)、マーティ・ペイチ・デクテット

Swings Shubert Alley ―――― ***89***

key, syn, sax, b, arr)、ヤロン・ガーショフスキー (p, key, syn, arr)、ウェイン・ジョンソン (g)、アレックス・ブレイク (el-b)、ジョン・ロビンソン(ds)、ポーリーニョ・ダ・コスタ(per)、ホーンズ ほか

Brasil —— ***164***

Atlantic | 1986年10月 | マンハッタン・トランスファー [シェリル・ベンティーン、ジャニス・シーゲル、アラン・ポール、ティム・ハウザー (vo)]、トニーニョ・オルタ (ac-g)、エイブラハム・ラボリエル(el-b)、ジョン・ロビンソン(ds)、ポーリーニョ・ダ・コスタ (per)、ジェフ・ローバー、ラリー・ウィリアムス (syn programming, arr)、ウアクチ(ensemble group)

Extensions —— ***163***

Atlantic | 1979年 | マンハッタン・トランスファー [シェリル・ベンティーン、ジャニス・シーゲル、アラン・ポール、ティム・ハウザー (vo)]、ジェイ・グレイドン (g, ac-g, syn, vo, arr, vo arr)、グレッグ・マシソン (p, el-p, syn, arr)、マイケル・ボディッカー (syn, vocoder)、デヴィッド・ハンゲイト (b)、ラルフ・ハンフリー (ds)、ジャニス・シーゲル(vo arr) ほか

Mecca For Moderns —— ***163***

Atlantic | 1981年 | マンハッタン・トランスファー [シェリル・ベンティーン、ジャニス・シーゲル、アラン・ポール、ティム・ハウザー (vo)]、デヴィッド・フォスター (p, key, syn)、ジェイ・グレイドン (g, syn)、エイブラハム・ラボリエル(el-b)、スティーヴ・ガッド(ds) ほか

Vocalese —— ***158***

Atlantic | 1985年秋 | マンハッタン・トランスファー [シェリル・ベンティーン、ジャニス・シーゲル、アラン・ポール、ティム・ハウザー (vo)]、ヤロン・ガーショフスキー (p, syn)、ウェイン・ジョンソン (g, bjo)、アレックス・ブレイク (el-b)、ラルフ・ハンフリー (ds)、カウント・ベイシー・オーケストラ、フォー・フレッシュメン(vo) ほか

Marcos Valle

マルコス・ヴァーリ

1943- (ブラジル)

Samba '68 —— ***153***

Verve | 1967年10-11月 | マルコス・ヴァーリ (vo, g)、アナマリア・ヴァーリ (vo)、クラウディオ・スロン(ds)、エウミール・デオダート(arr)

Margret

マーグレット

1973- (ポーランド)

Com Voce —— ***18***

Sunnyside | 2010年頃 | マーグレット (vo, arr)、ベン・モンダー (el-g)、スコット・コリー (b)、アントニオ・サンチェス(ds)、ルイシト・クインテロ(per) ほか

Mari Boine

マリ・ボイネ

1956- (ノルウェー)

Eight Seasons —— ***140***

EmArcy | 2001年 | マリ・ボイネ (vo, g)、ロジャー・ルドヴィグゼン (g, per)、スヴェイン・シュルツ(b)、ケネス・エコルネス(ds, per)、カルロス・ズクイスプ(fl)、リチャード・トーマス(fl, ss)、ブッゲ・ベッセルトフト(syn programming, per) ほか

Marlena Shaw

マリーナ・ショウ

1942- (アメリカ)

Who Is This Bitch, Anyway? —— ***68***

ク(fl)、ヴィクター・フェルドマン(p, vib)、ウィントン・ケリー(p)、アル・マッキボン(b)、ジミー・コブ(ds)、ビル・マークス(arr) ほか]

Louis Armstrong

ルイ・アームストロング

1901-1971 (アメリカ)

Hello, Dolly! ——— ***88***

Kapp | 1963年12月3日、1964年4月 | ルイ・アームストロング(vo,tp)、トラミー・ヤング(tb)、ラッセル・ムーア(tb)、ジョー・ダレンスバーグ(cl)、ビリー・カイル(p)、グレン・トンプソン(banjo, g)、トニー・ガトゥソ(g, banjo)、アーヴェル・ショウ(b)、ダニー・バーセロナ(ds) ほか

Louis And The Good Book ——— ***127***

Decca | 1958年2月 | ルイ・アームストロング(vo, tp)、トラミー・ヤング(tb)、デイヴ・マクレエ(cl)、ビリー・カイル(p)、ニッキー・タッグ(org)、ジョージ・バーンズ(g)、モート・ハーバート(b)、バーレット・ディームス(ds)、ザ・サイ・オリヴァー・クワイア(vo)、サイ・オリヴァー(arr, cond) ほか

The Carifornia Concerts ——— ***18***

Decca | 1951年1月20日、55年1月21日 | ルイ・アームストロング(vo, tp)、ジャック・ティーガーデン(tb)、バーニー・ビガード(cl)、アール・ハインズ(p)、アーヴェル・ショウ(b)、コジー・コール(ds) ほか

Lucy Reed

ルーシー・リード

192-1998 (アメリカ)

The Singing Reed ——— ***111***

Fantasy | 1955年春 | ルーシー・リード(vo)、ビル・エヴァンス(p)、ハワード・コリンズ(g)、ボブ・カーター(b)、ソル・ギャビン(ds)

Lurlean Hunter

ラレーン・ハンター

1919-1983 (アメリカ)

Blue & Sentimental ——— ***112***

Atlantic | 1960年8月12、23日 | ラレーン・ハンター(vo)、ハリー・スウィーツ・エディソン(tp)、ルディ・ラザフォード(cl)、バド・フリーマン(ts)、ジミー・ジョーンズ(p)、ジム・ホール(g)、ジョージ・デュヴィヴィエ、トリガー・アルパート(b)、ドン・ラモンド(ds)

M

Madeleine Peyroux

マデリン・ペルー

1974- (アメリカ)

Dreamland ——— ***112***

Atlantic | 1996年発表 | マデリン・ペルー(vo, g)、サイラス・チェスナット(p)、ジェームス・カーター(ts)、マーク・リボー(g)、グレッグ・コーエン(b)、レオン・パーカー(ds) ほか

Secular Hymns ——— ***128***

Impulse | 2016年1月12、13日 | マデリン・ペルー(vo)、ジョン・ヘリントン(g)、バラク・モリ(b)

Manhattan Transfer, The

マンハッタン・トランスファー

1973結成 (アメリカ)

Bodies And Souls ——— ***163***

Atlantic | 1983年 | マンハッタン・トランスファー[シェリル・ベンティーン、ジャニス・シーゲル、アラン・ポール、ティム・ハウザー(vo)]、ラリー・ウィリアムス(el-p,

Leon Thomas

レオン・トーマス

1937-1999（アメリカ）

The Leon Thomas Blues Band ―― ***67***

Portrait | 1988年1月6日 | レオン・トーマス、ドナルド・スミス(vo)、アーニー・ヘイズ(p)、メルヴィン・スパークス(g)、ヒュー・マクラッケン（g, hca)、ゴードン・エドワーズ（el-b)、バーナード・パーディー（ds)、ヒューストン・パーソン（ts)、ベイブ・クラーク(bs)、ホレス・オット(arr, cond)

Linda Ronstadt

リンダ・ロンシュタット

1946-（アメリカ）

What's New ―― ***189***

Asylum | 1982-83年 | リンダ・ロンシュタット(vo)、ネルソン・リドル(arr, cond)

Linda Sharrock

リンダ・シャーロック

1947-（アメリカ）

Like A River ―― ***68***

Amadeo | 1993-94年 | リンダ・シャーロック(vo, arr)、テッド・エメット(tp)、アシュレイ・スレイター(tb, arr)、ウォルフガング・プシュニック(as, fl)、イアン・バラミー(ts)、ジャンゴ・ベイツ（p, key)、ヤコブ・マグヌッソン(org)、シリル・マクカモン、ステファン・アシュトン・フランク（syn)、リック・フェン(el-g, g, arr)、トニー・レミー(g)、スチュアート・ホール(vln)、ウェイン・バチェラー(el-b)、ジェイミー・レーン(ds)、ジ・アイスランディック・メイル・クワイア

Lisa Ono

小野リサ

1962-（ブラジル）

Bossa Carioca ―― ***140***

Suite Supuesto | 1998年発表 | 小野リサ(vo, ac-g)、パウロ・ジョビン（g, vo)、マルコス・フェジョン(per)

Dream ―― ***140***

Suite Supuesto | 1999年3-4月 | 小野リサ（vo, ac-g)、オスカー・カストロ・ネヴィス(g, vo, syn, p, arr)、グレン・ギャレット(reed)、ドン・グルーシン(p)、デイヴ・カーペンター（b)、マイク・シャピロ（ds)、カシオ・デュアルテ(per) ほか

Essencia ―― ***139***

Suite Supuesto | 1997年発表 | 小野リサ(vo, ac-g, bgvo)、トニーニョ・オルタ(ac-g, vo, bgvo, arr)、ギル・ゴールドスタイン(p, el-p, arr)、マーク・イーガン(el-b)、エディ・ゴメス(b)、ダニー・ゴッドリーブ(ds)、村田陽一（tb, arr)、ランディ・ブレッカー(flh)、ダン・ピアソン・オーケストラ ほか

Lorez Alexandria

ロレツ・アレキサンドリア

1929-2001（アメリカ）

Deep Roots ―― ***44***

Argo | 1962年2月13、14日 | ロレツ・アレキサンドリア(vo)、ハワード・マギー（tp)、ジョン・ヤング(p)、ジョージ・エスクリッジ(g)、イスラエル・クロスビー（b)、ヴァーネル・フォーニア(ds)

More Of The Great ―― ***44***

Impulse | 1964年 | ロレツ・アレキサンドリア（vo)、ウィントン・ケリー（p)、アル・マッキボン(b)、ジミー・コブ(ds)、ストリングス／アレキサンドリア（vo)、オーケストラ、トゥッティ・カマラータ(dir)

The Great ―― ***44***

Impulse | 1964年 | ロレツ・アレキサンドリア（vo)、ビッグ・バンド［バド・シャン

Impulse | 1957年8-11月 | ランバート・ヘンドリックス & ロス［デイヴ・ランバート、ジョン・ヘンドリックス、アニー・ロス］(vo)、ナット・ピアース (p)、フレディ・グリーン (g)、エディ・ジョーンズ (b)、ソニー・ペイン (ds)

The Hottest New Group In Jazz —— ***162***
Columbia | 1959年8月6日 | ランバート・ヘンドリックス・アンド・ロス (vo)、ハリー・スウィーツ・エディソン (tp)、ギルド・マホネス (p)、アイク・アイザックス (b)、ウォルター・ボールデン (ds)

Laura Nyro

ローラ・ニーロ
1947- (アメリカ)

Season Of Lights-Complete Concert —— ***188***
Columbia | 1976年 | ローラ・ニーロ (vo, p, g)、マイク・マイニエリ (vib, marimba, clavinet)、ジョン・トロペイ (el-g)、リチャード・デイヴィス (b)、アンディ・ニューマーク (ds)、ニディア・マタ (cga, per)、カーター・コリンズ (per)、エレン・シーリング (tp)、ジーニー・ファインバーグ (fl, sax)、ジェフ・キング (sax)

Lee Wiley

リー・ワイリー
1908-1975 (アメリカ)

Music Of Manhattan 1951 —— ***111***
Uptown | 1950年12月、51年9月23日、52年4月21日、7月5日ほか | リー・ワイリー (vo)、マグシー・スパニア (cor)、ビリー・バターフィールド、バック・クレイトン (tp)、ジョージ・ウェイン、ジョー・ブシュキン (p)、ジョン・フィールド、モート・スツルメイカー (b)、バレット・ディームス、ジョージ・ウェットリング (ds)、ミルト・ヒントン (b)、ジョー・ジョーンズ (ds)、ストリング・カルテット、ほか

Night In Manhattan —— ***43***
Columbia | 1950-51年 | リー・ワイリー (vo)、ボビー・ハケット (cor)、アーティ・マナーズ、ジミー・ライテル (cl)、マーセル・ボニフェイス (accor)、ジョー・ブシュキン (p, cel)、ロバート・ショーヴィニー (p)、ビリー・グッドオール (b)、チャーリー・スミス (ds)、ストリングス ほか

Lena Horne

リナ・ホーン
1917-2010 (アメリカ)

Lena & Gabor (Lena Horne & Gabor Szabo) —— ***88***
Skye | 1969年10月11日 | リナ・ホーン (vo)、ガボール・ザボ (g)、リチャード・ティー (org)、エリック・ゲイル (g)、コーネル・デュプリー (el-g)、チャック・レイニー (el-b)、グラディ・テイト (ds)、ハワード・ロバーツ (chorale)、ゲイリー・マクファーランド (arr)

We'll Be Together Again —— ***111***
Blue Note | 1993年9-10月 | リナ・ホーン (vo)、マイク・レンツィ、フランク・オウエンス (arr)

Leny Andrade

レニー・アンドラーヂ
1943- (ブラジル)

Luz Neon —— ***43***
Eldorado | 1989年頃 | レニー・アンドラーヂ (vo)、パウロ・ロベルト・デ・オリヴェイラ (tp, flh)、ジョアン・カルロス・クーティーニョ (p, syn)、エベル・カルラ (b)、アドリアーノ・デ・オリヴェイラ (ds)

Kip Hanrahan

キップ・ハンラハン
1954-（アメリカ）

Beautiful Scars ———— *42*

American clavé | 2004-07年 | (vo)、キップ・ハンラハン (dir, per, vo, cho)、ヨスヴァニ・テリー (as, per, cho)、ロン・ブレイク (ts)、ブライアン・キャロット (vib)、アルフレード・トリフ(vln)、スティーヴ・スワロウ (el-b)、フェルナンド・サンダース (el-b, cho)、ロビー・アミーン (ds, per)、ダフニス・プリート、オラシオ・エル・ネグロ・エルナンデス (ds, per, cho)、ミルトン・カルドナ (per)、ペドリート・マルティネス(cga, per, cho) ほか

Tenderness ———— *42*

American clavé | 1988-90年 | キップ・ハンラハン (per, vo)、アルフレード・アルメンテロス(tp)、チコ・フリーマン(ts)、ドン・プーレン (p)、レオ・ノセンテリ (el-g, ac-g)、アルフレード・トリフ(vln)、フェルナンド・サンダース、スティング (el-b, vo)、アンドリュー・シリル、マーヴィン・スミス、ロビー・アミーン、(trap ds)、ジオヴァーニ・イダルゴ(cga, quinto)、ミルトン・カルドナ(cga)、アンディ・ゴンザレス(b)、カーメン・ランディ (vo) ほか

Vertical's Currency ———— *42*

American clavé | 1984年2月 | キップ・ハンラハン (per)、ルー・ソロフ (tp)、ネッド・ローゼンバーグ、デヴィッド・マレイ (ts)、マリオ・リヴェラ (bs)、ピーター・シェラー (synclavier, org)、アート・リンゼイ(el-g)、スティーヴ・スワロウ(el-b)、イグナシオ・ベロア(ds)、ミルトン・カルドナ、オルランド・プンティージャ・リオス(cga)、ジャック・ブルース(vo, el-b, p) ほか

Kirsten Cambell

カーステン・キャンベル
生年不詳（カナダ）

Key Of Love ———— *17*

Marshmallow | 1993年1月 | カーステン・キャンベル(vo)、ジーン・ディノヴィ (p)、ロブ・ピルチ(g)、デイヴ・ヤング(b)

Kurt Elling

カート・エリング
1967-（アメリカ）

Dedicated To You ———— *226*

Blue Note | 2009年1月21日 | カート・エリング (vo)、アーニー・ワッツ (ts)、ローレンス・ホブグッド (p)、クラーク・ソマーズ (b)、ユリシス・オーウェンス(ds) ほか

Live In Chicago ———— *226*

Blue Note | 1999年7月14-16日 | カート・エリング、ジョン・ヘンドリックス (vo)、ヴォン・フリーマン (ts)、ローレンス・ホブグッド (p)、ロブ・アムスター (b)、マイケル・レイナー (ds) ほか

L

Lady Kim

レディ・キム
生年不詳（アメリカ）

Left Alone ———— *43*

Eighty-Eight's | 2003年9月27、28日 | レディ・キム (vo)、ロイド・メイヤーズ (p)、ポール・ブラウン (b)、クラレンス・トゥッツィ・ビーン(ds)

Lambert, Hendricks & Ross

ランバート・ヘンドリックス・アンド・ロス
1957結成（アメリカ）

Sing A Song Of Basie ———— *162*

1922-1969（アメリカ）

Judy At Carnegie Hall —— ***66***
Capitol | 1961年4月23日 | ジュディ・ガーランド(vo)、モート・リンゼイ(cond)

Julie London

ジュリー・ロンドン
1926-2000（アメリカ）

Around Midnight —— ***40***
Liberty | 1960年8月 | ジュリー・ロンドン(vo)、ディック・レイノルズ(arr, cond)

Julie Is Her Name —— ***40***
Liberty | 1955年8月8、9日 | ジュリー・ロンドン(vo)、バーニー・ケッセル(g)、レイ・レザーウッド(b)

Julie Is Her Name Vol.2 —— ***40***
Liberty | 1958年7月 | ジュリー・ロンドン(vo)、ハワード・ロバーツ（g）、レッド・ミッチェル(b)

June Christy

ジューン・クリスティ
1925-1990（アメリカ）

Big Band Specials —— ***66***
Capitol | 1962年10-11月 | ジューン・クリスティ（vo）、ビル・ホルマン、ショーティ・ロジャース(arr, cond)

Duet —— ***110***
Capitol | 1955年5月7、9、19日 | ジューン・クリスティ（vo）、スタン・ケントン(p)

June's Got Rhythm —— ***10***
Capitol | 1958年6-7月 | ジューン・クリスティ（vo）、エド・レディ（tp）、フランク・ロソリーノ(tb)、レッド・カレンダー（tu）、バド・シャンク(as, ts, fl)、ボブ・クーパー（ts, oboe, arr）、ラス・フリーマン（p, cel）、ローリンド・アルメイダ(g)、モンティ・バドウィック(b)、メル・ルイス、シェリー・マン(ds)

Something Cool —— ***16***
Capitol | 1953-55年 | ジューン・クリスティ（vo）、ピート・ルゴロ(arr, cond)

Something Cool [stereo] —— ***17***
Capitol | 1960年4月26-28日 | ジューン・クリスティ（vo）、ピート・ルゴロ(arr, cond)

The Cool School —— ***16***
Capitol | 1959年 | ジューン・クリスティ（vo）、ジョー・カストロ（p）、ハワード・ロバーツ(g)、リロイ・ヴィネガー（b）、ラリー・バンカー（ds）

The Misty Miss Christy —— ***16***
Capitol | 1955-56年 | ジューン・クリスティ（vo）、ピート・ルゴロ(arr, cond)

This Time Of Year —— ***212***
Capitol | 1961年1月23日 | ジューン・クリスティ（vo）、ピート・ルゴロ(arr, cond)

K

Kandace Springs

キャンディス・スプリングス
1989-（アメリカ）

Soul Eyes —— ***225***
Blue Note | 2016年 | キャンディス・スプリングス（vo, p）、ラリー・クライン（celesta, per）、ジェシー・ハリス(g)、ダン・ルッツ（b）、ディーン・パークス（g）、ピート・クズマ(org)、ヴィニー・カリウタ(ds)、ピート・コーペラ(per)

Karin Krog

カーリン・クローグ
1937-（ノルウェー）

By Myself —— ***41***
Philips | 1964年7月15、16日 | カーリン・クローグ(vo)、エジル・カプスタッド(p)、クルト・リングレン（b）、ヨン・クリステン

ニー・バレル (g)、ミルト・ヒントン (b)、エルヴィン・ジョーンズ(ds)

***John Coltrane & Johnny Hartman* — 39**

Impulse | 1963年3月7日 | ジョニー・ハートマン(vo)、ジョン・コルトレーン(ts)、マッコイ・タイナー (p)、ジミー・ギャリソン(b)、エルヴィン・ジョーンズ(ds)

Joni Mitchell

ジョニ・ミッチェル

1943- (アメリカ)

***Don Juan's Reckless Daughter* — 187**

Asylum | 1977年 | ジョニ・ミッチェル (vo, g, p)、ジャコ・パストリアス (el-b, bgo)、ジョン・ゲラン (ds)、アレックス・アクーニャ(cga, per, bgvo)、ドン・アライアス(cga, bgo, per, bgvo)、マノロ・ヴァドレナ (cga, per, vo)、マイケル・ギブス(orchestra arr, cond)、ウェイン・ショーター (ss) ほか

***Hejira* — 15**

Asylum | 1976年発表 | ジョニ・ミッチェル (vo, ac-g, el-g)、ラリー・カールトン (el-g)、ジャコ・パストリアス(el-b) ほか

***Mingus* — 110**

Asylum | 1979年春 | ジョニ・ミッチェル(vo, g, key)、ウェイン・ショーター (ss)、ハービー・ハンコック (key, p)、ジャコ・パストリアス(el-b)、ピーター・アースキン(ds)、ドン・アライアス (cga)、エミル・リチャーズ(per)、ホーンズ

***Shadows And Light* — 65**

Asylum | 1979年9月 | ジョニ・ミッチェル (vo, g)、マイケル・ブレッカー (ts)、ライル・メイズ(key)、パット・メセニー (g)、ジャコ・パストリアス(el-b)、ドン・アライアス(ds)、ザ・パースエイジョンズ(vo group)

***The Hissing Of Summer Lawns* — 15**

Asylum | 1975年発表 | ジョニ・ミッチェル (vo, ac-g, key)、バド・シャンク(fl)、ジョー・サンプル(el-p)、ラリー・カールトン(el-g) ほか

***Wild Things Run Fast* — 188**

Geffen | 1982年発表 | ジョニ・ミッチェル (vo, ac-g, el-g, p, el-p)、ラリー・ウィリアムス(syn, ts)、ラッセル・フェランテ(syn)、スティーヴ・ルカサー、マイケル・ランドウ (el-g)、ラリー・クライン(b)、ヴィニー・カリウタ、ジョン・ゲラン (ds)、ウェイン・ショーター (ss)、ラリー・カールトン(el-g)、ライオネル・リッチー、ジェームズ・テイラー (bgvo) ほか

José James

ホセ・ジェイムズ

1978- (アメリカ)

***For All We Know (José James & Jef Neve)* — 224**

Impulse | 2008年11月18日、2009年6月11日 | ホセ・ジェイムズ(vo)、ジェフ・ニーヴ(p)

***Lean On Me* — 225**

Blue Note | 2018年 | ホセ・ジェイムス、レイラ・ハサウェイ (vo)、黒田卓也 (tp)、コーリー・キング(tb)、デイヴ・マクマレイ(fl)、マーカス・ストリックランド (ts)、クリス・バワーズ (key)、ブラッド・アレン・ウィリアムス(g)、ピノ・パラディーノ(b)、ネイト・スミス(ds)、レニー・カストロ(per) ほか

***Yesterday I Had The Blues: The Music Of Billie Holiday* — 225**

Blue Note | 2014年8月23、24日 | ホセ・ジェイムズ (vo)、ジェイソン・モラン (p)、ジョン・パティトゥッチ(b)、エリック・ハーランド(ds)

Judy Garland

ジュディ・ガーランド

João Gilberto) —— *144*
Verve | 1963年3月18、19日 | アストラッド・ジルベルト (vo)、ジョアン・ジルベルト (g, vo)、スタン・ゲッツ (ts)、アントニオ・カルロス・ジョビン(p)、トミー・ウィリアムス (b)、ミルトン・バナナ(ds)

Joe Henry
ジョー・ヘンリー
1960- (アメリカ)
Scar —— *39*
Mammoth | 2000年9月7-10日 | ジョー・ヘンリー (vo, g, key, per)、ボビー・マラチ (reed)、マーク・リボ (g)、デヴィッド・ピルチ (b)、ブライアン・ブレイド (ds, per)、オーネット・コールマン(as)、ブラッド・メルドー (p)、ミシェル・ンデゲオチェロ (el-b)、エイブ・ラボリエル・ジュニア(ds)、スティーヴン・バーバー (arr, cond)

Joe Turner
ジョー・ターナー
1911-1985 (アメリカ)
Every Day In The Week —— *65*
Decca | 1941-67年 | ジョー・ターナー (vo)、フレディ・スラック(p)、アル・ヘンドリクソン (g)、ジャド・デ・ノート (b) ほか【コンピレーション】
Flip, Flop & Fly —— *65*
Pablo | 1972年4月17、24日 | ジョー・ターナー (vo)、カウント・ベイシー・オーケストラ［カウント・ベイシー (p)、ポール・コーエン、ソニー・コーン、ピート・ミンガー、ウェイモン・リード(tp)、アル・グレイ、ボブ・フックス、メル・ウォンツォ(tb)、ビル・ヒューズ(btb)、ボビー・プラター(as, fl)、カーティス・ピーグラー(as)、エリック・ディクソン(ts, fl)、エディ・ロックジョウ・デイヴィス (ts)、ジョン・ウィリアムス (bs)、フレディ・グリーン (g)、ノーマン・キーナン (b)、ソニー・ペイン(ds)］ほか

Joe Williams
ジョー・ウィリアムス
1918-1999 (アメリカ)
Every Day: The Best Of The Verve Years —— *87*
Verve | 1955-90年 | ジョー・ウィリアムス (vo)、カウント・ベイシー・オーケストラ ほか【コンピレーション】

Joe Williams, Dave Lambert, Jon Hendricks, Annie Ross
ジョー・ウィリアムス、ランバート・ヘンドリックス・アンド・ロス
L,H&R: 1957結成 (アメリカ)
Sing Along With Basie —— *162*
Roulette | 1958年5、9月 | ジョー・ウィリアムス、ランバート・ヘンドリックス・アンド・ロス(vo)、カウント・ベイシー・オーケストラ

John Pizzarelli
ジョン・ピツァレリ
1960- (アメリカ)
My Blue Heaven —— *87*
Chesky | 1990年2月6、7日 | ジョン・ピツァレリ (vo, g)、クラーク・テリー (tp)、デイヴ・マッケンナ (p)、バッキー・ピツァレリ(g)、ミルト・ヒントン(b)、コニー・ケイ(ds)

Johnny Hartman
ジョニー・ハートマン
1923-1983 (アメリカ)
I Just Dropped By To Say Hello —— *110*
Impluse | 1963年10月9、17日 | ジョニー・ハートマン(vo)、イリノイ・ジャケー (ts)、ハンク・ジョーンズ(p)、ジム・ホール、ケ

(b)、ハロルド・ジョーンズ(ds)、マイラ・カサレス(per)

Tonight I Need You So — *109*

Telarc | 1994年1-2月 | ジニー・ブライソン(vo)、クラウディオ・ロディッティ(tp)、ジェイ・アシュビー(tb)、パキート・デリヴェラ(as)、ドン・ブレイデン(ts)、テッド・ブランカトー、ダニーロ・ペレス(p)、スティーヴ・ネルソン(vib)、ヴィック・ジュリス(g, el-g)、クリスチャン・マクブライド(b, el-b)、ロン・デイヴィス、イグナシオ・ベロア(ds)、ルディ・バード(per)

Jeanne Lee

ジャンヌ・リー

1939-2000(アメリカ)

After Hours (Jeanne Lee & Mal Waldron) — *109*

Owl | 1994年5月25、26日 | ジャンヌ・リー(vo)、マル・ウォルドロン(p)

Jeri Brown

ジェリ・ブラウン

1952-(アメリカ)

April In Paris — *109*

Justin Time | 1996年4月28、29日 | ジェリ・ブラウン(vo)、アラン・ジャン=マリー(p)、ピエール・ミシュロ(b)、ジョン・ベッチ(ds)、ロベルト・デ・ブラソフ(accor)

Jeri Brown & Leon Thomas

ジェリ・ブラウン&レオン・トーマス

Leon Thomas: 1937-1999(アメリカ)

Zaius (Jeri Brown With Special Guest Leon Thomas) — *152*

Justin Time | 1998年1月26-28日 | ジェリ・ブラウン、レオン・トーマス(vo)、デヴィッド・マレイ、ドン・ブレイデン(ts)、ジョン・ヒックス(p)、エイヴリー・シャープ、カーティス・ランディ(b)、サンゴマ・エヴェレット(ds)

Jimmy Scott

ジミー・スコット

1925-2014(アメリカ)

But Beautiful — *127*

Milestone | 2001年8月16-19日 | ジミー・スコット(vo)、ウィントン・マルサリス、ルー・ソロフ(tp)、エリック・アレキサンダー、ボブ・キンドレッド(ts)、リニー・ロスネス(p, arr)、ジョー・ベック(g, arr)、ジョージ・ムラツ(b)、ルイス・ナッシュ、ドゥエイン・ブロードナックス(ds)、フレディ・コール(vo, arr)、ロバート・セイディン(arr)

Jo Stafford

ジョー・スタッフォード

1917-2008(アメリカ)

Autumn In New York — *127*

Capitol | 1955年3月 | ジョー・スタッフォード(vo)、ポール・ウェストン・オーケストラ

Jo + Jazz — *39*

Columbia | 1960年7-8月 | ジョー・スタッフォード(vo)、レイ・ナンス、ドン・ファーガキスト、コンテ・カンドリ(tp)、ローレンス・ブラウン(tb)、ジョニー・ホッジス(as)、ベン・ウェブスター(ts)、ハリー・カーネイ(bs)、ジミー・ロウルズ(p)、ラス・フリーマン(cel)、ボビー・ギボンズ(g)、ジョー・モンドラゴン(b)、メル・ルイス、シェリー・マン(ds)、ジョニー・マンデル(arr)

João Gilberto

ジョアン・ジルベルト

1931-2019(ブラジル)

Getz/Gilberto (Stan Getz,

1946結成
Jackie Cain: 1928-2014（アメリカ）
Roy Kral: 1921-2002（アメリカ）

Full Circle — ***152***
Contemporary | 1988年5-6月 | ジャッキー・ケイン（vo）、ロイ・クラール（vo, p）、コンテ・カンドリ（tp, flh）、ビル・ワトラス（tb）、ボブ・クーパー（ts）、ビル・パーキンス（bs）、モンティ・バドウィッグ（b）、ジェフ・ハミルトン（ds）

Jackie And Roy — ***151***
Storyville | 1955年 | ジャッキー・ケイン（vo）、ロイ・クラール（vo, p）、バーニー・ケッセル（g）、レッド・ミッチェル（b）、シェリー・マン（ds）ほか

Lovesick — ***151***
Verve | 1966年12月 | ジャッキー・アンド・ロイ［ジャッキー・ケイン（vo）、ロイ・クラール（vo,p）］、ドン・ペイン（b）、ドン・マクドナルド（ds）

The Grory Of Love — ***151***
ABC Paramount | 1956年3月 | ジャッキー・アンド・ロイ［ジャッキー・ケイン（vo）、ロイ・クラール（vo, p）］、バリー・ガルブレイス（g）、ミルト・ヒントン（b）、オシー・ジョンソン（ds）

Jackie Paris

ジャッキー・パリス
1924-2004（アメリカ）

Sings The Lyrics Of Ira Gershwin — ***86***
Time | 1960年2月23日 | ジャッキー・パリス（vo）、スペンサー・シナトラ（fl）、アーヴィング・ジョセフ（p）、バリー・ガルブレイス（g）、ジョー・ベンジャミン（b）、チャーリー・パーシップ（ds）、ボビー・ローゼンガーデン（per）、ストリングス ほか

The Song Is Paris — ***87***
Impulse | 1962年1月、5月 | ジャッキー・パリス（vo）、ハンク・ジョーンズ（p）、ジョージ・デュヴィヴィエ（b）、ロイ・ヘインズ（ds）、ボビー・スコット（arr, cond）

James Brown

ジェームズ・ブラウン
1933-2006（アメリカ）

Gettin' Down To It — ***187***
Verve | 1968-69年 | ジェームズ・ブラウン（vo）、リー・フェリス・トリオ

Jamie Cullum

ジェイミー・カラム
1979-（イギリス）

Twentysomething — ***224***
Verve | 2003年6、7月 | ジェイミー・カラム（vo, p, per）、ジェフ・ガスコイン（b）、セバスチャン・デ・クロム（ds）ほか

Janis Siegel

ジャニス・シーゲル
1952-（アメリカ）

Slow Hot Wind (Janis Siegel And Fred Hersch) — ***108***
Varése Sarabande | 1995年 | ジャニス・シーゲル（vo）、フレッド・ハーシュ（p）、トニー・デュマ（b）、ラルフ・ペンランド（ds）

Jeanie Bryson

ジニー・ブライソン
1958-（アメリカ）

Some Cats Know — ***108***
Telarc | 1995年10-11月 | ジニー・ブライソン（vo）、ロニー・ブッタカヴォリ（flh, tp）、パキート・デリヴェラ（cl）、レッド・ホロウェイ（ts）、テリー・トロッター（p）、ジョン・チオディーニ（el-g, g）、ジム・ヒューアート

ジュニア (vo, p, arr)、ロジャー・イングラム、ダン・ミラー、リロイ・ジョーンズ、ジェレミー・ダヴェンポート(tp)、マーク・マリンズ、クレイグ・クライン(tb)、ルシアン・バーバリン(tb)、ジョー・バラチ(btb)、ブラッド・リリィ、ウィル・キャンベル (as)、ジェレミー・ウェルドン、ネッド・グールド(ts)、デヴィッド・シューマッハー (bs, bcl, fl)、ルイ・フォード (cl)、ラッセル・マローン (g)、ベン・ウルフ (b)、シャノン・パウエル(ds)

In Concert On Broadway ——— ***37***
Columbia | 2010年7月30、31日 | ハリー・コニック・ジュニア (vo, p, arr, cond)、ケヴィン・ブライアン、マーク・ブロード(tp)、ディオン・タッカー、ルシアン・バーバリン(tb)、ジョー・バラチ (btb)、ジェフ・バーク(ss, as)、ジェレミー・ウェルドン (ts)、ニール・ケイン(b)、アーサー・ラテン(ds)、ストリングス

Helen Forrest

ヘレン・フォレスト
1917-1999 (アメリカ)

Now And Forever ——— ***86***
Stash | 1983年1月 | ヘレン・フォレスト (vo)、ボブ・ゾットーラ(tp, flh)、クリント・シャーマン(tb)、フランク・ウェス(ts, fl)、ハンク・ジョーンズ (p)、ジム・ミッチェル (g)、ジョージ・デュヴィヴィエ (b)、グラディ・テイト (ds)、ヘイル・ルード (arr, cond)

Helen Humes

ヘレン・ヒュームズ
1913-1981 (アメリカ)

Helen Humes And The Muse All Stars ——— ***86***
Muse | 1979年10月5、8日 | ヘレン・ヒュームズ (vo)、エディー・クリーンヘッド・ヴィンソン(as, vo) アーネット・コブ(ts)、バディ・テイト(ts, bs)、ジェラルド・ウィギンズ(p)、ジョージ・デュヴィヴィエ、ライル・アトキンス(b)、ロニー・コール(ds)

Helen Merrill

ヘレン・メリル
1929- (アメリカ)

Collabolation ——— ***38***
EmArcy | 1987年8月 | ヘレン・メリル(vo)、スティーヴ・レイシー(ss)、ギル・エヴァンス・オーケストラ [ルー・ソロフ (tp)、大野俊三 (tp, flh)、ジミー・ネッパー (tb)、デイヴ・テイラー (btb)、クリス・ハンター (ss, as)、ダニー・バンク (bs)、ギル・ゴールドスタイン(p, key)、ジョー・ベック(g)、バスター・ウィリアムス(b)、メル・ルイス(ds)、ギル・エヴァンス(arr, cond)] ほか

Helen Merrill ——— ***107***
EmArcy | 1954年12月22、24日 | ヘレン・メリル(vo)、クリフォード・ブラウン(tp)、ダニー・バンクス (bs, fl)、ジミー・ジョーンズ (p)、バリー・ガルブレイス (g)、オスカー・ペティフォード (b, cello)、ミルト・ヒントン(b)、オシー・ジョンソン、ボビー・ドナルドソン(ds)、クインシー・ジョーンズ (arr, cond)

Helen Merrill With Strings ——— ***126***
EmArcy | 1955年10月21、22、24日 | ヘレン・メリル (vo)、ハンク・ジョーンズ (p)、バリー・ガルブレイス (g)、ミルト・ヒントン(b)、ソル・ガビン(ds)、リチャード・ヘイマン(arr, cond)

Parole E Musica ——— ***37***
RCA | 1960年10-11月頃 | ヘレン・メリル (vo)、ピエロ・ウミリアーニ・セクステット、ピエロ・ウミリアーニ・カルテット

Georgia Gibbs
ジョージア・ギブス
1918-2006（アメリカ）
Music And Memories ——— ***36***
Mercury | 1953-55年 | ジョージア・ギブス(vo)、グレン・オッサー（arr, cond）

Gisele MacKenzie
ジゼル・マッケンジー
1927-2003（カナダ）
In Person At The Empire Room ——— ***15***
Everest | 1959年 | ジゼル・マッケンジー(vo)、エミール・コールマン・オーケストラ

Gloria Lynne
グロリア・リーン
1929-2013（アメリカ）
A Time For Love ——— ***107***
Muse | 1989年11月 | グロリア・リーン(vo)、デヴィッド・スピノザ(g)、フランシスコ・センテノ(b)、ラリー・ファローン(p)、アラン・シュワルツベルグ(ds)、サミー・フィゲロア(perc) ほか

Gregory Porter
グレゴリー・ポーター
1971-（アメリカ）
Nat King Cole & Me ——— ***222***
Blue Note | 2017年5、7月 | グレゴリー・ポーター（vo）、テレンス・ブランチャード(tp)、クリスチャン・サンズ(p)、リューベン・ロジャース(b)、ユリシス・オーウェンス(ds)、ヴィンス・メンドーザ（arr, cond）、ロンドン・スタジオ・オーケストラ ほか
One Night Only ——— ***222***
Blue Note | 2018年4月 | グレゴリー・ポーター（vo）、ティヴォン・ペニコット（ts）、チップ・クロフォード(p)、エマニュエル・ハロルド(ds)、ジャマール・ニコルズ(b)、ヴィンス・メンドーザ(arr, cond)
Take Me To The Alley ——— ***222***
Blue Note | 2015年 | グレゴリー・ポーター（vo）、キーヨン・ハロルド（tp）、佐藤洋祐(as)、ティヴォン・ペコニット(ts)、チップ・クロフォード（p）、オンドレ・ピヴェック（org）、アーロン・ジェイムス（b）、エマニュエル・ハロルド(ds)、アリシア・オラトゥヤ(cho)

Gretchen Parlato
グレッチェン・パーラト
1976-（アメリカ）
Gretchen Parlato ——— ***223***
Core Port | 2004年 | グレッチェン・パーラト（vo）、アーロン・パークス（p）、リオーネル・ルエケ（g）、マッシモ・ビオルカティ（b）、カフェ（per）
In A Dream ——— ***223***
ObliqSound | 2008年 | グレッチェン・パーラト（vo）、アーロン・パークス（p, key）、リオーネル・ルエケ（g, vo）、デリック・ホッジ(b)、ケンドリック・スコット(ds, per)
Live in NYC ——— ***223***
ObliqSound | 2012年12月 | グレッチェン・パーラト（vo）、テイラー・アイグスティ（p, key）、アラン・ハンプトン(b, vo)、バーニス・アール・トラヴィス（b, vo）、ケンドリック・スコット(ds)、マーク・ジュリアナ(ds)

H

Harry Connick Jr.
ハリー・コニック・ジュニア
1967-（アメリカ）
Blue Light, Red Light ——— ***36***
Columbia | 1991年6-7月 | ハリー・コニック・

Frank Sinatra & Antonio Carlos Jobim

フランク・シナトラ&アントニオ・カルロス・ジョビン

Francis Albert Sinatra & Antonio Carlos Jobim ——— ***150***

Reprise | 1967年1-2月 | フランク・シナトラ(vo)、アントニオ・カルロス・ジョビン(ac-g, vo)、クラウス・オガーマン(arr, cond)

Frankie Laine

フランキー・レイン

1913-2007 (アメリカ)

That's My Desire ——— ***85***

Mercury | 1946-49年 | フランキー・レイン(vo)、マニー・クライン・オール・スターズほか

Frankie Randall

フランキー・ランドール

1938-2014 (アメリカ)

Sings & Swings ——— ***36***

RCA Victor | 1964年8月21日 | フランキー・ランドール(vo)、マーティ・ペイチ(arr, cond)

Freda Payne

フリーダ・ペイン

1942- (アメリカ)

After The Lights Go Down Low ——— ***64***

Impulse | 1963年9月17-19日 | フリーダ・ペイン (vo)、フィル・ウッズ (as)、ハンク・ジョーンズ (p)、ジム・ホール (g)、アート・デイヴィス(b)、ウォルター・パーキンス(ds)、ビッグバンド with マニー・アルバム(arr, cond)

G

George Benson

ジョージ・ベンソン

1943- (アメリカ)

Big Boss Band ——— ***85***

Warner Bros. | 1989年 | ジョージ・ベンソン (vo, g)、カウント・ベイシー・オーケストラ［ソニー・コーン、バイロン・ストライプリング、ボブ・オジェダ、マイク・ウィリアムス(tp)、クラレンス・バンクス、メル・ウォンツォ、ティム・ウィリアムス (tb)、ビル・ヒューズ(btb)、ダニー・ターナー、デヴィッド・グレイザー (as)、フランク・フォスター、ケニー・ヒング(ts)、ジョン・ウィリアムス(bs)、エース・カーター (p)、クリーヴランド・イートン(b)、ダフィー・ジャクソン(ds)］ほか

Breezin' ——— ***14***

Warner Bros. | 1976年1月6-8日 | ジョージ・ベンソン (vo, g)、ロニー・フォスター(el-p, syn)、ホルヘ・ダルト(clavinet, p)、フィル・アップチャーチ(el-g)、スタンリー・バンクス(el-b)、ハーヴィー・メイソン(ds)、ラルフ・マクドナルド (per)、クラウス・オガーマン(arr, cond) ほか

Inspiration ——— ***14***

Concord | 2013年 | ジョージ・ベンソン (vo, g)、ヘンリー・マンシーニ・インスティチュート・オーケストラ、ランディ・ウォルドマン(p, arr, cond)、ネルソン・リドル(arr) ほか

Tenderly ——— ***14***

Warner Bros. | 1989年発表 | ジョージ・ベンソン (vo, g)、マッコイ・タイナー (p)、ロン・カーター (b)、ハーリン・ライリー(ds)、マーティ・ペイチ(arr) ほか

1948結成（アメリカ）

Four Freshmen And 5 Trombones* — *160

Capitol | 1955年 | フォー・フレッシュメン［ドン・バーバー、ロス・バーバー、ボブ・フラニガン、ケン・エレイア］(vo)、フランク・ロソリーノ、ハリー・ベッツ、ミルト・バーンハート、トミー・ペダーソン、ジョージ・ロバーツ (tb)、クロード・ウィリアムソン (p)、バーニー・ケッセル (g)、ジョー・モンドラゴン (b)、シェリー・マン (ds)、ピート・ルゴロ (arr)

Voices In Love* — *161

Capitol | 1958年発表 | フォー・フレッシュメン (vo)、ディック・レイノルズ (arr, cond)

Frank Sinatra

フランク・シナトラ

1915-1998（アメリカ）

Duets* — *150

Capitol | 1993年 | フランク・シナトラ、ルーサー・ヴァンドロス、アレサ・フランクリン、バーブラ・ストライサンド、フリオ・イグレシアス、グロリア・エステファン、トニー・ベネット、ナタリー・コール、シャルル・アズナヴール、カーリー・サイモン、ライザ・ミネリ、ボノ (vo)、ケニーG (ss)、パトリック・ウィリアムズ、ネルソン・リドル、ドン・コスタ (arr) ほか

Only The Lonely* — *35

Capitol | 1958年5-6月 | フランク・シナトラ (vo)、ネルソン・リドル、フェリックス・スラットキン (arr, cond)

Point Of No Return* — *106

Capitol | 1961年9月11、12日 | フランク・シナトラ (vo)、アレックス・ストーダル (arr, cond)

September Of My Years* — *107

Reprise | 1965年4-5月 | フランク・シナトラ (vo)、ゴードン・ジェンキンズ (arr, cond)

Sinatra At The Sands* — *76

Reprise | 1966年1-2月 | フランク・シナトラ (vo)、カウント・ベイシー・オーケストラ［カウント・ベイシー (p)、ハリー・スウィーツ・エディソン、アル・アーロンズ、ソニー・コーン、ウォーレス・ダヴェンポート、フィル・ギルボー (tp)、ヘンダーソン・チェンバース、アル・グレイ、グローヴァー・ミチェッル (tb)、ビル・ヒューズ (btb)、マーシャル・ロイヤル (as, cl)、ボビー・プラター (as fl)、エリック・ディクソン (ts, fl)、エディ・ロックジョウ・デイヴィス (ts)、チャーリー・フォークス (bs, fl)、フレディ・グリーン (g)、ノーマン・キーナン (b)、ソニー・ペイン (ds)］、クインシー・ジョーンズ (arr, cond)

Sinatra-Basie (Frank Sinatra, Count Basie)* — *84

Reprise | 1962年10月2、3日 | フランク・シナトラ (vo)、カウント・ベイシー・オーケストラ［カウント・ベイシー (p)、アル・アーロンズ、ソニー・コーン、サド・ジョーンズ、アル・ポーチーノ、F.P.リカード (tp)、ヘンリー・コーカー、ベニー・パウエル、ルーファス・ワグナー (tb)、マーシャル・ロイヤル (as, cl)、フランク・ウェス (as, ts, fl)、エリック・ディクソン (ts, fl)、フランク・フォスター (ts)、チャーリー・フォークス (bs)、フレディ・グリーン (g)、バディ・カトレット (b)、ソニー・ペイン (ds)］

Swing Easy! & Songs For Young Lovers* — *35

Capitol | 1953年11月、54年4月 | フランク・シナトラ (vo)、ネルソン・リドル、ジョージ・シラヴォ (arr, cond)

This Is Sinatra!* — *85

Capitol | 1953-55年 | フランク・シナトラ (vo)、ネルソン・リドル (arr, cond)

ード・ワイアンズ(key)、ストリングス ほか

What A Difference A Day Makes ——— ***64***

CTI | 1975年4月 | エスター・フィリップス(vo)、ドン・グロルニック(key)、ジョー・ベック、スティーヴ・カーン、エリック・ワイスバーグ(g)、ウィル・リー(b)、クリス・パーカー(ds)、ラルフ・マクドナルド(per)、ランディ・ブレッカー、ジョン・ファディス、ジョン・ガッチェル、アラン・ルービン(tp)、バリー・ロジャース、トニー・スタッド(tb)、ジム・バフィントン、ブルックス・ティロットソン(frh)、デヴィッド・サンボーン(as)、マイケル・ブレッカー(ts)、ストリングス、ジョー・ベック(arr)

Etta Jones

エッタ・ジョーンズ

1928-2001(アメリカ)

Save Your Love For Me + Fine And Mellow ——— ***84***

Muse | 1980年8月、86年10月 | エッタ・ジョーンズ(vo)、ヒューストン・パーソン(ts)、シダー・ウォルトン、スタン・ホープ(p)、ジョージ・ディーヴンス(vib)、ジョージ・デュヴィヴィエ、ピーター・マーティン・ワイス(b)、フランキー・ジョーンズ、セシル・ブルックス(ds)、ラルフ・ドーシー(per)

Sugar ——— ***84***

Muse | 1989年10月18、30日 | エッタ・ジョーンズ(vo)、ヒューストン・パーソン(ts)、ホレス・オット(key, arr)、スタン・ホープ(p, arr)、ランディ・ジョンストン(g)、ウィルバー・バスコム、ピーター・マーティン・ワイス(b)、セシル・ブルックス(ds)、ラルフ・ドーシー(cga, per)、バーテル・ノックス(ds)

F

Fleurine

フルーリン

1966-(オランダ)

Close Enough For Love ——— ***126***

EmArcy | 1999年6月24、25日 | フルーリン(vo)、ブラッド・メルドー(p)

Flora Purim

フローラ・プリム

1942-(ブラジル)

Everyday Everynight ——— ***138***

Milestone | 1978年 | フローラ・プリム(vo)、ランディ・ブレッカー(tp)、デヴィッド・サンボーン(as)、マイケル・ブレッカー(ts)、ハービー・ハンコック、デヴィッド・フォスター、ミシェル・コロムビエ(p, el-p)、リー・リトナー(el-g)、ジャコ・パストリアス(el-b)、デニス・ベルフィールド(b)、ハーヴィー・メイソン(ds)、アイアート・モレイラ(per) ほか

Perpetual Emotion ——— ***139***

Narada | 2000年発表 | フローラ・プリム(vo)、ゲイリー・ミーク(as, ts, ss, bcl, fl)、クリスチャン・ジェイコブ(p)、オスカー・カストロ・ネヴィス(ac-g)、トレイ・ヘンリー(b)、アイアート・モレイラ(ds, per)

The Midnight Sun ——— ***139***

Virgin Venture | 1988年 | フローラ・プリム(vo)、ゲイリー・ミーク(sax, fl)、マルコス・シルヴァ、ケイ赤城(key)、ボブ・ハリソン、ランディ・チコ(b)、アイアート・モレイラ(ds, per)、マイク・シャピロ(ds)、ジョージ・デューク、エグベルト・ジスモンチ(key) ほか

Four Freshmen, The

フォー・フレッシュメン

ロング
Louis Armstrong: 1901-1971（アメリカ）

Ella & Louis (Ella Fitzgerald & Louis Armstrong) ——— ***150***
Verve | 1956年8月16日 | エラ・フィッツジェラルド(vo)、ルイ・アームストロング（vo, tp）、オスカー・ピーターソン(p)、ハーブ・エリス(g)、レイ・ブラウン(b)、バディ・リッチ(ds)

Porgy And Bess (Ella Fitzgerald & Louis Armstrong) ——— ***175***
Verve | 1957年8月、10月 | エラ・フィッツジェラルド（vo）、ルイ・アームストロング（vo,tp）、ラッセル・ガルシア（arr, cond）

Ellen Andersson

エレン・アンデション
1991-（スウェーデン）

I'll Be Seeing You ——— ***34***
Prophone | 2016年1月 | エレン・アンデション（vo）、アントン・フォシュベリ（g）、ハンネス・ヨンソン（b）、セバスチャン・ブリドニアク（ds）、ペーテル・アスプルンド（tp）、オイリー・ウォレス（ts）

Esperanza Spalding

エスペランサ（エスペランサ・スポルディング）
1984-（アメリカ）

Emily's D+Evolution ——— ***218***
Concord | 2016年発表 | エスペランサ（vo, b）、マシュー・スティーヴンス（g）、コリー・キング、ナディア・ワシントン、エミリー・エルバート（bgvo）、ジャスティン・タイソン、カリーム・リギンス（ds）

Radio Music Society ——— ***221***
Heads Up | 2012年発表 | エスペランサ（vo, b）、ジョー・ロヴァーノ（ts）、レオ・ジェノヴェーゼ（key）、リチャード・ヴォグト（g）、リンドン・ロシェル、テリ・リン・キャリントン、ジャック・ディジョネット（ds）、Q-Tip（vo）、グレッチェン・パーラト、ベッカ・スティーヴンス、ジャスティン・ブラウン（bgvo）ほか

Esther Phillips

エスター・フィリップス
1935-1984（アメリカ）

And I Love Him ——— ***34***
Atlantic | 1964年6-10月 | エスター・フィリップス（vo）、レイ・エリス、モート・ガーソン（arr, cond）

Confessin' The Blues ——— ***35***
Atlantic | 1966年10月、70年1月 | エスター・フィリップス（vo）、オンジー・マシューズ（arr, cond）、ジャック・ウィルソン（p, el-p）、リチャード・ティー（org）、コーネル・デュプリー（el-g）、チャック・レイニー（el-b）、アイク・アイザックス（b）、ドナルド・ベイリー（ds）ほか

From A Whisper To A Scream ——— ***63***
Kudu | 1971年7-12月 | エスター・フィリップス（vo）、リチャード・ティー（org, p）、コーネル・デュプリー、エリック・ゲイル（g）、ゴードン・エドワーズ（el-b）、バーナード・パーディ（ds）、アイアート・モレイラ（per）、ジョン・エッカート、ジョン・ガッチェル（tp, flh）、サム・バーティス、ディック・グルフィン（tb）、ハンク・クロフォード（as）、フランク・ヴィカリ（ts, fl）、デイヴ・リーブマン（bs, fl）、ストリングス with ドン・セベスキー（arr, cond）、ピー・ウィー・エリス（arr, cond）ほか

Performance ——— ***64***
Kudu | 1974年 | エスター・フィリップス（vo）、ヒューバート・ロウズ（fl）、ペッパー・アダムス（bs）、リチャード・ティー、リチャ

ソン(p)、ハーブ・エリス(g)、レイ・ブラウン(b)、ジョー・ジョーンズ(ds)、ロイ・エルドリッジ(tp)、コニー・ケイ(ds) ほか

Ella Fitzgerald's Christmas — ***211***
Capitol | 1967年7月17、18日 | エラ・フィッツジェラルド(vo)、ラルフ・カーマイケル(arr, cond)

Ella In Berlin — ***83***
Verve | 1960年2月13日 | エラ・フィッツジェラルド(vo)、ポール・スミス(p)、ジム・ホール(g)、ウィルフレッド・ミドルブルックス(b)、ガス・ジョンソン(ds)

Ella In Budapest — ***63***
Pablo | 1970年5月20日 | エラ・フィッツジェラルド(vo)、トミー・フラナガン(p)、フランク・デラローサ(b)、エド・シグペン(ds)

Ella Sings Gershwin — ***174***
Decca | 46-54年 | エラ・フィッツジェラルド(vo)、エリス・ラーキンス(p) ほか

Ella Wishes You A Swinging Christmas — ***211***
Verve | 1960年7-8月 | エラ・フィッツジェラルド(vo)、フランク・デヴォール(arr, cond)

Jazz At The Santa Monica Civic '72 — ***58***
Pablo | 1972年6月2日 | エラ・フィッツジェラルド(vo)、トミー・フラナガン・トリオ、カウント・ベイシー・オーケストラ[カウント・ベイシー(p)、ジョージ・ミンガー、ポール・コーエン、ジョージ・コーン、ウェイモン・リード(tp)、ウィリアム・ヒューズ、メルヴィン・ワンゾー、フランク・フークス、アル・グレイ(tb)、ロバート・プラター、カーティス・ピーグラー(as)、エリック・ディクソン、ジミー・フォレスト(ts)、ジョン・ウィリアムス(bs)、フレディ・グリーン(g)、ノーマン・キーナン(b)、ハロルド・ジョーンズ(ds)]、ジェラルド・ウィルソン(arr)、マーティ・ペイチ(arr)、クインシー・ジョーンズ(arr)

Lullabies Of Birdland — ***82***
Decca | 1945、55年 | エラ・フィッツジェラルド(vo)、サム・テイラー(ts)、サイ・オリヴァー・オーケストラ ほか

Sings The Cole Porter Song Book Vol.1 — ***174***
Verve | 1956年2～3月 | エラ・フィッツジェラルド(vo)、バディ・ブレッグマン(arr, cond)

Sings The Cole Porter Song Book Vol.2 — ***174***
Verve | 1956年2-3月 | エラ・フィッツジェラルド(vo)、バディ・ブレッグマン(arr, cond)

Sings The Duke Ellington Song Book — ***83***
Verve | 1956、57年 | エラ・フィッツジェラルド(vo)、デューク・エリントン・オーケストラ[デューク・エリントン(p, arr, cond)、ウィリー・クック、キャット・アンダーソン、ハロルド・ベイカー(tp)、クラーク・テリー(tp, flh)、レイ・ナンス(tp, vln)、ブリット・ウッドマン、クェンティン・ジャクソン、ジョン・サンダース(tb)、ラッセル・プロコープ(as, cl, ss)、ジョニー・ホッジス(as)、ジミー・ハミルトン(ts, cl)、ポール・ゴンザルヴェス(ts)、ハリー・カーネイ(bs, cl, as)、ビリー・ストレイホーン(p)、ジミー・ウッド(b)、サム・ウッドヤード(ds)] ほか

Sings The George And Ira Gershwin Song Book — ***175***
Verve | 1959年 | エラ・フィッツジェラルド(vo)、ネルソン・リドル(arr, cond)

Songs In A Mellow Mood — ***106***
Decca | 1954年3月29、30日 | エラ・フィッツジェラルド(vo)、エリス・ラーキンス(p)

Ella Fitzgerald & Louis Armstrong

エラ・フィッツジェラルド&ルイ・アームスト

E

Eartha Kitt
アーサー・キット
1927-2008（アメリカ）

Thinking Jazz — ***105***
ITM | 1991年11月 | アーサー・キット(vo)、ロルフ・キューン（cl)、ジェリー・バーガンジィ（ts)、ヨアヒム・キューン(p)、イェスパー・ルンゴー（b)、ダニエル・ユメール(ds)

Edda Magnason
エッダ・マグナソン
1984-（スウェーデン）

Monica Z-Musiken Från Filmen — ***137***
Universal | 2013年発表 | エッダ・マグナソン（vo）ほか【サウンドトラック】

Eliane Elias
イリアーヌ(イリアーヌ・イライアス)
1960-（ブラジル）

Bossa Nova Stories — ***138***
Somethin'else | 2008年発表 | イリアーヌ(vo, p)、オスカー・カストロ・ネヴィス(g)、マーク・ジョンソン(b)、パウロ・ブラーガ(ds, per)、ロブ・マセス(arr, cond）ほか

I Thought About You — ***106***
Concord | 2012年 | イリアーヌ（vo)、マーク・ジョンソン（b)、ヴィクター・ルイス、ラファエル・バラタ(ds)、ランディ・ブレッカー（tp, flh)、スティーヴ・カーデナス(el-g)、オスカー・カストロ＝ネヴィス(g)、マリヴァルド・ドス・サントス(per)

Sings Jobim — ***137***
Somethin'else | 1997年 | イリアーヌ（vo, p, bgvo)、オスカー・カストロ・ネヴィス（g, vo, bgvo)、マーク・ジョンソン(b, bgvo)、パウロ・ブラガ(ds, bgo, bgvo)、マイケル・ブレッカー（ts）ほか

Elis Regina & Antonio Carlos Jobim
エリス・レジーナ&アントニオ・カルロス・ジョビン
Elis Regina: 1945-1982（ブラジル）
Antonio Carlos Jobim: 1927-1994（ブラジル）

Elis & Tom (Elis Regina, Antonio Carlos Jobim) — ***138***
Philips | 1974年2月22日-3月9日 | エリス・レジーナ(vo)、アントニオ・カルロス・ジョビン（p, vo)、セーザル・カマルゴ・マリアーノ（p, arr)、エーリオ・デルミーロ（g)、オスカー・カストロ・ネヴィス(g)、ルイザォン・マイア(b)、パウロ・ブラガ(ds）ほか

Ella Fitzgerald
エラ・フィッツジェラルド
1917-1996（アメリカ）

Ella & Basie — ***63***
Verve | 1963年7月15、16日 | エラ・フィッツジェラルド（vo)、カウント・ベイシー・オーケストラ［カウント・ベイシー(p)、ドン・レイダー、ジョー・ニューマン、ソニー・コーン、アル・アーロンズ、フィリップ・リカード（tp)、ヘンリー・コカー、ベニー・パウエル、グローヴァー・ミッチェル、アービー・グリーン(tb)、マーシャル・ロイヤル(as, cl)、フランク・ウェス（as, ts, fl)、エリック・ディクソン（ts, fl)、フランク・フォスター(ts)、チャーリー・フォークス(bs)、フレディ・グリーン(g)、バディ・カトレット(b)、ソニー・ペイン（ds)］、クインシー・ジョーンズ(arr)

Ella At The Opera House — ***83***
Verve | 1957年9月29日、10月7日 | エラ・フィッツジェラルド(vo)、オスカー・ピーター

Capitol | 1959年6月、60年3月 | ダイナ・ショア(vo)、アンドレ・プレヴィン(p)、レッド・ミッチェル(b)、フランク・キャップ(ds)

Dinah Washington

ダイナ・ワシントン

1924-1963 (アメリカ)

Dinah Jams —— ***62***

EmArcy | 1954年8月14日 | ダイナ・ワシントン(vo)、クリフォード・ブラウン、クラーク・テリー (tp)、ジュニア・マンス(p)、キーター・ベッツ(b)、マックス・ローチ(ds)、メイナード・ファーガソン(tp)、ハーブ・ゲラー (as)、ハロルド・ランド(ts)、リッチー・パウエル(p)、ジョージ・モロウ(b)

For Those In Love —— ***62***

EmArcy | 1955年3月15-17日 | ダイナ・ワシントン (vo)、クラーク・テリー (tp)、ジミー・クリーヴランド(tb)、ポール・クイニシェット(ts)、セシル・ペイン(bs)、ウィントン・ケリー (p)、バリー・ガルブレイス(g)、キーター・ベッツ(b)、ジミー・コブ(ds)、クインシー・ジョーンズ(arr)

Dodo Greene

ドド・グリーン

1924- (アメリカ)

Ain't What You Do —— ***105***

Time | 1950年代末 | ドド・グリーン (vo)、バート・コリンズ (tp)、スライド・ハンプトン(tb, arr)、ジェイ・キャメロン、リチャード・ヘンリー、ボブ・ニューマン(reed)、レイ・ブライアント(p)、ジョージ・タッカー (b)、ケニー・デニス、フランキー・ダンロップ(ds)

Donald Fagen

ドナルド・フェイゲン

1948- (アメリカ)

The Nightfly —— ***186***

Warner Bros. | 1981-82年 | ドナルド・フェイゲン (vo, syn, org, el-p, p, bgvo, horn arr)、グレッグ・フィリンゲインズ (el-p, clavinet, p, syn)、マイケル・オマーティアン (p, el-p)、ラリー・カールトン (el-g)、ヒュー・マクラッケン(el-g, hca)、マーカス・ミラー (el-b)、ジェフ・ポーカロ(ds)、スターツ・ヴァンダーロケット (per, bgvo)、ヴァレリー・シンプソン(bgvo)、ランディ・ブレッカー (tp, flh)、マイケル・ブレッカー (ts) ほか

Doris Day

ドリス・デイ

1922-2019 (アメリカ)

Duet (Doris Day, André Previn) —— ***187***

Columbia | 1961年11-12月 | ドリス・デイ (vo)、アンドレ・プレヴィン (p)、レッド・ミッチェル(b)、フランク・キャップ(ds)

Dorothy Collins

ドロシー・コリンズ

1926-1994 (カナダ)

Picnic —— ***13***

Coral | 1957年発表 | ドロシー・コリンズ (vo)、ジャック・ケイン(dir)

Double Six Of Paris, The

ディジー・ガレスピー&ザ・ダブル・シックス・オブ・パリ

1959結成 (フランス)

Dizzy Gillespie & The Double Six Of Paris —— ***160***

Philips | 1963年 | ザ・ダブル・シックス・オブ・パリ[ミミ・ペラン ほか] (vo)、ディジー・ガレスピー (tp, vo)、バド・パウエル (p)、ピエール・ミシュロ (b)、ケニー・クラーク(ds)

Turn Up The Quiet* — *33
Verve | 2017年 | ダイアナ・クラール（vo, p）、アンソニー・ウィルソン、ラッセル・マローン（g）、ジョン・クレイトン、クリスチャン・マクブライド（b）、ジェフ・ハミルトン、カリーム・リギンス（ds）、シャリ・サットクリフ（cond）、アラン・ブロードベント（arr, cond）ほか

Wallflower* — *221
Verve | 2015年発表 | ダイアナ・クラール（vo, p）、マイケル・ブーブレ、ブライアン・アダムス、ジョージィ・フェイム（vo）、デヴィッド・フォスター（p, key, arr）、ジョーイ・デフランセスコ（org）、ディーン・パークス、ブレイク・ミルズ、マイケル・トンプソン（g）、クリスチャン・マクブライド、デニス・クロウチ、ネイザン・イースト（b）、カリーム・リギンズ、ジム・ケルトナー、スティーヴ・ジョーダン（ds）

When I Look In Your Eyes* — *33
Verve | 1999年発表 | ダイアナ・クラール（vo, p）、ラッセル・マローン（g）、ジョン・クレイトン、ベン・ウルフ（b）、ジェフ・ハミルトン（ds）、ジョニー・マンデル（arr, cond）ほか

Diana Ross
ダイアナ・ロス
1944-（アメリカ）

Lady Sings The Blues* — *186
Motown | 1972年 | ダイアナ・ロス（vo）、ミシェル・ルグラン、ギル・アスキー（arr, cond）、ベニー・ゴルソン、オリヴァー・ネルソン（arr）ほか【サウンドトラック】

Stolen Moments* — *186
Motown | 1992年12月 | ダイアナ・ロス（vo）、ギル・アスキー（tp, arr）ほか

Diane Schuur & B.B. King
ダイアン・シューア・アンド・B.B.キング
Diane Schuur: 1953（アメリカ）
B.B. King: 1925-2015（アメリカ）

Heart To Heart (Diane Schuur & B.B. King)* — *149
GRP | 1994年発表 | ダイアン・シューア（vo）、B・B・キング（vo, g）、ランディ・ウォルドマン（p）、ポール・ヴィアピアノ（g）、チャック・バーグホーファー（b）、ヴィニー・カリウタ（ds）

Dianne Reeves
ダイアン・リーヴス
1956-（アメリカ）

For Every Heart* — *34
TBA | 1984年 | ダイアン・リーヴス（vo）、リチャード・カミングス（arr, cond）

When You Know* — *221
Blue Note | 2008年発表 | ダイアン・リーヴス（vo）、ビリー・チャイルズ、ジョージ・デューク、ジェフ・キーザー（p）、ホメロ・ルバンボ（g）、ラッセル・マローン（g）、デイヴ・カーペンター、リューベン・ロジャース、レジナルド・ヴィール（b）、アントニオ・サンチェス、グレッグ・ハッチンソン（ds）、レニー・カストロ（per）ほか

Dinah Shore
ダイナ・ショア
1916-1994（アメリカ）

Dinah Sings Some Blues With Red* — *104
Capitol | 1959-60年 | ダイナ・ショア（vo）、レッド・ノーヴォ（vib）、ジェリー・ドジオン（as, fl）、ビル・ミラー（p, cel）、ジミー・ワイブル（g）、ジョン・モッシャー（b）、ジョン・マーカム（ds）ほか

Dinah Sings, Previn Plays* — *105

(vo)、ジョニー・ダンクワース(dir)

Crusaders, The

クルセイダーズ

1971(ジャズ・クルセイダーズより改名)(アメリカ)

The Vocal Album* — *62

MCA | 1978-86年 | ランディ・クロフォード、ジョー・コッカー、B.B.キング、ボビー・ウーマック、ティナ・ターナー、ビル・ウィザース、ナンシー・ウィルソン、オールトリナ・グレイソン、ジョシー・ジェイムス、フローラ・プリム、ポーリン・ウィルソン(vo)、ザ・クルセイダーズ

Cyrille Aimée

シリル・エイメー

1984(フランス)

Just The Two Of Us (Cyrille Aimée & Diego Figueiredo)* — *220

Venus | 2010年5月27、28日 | シリル・エイメー(vo)、ディエゴ・フィゲレイド(g)

D

Dakota Staton

ダコタ・ステイトン

1930-2007(アメリカ)

Dakota Staton* — *82

Muse | 1990年2月7、8日 | ダコタ・ステイトン(vo)、ヒューストン・パーソン(ts)、ブロス・タウンゼント、デヴィッド・バークマン(p)、フレッド・ハンター、トニー・シェール(b)、ポーラ・ハンプトン(ds)

Dardanelle

ダーダネル

1917-1997(アメリカ)

The Two Of Us (Dardanelle, Vivian Lord)* — *149

Stash | 1983年8月19、20日 | ダーダネル(vo, p, vib)、ヴィヴィアン・ロード(p)、ジョージ・デュヴィヴィエ(b)、チャーリー・パーシップ(ds)

Dean Martin

ディーン・マーティン

1917-1995(アメリカ)

Dino: The Essential Dean Martin* — *13

Capitol, Reprise | 1949-69年 | ディーン・マーティン(vo) ほか

Dee Dee Bridgewater

ディー・ディー・ブリッジウォーター

1950-(アメリカ)

Dee Dee Bridgewater* — *82

Atlantic | 1976年頃 | ディー・ディー・ブリッジウォーター(vo)、ハロルド・ホイーラー(key)、クリフ・モーリス、ジェリー・フリードマン(g)、ハーブ・ブッシュラー(b)、アラン・シュワルツバーグ(ds) ほか

Diana Krall

ダイアナ・クラール

1964-(カナダ)

Christmas Songs* — *211

Verve | 2005年発表 | ダイアナ・クラール(vo, p)、ザ・クレイトン=ハミルトン・ジャズ・オーケストラ ほか

The Look Of Love* — *33

Verve | 2001年1-6月 | ダイアナ・クラール(vo, p)、ラッセル・マローン(g)、クリスチャン・マクブライド(b)、ピーター・アースキン(ds)、パウリーニョ・ダ・コスタ(per)、ロンドン・シンフォニー・オーケストラ、クラウス・オガーマン(orch arr, cond) ほか

Pacific Jazz | 1954、56、62年 | チェット・ベイカー (vo, tp)、ラス・フリーマン (p)、カーソン・スミス、ジミー・ボンド(b)、ボブ・ニール、ピーター・リットマン、ローレンス・マラブル(ds)、ジョー・パス(g)

It Could Happen To You — ***30***

Riverside | 1958年8月 | チェット・ベイカー (vo, tp)、ケニー・ドリュー (p)、ジョージ・モロウ、サム・ジョーンズ(b)、フィリー・ジョー・ジョーンズ、ダニー・リッチモンド(ds)

Sings And Plays — ***81***

Pacific Jazz | 1955年2月28日、3月7日 | チェット・ベイカー (vo, tp)、ラス・フリーマン(p)、カーソン・スミス(b)、ボブ・ニール(ds) ほか

Chris Connor

クリス・コナー

1927-2009 (アメリカ)

A Jazz Date With Chris Connor — ***31***

Atlantic | 1956年11-12月 | クリス・コナー (vo)、ジョー・ワイルダー (tp)、アル・コーン(ts)、ラルフ・シャロン(p, arr)、エディ・コスタ(vib)、オスカー・ペティフォード(b)、オシー・ジョンソン(ds) ほか

A Weekend In Paris — ***32***

FM | 1963年3月 | クリス・コナー (vo)、ミシェル・コロンビエ(dir)

At The Village Gate — ***32***

FM | 1963年 | クリス・コナー (vo)、ロニー・ボール(p)、マンデル・ロウ(g)、リチャード・デイヴィス(b)、エド・ショーネシー (ds)

Chris — ***30***

Bethlehem | 1953-55年 | クリス・コナー (vo)、サイ・オリヴァー・オーケストラ、エリス・ラーキンス・トリオ、ヴィニー・バーク・カルテット、ラルフ・シャロン・グループ

Chris In Person — ***31***

Atlantic | 1959年9月13日 | クリス・コナー (vo)、ビル・ルーベンスタイン(p)、ケニー・バレル(g)、エディ・デ・ハース(b)、レックス・ハンフリーズ(ds)

Classic — ***32***

Contemporary | 1986年8月5、6日 | クリス・コナー (vo)、クラウディオ・ロディッティ (tp, flh)、パキート・デリヴェラ (as)、マイケル・アベネ (key)、リチャード・ロドニー・ベネット(key, arr)、ルーファス・リード(b)、アキラ・タナ(ds)

Sings The George Gershwin Almanac Of Song — ***173***

Atlantic | 1957年2-5月 | クリス・コナー (vo)、ジョー・ニューマン(tp)、ハービー・マン (fl)、アル・コーン (as)、ラルフ・シャロン (p, arr)、ハンク・ジョーンズ (p)、エディ・コスタ (vib)、バリー・ガルブレイス (g)、ミルト・ヒントン、オスカー・ペティフォード(b)、オシー・ジョンソン(ds)、ジミー・クリーヴランド(arr) ほか

Sings Lulabys Of Birdland — ***30***

Bethlehem | 1953-54年 | クリス・コナー (vo)、エリス・ラーキンス・トリオ、ヴィニー・バーク・カルテット、サイ・オリヴァー・オーケストラ

This Is Chris — ***31***

Bethlehem | 1955年4月 | クリス・コナー (vo)、ラルフ・シャロン (p)、ミルト・ヒントン(b)、オシー・ジョンソン(ds)、ジョー・ピューマ (g)、ハービー・マン (fl)、カイ・ウィンディング、J.J.ジョンソン(tb)

Cleo Laine

クレオ・レーン

1927- (アメリカ)

Portrait — ***13***

Philips | 1970年代初め | クレオ・レーン

ラツ(b)、アル・フォスター（ds）

Hush-A-Bye ―― ***103***

SSJ | 1959年 | キャロル・スローン（vo）、ビル・フィネガン(cel)、チャック・ウェイン、バッキー・ピザレリ、ラルフ・パット（g）、ケニー・オブライエン(b)

When I Look In Your Eyes ―― ***103***

Concord | 1994年6月16、17日 | キャロル・スローン(vo)、ビル・チャーラップ(p)、ハワード・アルデン（g）、スティーヴ・ギルモア(b)、ロン・ヴィンセント(ds)

Carol Welsman

キャロル・ウェルスマン

1960-（カナダ）

Inclined ―― ***28***

Justin Time | 1996年10-11月 | キャロル・ウェルスマン（vo, p）、ゴードン・シェアード(syn)、ロブ・ピルチ(g)、ジョージ・コラー（b）、マーク・ケルソ（ds）、ブライアン・レナード(per)、フィル・ドワイヤー（ts, ss）ほか

Cassandra Wilson

カサンドラ・ウィルソン

1955-（アメリカ）

Blue Skies ―― ***29***

Bamboo/JMT | 1988年2月4、5日 | カサンドラ・ウィルソン(vo)、マルグリュー・ミラー（p）、ロニー・プラキシコ(b)、テリ・リン・キャリントン(ds)

Jump World ―― ***61***

JMT | 1989年7-8月 | カサンドラ・ウィルソン(vo)、ロッド・ウィリアムス(p, syn)、デヴィッド・ギルモア(g, el-g)、ケヴィン・ブルース・ハリス(el-b)、ロニー・プラキシコ(b)、マーク・ジョンソン（ds）、グレアム・ヘインズ(tp)、ロビン・ユーバンクス(tb)、グレッグ・オズビー、スティーヴ・コールマン(as)、ゲイリー・トーマス(ts) ほか

Loverly ―― ***29***

Blue Note | 2007年8月13-17日 | カサンドラ・ウィルソン（vo）、ニコラス・ペイトン(tp)、ジェイソン・モラン(p)、マーヴィン・スーウェル(ac-g, el-g)、ロニー・プラキシコ(b)、ハーリン・ライリー（ds）、レカン・ババロラ(per) ほか

Traveling Miles ―― ***29***

Blue Note | 1997-98年 | カサンドラ・ウィルソン（vo, ac-g）、マーヴィン・スーウェル(ac-g, el-g, Bouzuki)、ケヴィン・ブレイト（ac-g, el-g, mandolin, etc.）、ロニー・プラキシコ（b）、マーカス・ベイラー（ds, per）、ジェフリー・ヘインズ(per)、レジーナ・カーター（vln）ほか

Chaka Khan

チャカ・カーン

1953-（アメリカ）

Echoes Of An Era ―― ***185***

Elektra Musician | 1981-82年 | チャカ・カーン(vo)、フレディ・ハバード(tp, flh)、ジョー・ヘンダーソン(ts)、チック・コリア(p)、スタンリー・クラーク（b）、レニー・ホワイト(ds)

Chet Baker

チェット・ベイカー

1929-1988（アメリカ）

Chet Baker Sings ―― ***104***

Pacific Jazz | 1954、56年 | チェット・ベイカー（vo, tp）、ラス・フリーマン（p）、カーソン・スミス、ジミー・ボンド（b）、ボブ・ニール、ピーター・リットマン、ローレンス・マラブル(ds)

Chet Baker Sings [stereo] ―― ***104***

イモン (vo)、ウォーレン・バーンハート (p, syn, arr)、ヒュー・マクラッケン (g, ac-g)、アンソニー・ジャクソン(el-b)、リック・マロッタ (ds)、マイク・マイニエリ (arr, p, vib, marimba)、フィル・ウッズ(as)、マイケル・ブレッカー (ts)、ランディ・ブレッカー (tp)、ドン・セベスキー、マーティ・ペイチ(orchestra arr)

Carmen Lundy

カーメン・ランディ

1954- (アメリカ)

Something To Believe In ———— ***61***

Justin Time | 2003年7月 | カーメン・ランディ (vo)、アンソニー・ウォンジー (p, el-p)、カーティス・ランディ (b)、ヴィクター・ルイス(ds)、マーク・シム(ts, ss)、レジナ・カーター (vln) マイラ・カサレス(per)

Carmen McRae

カーメン・マクレエ

1922-1994 (アメリカ)

After Glow ———— ***28***

Decca | 1957年3月6日、4月18日 | カーメン・マクレエ (vo, p)、レイ・ブライアント、ロンネル・ブライト(p)、アイク・アイザックス (b)、スペックス・ライト(ds)

Blue Moon ———— ***28***

Decca | 1956年3月28-30日 | カーメン・マクレエ(vo)、ジミー・マンデイ、タッド・ダメロン(arr, cond)

Book Of Ballads ———— ***102***

Kapp | 1958年12月1、2日 | カーメン・マクレエ (vo)、ドン・アブニー (p)、ジョー・ベンジャミン (b)、チャーリー・スミス (ds)、フランク・ハンター (arr, cond)

By Special Request ———— ***27***

Decca | 1955年6月14、16日 | カーメン・マクレエ(vo, p)、ディック・カッツ (p)、マンデル・ロウ(g)、ウェンデル・マーシャル(b)、ケニー・クラーク(ds)、ハービー・マン(fl)、マット・マシューズ(accor) ほか

For Once In My Life ———— ***81***

Atlantic | 1967年4月10-12日 | カーメン・マクレエ(vo)、ジョニー・キーティング(arr, cond)

Something To Swing About ———— ***81***

Kapp | 1959年11月10-12日 | カーメン・マクレエ (vo)、アーニー・ウィルキンス (arr, cond)

Torchy! ———— ***27***

Decca | 1955年12月16、29日 | カーメン・マクレエ (vo)、ジャック・プレイズ (arr)、ラルフ・バーンズ(arr, cond)

When You're Away ———— ***102***

Kapp | 1959年3月3-10日 | カーメン・マクレエ (vo)、ルーサー・ヘンダーソン (arr, cond)

Carmen McRae & Betty Carter

カーメン・マクレエ & ベティ・カーター

Betty Carter: 1929-1998 (アメリカ)

Duets: Live At The Great American Music Hall ———— ***149***

Verve | 1987年1-2月 | カーメン・マクレエ、ベティ・カーター (vo)、エリック・ガニソン (p)、ジム・ヒューアート (b)、ウィナード・ハーパー (ds)

Carol Sloane

キャロル・スローン

1937- (アメリカ)

But Not For Me ———— ***103***

CBS/Sony | 1986年10月28、29日 | キャロル・スローン (vo)、フランク・ウェス (ts, fl)、トミー・フラナガン(p)、ジョージ・ム

Columbia | 1935-47年 | キャブ・キャロウェイ(vo)、ドク・チータム、エド・スウェイジー、ラマー・ライト (tp)、デプリースト・ホイーラー、ハリー・ホワイト、クロード・ジョーンズ (tb)、アンドリュー・ブラウン、ソーントーン・ブルー、アーヴィル・ハリス、ウォルター・トーマス(sax)、ベニー・ペイン(p)、モーリス・ホワイト(g)、アル・モーガン(b)、リロイ・マキシー (ds) ほか

Cæcilie Norby

セシリア・ノービー

1964- (デンマーク)

Cæcilie Norby ―――― ***12***

Blue Note | 1994年9月17、19日 | セシリア・ノービー (vo, arr)、ニルス・ラン・ドーキー (p, arr)、ヤコブ・フィッシャー (g)、レナート・ジンマン (b)、ビリー・ハート (ds)、ランディ・ブレッカー (tp) ほか

My Corner Of The Sky ―――― ***12***

Blue Note | 1996年3月13-19日 | セシリア・ノービー (vo, arr)、デヴィッド・キコスキー (p, org)、ラース・ダニエルソン (b)、テリ・リン・キャリントン(ds, per)、マイケル・ブレッカー (ts)、ニルス・ラン・ドーキー (arr) ほか

Queen of Bad Excuses ―――― ***80***

Blue Note | 1999年3月 | セシリア・ノービー (vo)、ベン・ベシアコフ (p, el-p)、ラース・ダニエルソン (p, el-p, key, g, cello, strings, ds)、ザヴィエール・デサンドレ＝ナヴァレ (per)、アンダーシュ・シェルベリ (ds, cymbal, chimes)、ハンス・ウルリク (ts)、ジョン・スコフィールド(g) ほか

Caetano Veloso

カエターノ・ヴェローゾ

1942- (ブラジル)

Caetanissimo! ―――― ***136***

Philips | 1975-89年 | カエターノ・ヴェローゾ(vo) ほか

Fina Estampa ―――― ***137***

Philips | 1994年発表 | カエターノ・ヴェローゾ(vo) ほか

Camille Bertault

カミーユ・ベルトー

1986- (フランス)

En Vie ―――― ***12***

Sunnyside | 2015年5月 | カミーユ・ベルトー (vo)、ギルダ・ボクレ(b)、アントワーヌ・パガノッティ (ds)

Carly Simon

カーリー・サイモン

1945- (アメリカ)

Moonlight Serenade ―――― ***185***

Columbia | 2004-05年 | カーリー・サイモン (vo)、リー・ソーンバーグ (tp, flh, tb)、ラリー・ルネッタ (tp)、ダグ・ウェブ (cl, fl, sax)、トム・エヴァンス (sax)、マイク・トンプソン (p, el-p, syn, vib, arr)、ジム・コックス (p)、アンディ・チャカーマン (syn, arr)、クリス・ゴールデン (b)、ジョン・フェラノ(ds)、サミー・メレンディノ(per)、ストリングス、リチャード・ペリー(arr) ほか

My Romance ―――― ***185***

Arista | 1990年発表 | カーリー・サイモン (vo, p)、マイケル・コサリン(p)、ジミー・ライアン(g)、ジェイ・レオンハート(b)、スティーヴ・ガッド (ds)、ゴードン・ゴットリーブ (per)、マイケル・ブレッカー (sax)、マーヴィン・スタン (tp)、マーティ・ペイチ (arr, cond) ほか

Torch ―――― ***184***

Warner Bros. | 1981年発表 | カーリー・サ

Blossom Dearie
ブロッサム・ディアリー
1924-2009（アメリカ）
Blossom Dearie ——— ***126***
Verve | 1956年9月、59年4月 | ブロッサム・ディアリー（vo, p）、ハーブ・エリス、ケニー・バレル（g）、レイ・ブラウン（b）、ジョー・ジョーンズ、エド・シグペン（ds）
Soon It's Gonna Rain ——— ***101***
Fontana | 1967年 | ブロッサム・ディアリー（vo）、レグ・ゲスト（arr）
Sweet ——— ***102***
Philips | 1963年 | ブロッサム・ディアリー（vo, p）、フレディ・ローガン（b）、アラン・ガンリー（ds）

Blue Stars Of France, The
ブルー・スターズ
1954結成（フランス）
Pardon My English ——— ***159***
Mercury | 1957-58年 | ブルー・スターズ（vo）、クリスチャン・シュヴァリエ（p）、ロジェ・ゲラン（tp）、ジャン・メルカディエ（p, as）ほか

Boz Scaggs
ボズ・スキャッグス
1944-（アメリカ）
Speak Low ——— ***183***
Decca | 2008年 | ボズ・スキャッグス（vo, g）、ボブ・シェパード（reeds）、ギル・ゴールドスタイン（p, el-p, org, accor, arr）、マイク・マイニエリ（vib, marimba）、スコット・コーリー（b）、アレックス・アクーニャ（ds, per）ほか

Brigitte Fontaine
ブリジット・フォンテーヌ
1940-（フランス）
Comme À La Radio ——— ***136***
Saravah | 1969年11月15日 | ブリジット・フォンテーヌ（vo）、アート・アンサンブル・オブ・シカゴ［レスター・ボウイ（tp）、ロスコー・ミッチェル（fl）、ジョセフ・ジャーマン（sax, oboe）、マラカイ・フェイヴァース（b）］、アレスキー（per, vo）ほか

Bruce Hornsby
ブルース・ホーンズビー
1954-（アメリカ）
Absolute Zero ——— ***184***
Zappo | 2019年発表 | ブルース・ホーンズビー（vo, p, org, dulcimer, vln, b, ds, per, arr）、ギブ・ドロール（g）、J.V.コリアー（b）、ジャック・ディジョネット（ds）、ステイヴス（bgvo）、YMusic（ensemble）、オーケストラ・オブ・セント・ハンクズ、ロブ・ムース（arr）ほか

Bryan Ferry
ブライアン・フェリー
1945-（イギリス）
As Time Goes By ——— ***184***
Virgin | 1999年発表 | ブライアン・フェリー（vo, arr）、エンリコ・トマッソ（tp）、マルコム・アール・スミス（tb）、ジム・トムリンソン（as, cl）、コリン・グッド（p）、ニルス・ソルバーグ（g）、リチャード・ジェフリーズ（b）、ジョン・サットン（ds）ほか

C

Cab Calloway
キャブ・キャロウェイ
1907-1994（アメリカ）
Hi De Ho Man ——— ***80***

Billie Holiday* ——— *26
Commodore | 1939年4月20日、44年3-4月 | ビリー・ホリデイ (vo)、フランキー・ニュートン、ドク・チータム(tp)、ヴィック・ディッカーソン(tb)、タブ・スミス、レム・デイヴィス(as)、スタン・ペイン、ケネス・ホロン (ts)、ソニー・ホワイト、エディ・ヘイウッド(p)、ジミー・マクリン(g)、ジョン・ウィリアムス、ジョン・シモンズ (b)、エディ・ダハティ、シドニー・カトレット(ds) ほか

Lady Day* ——— *80
Columbia | 1935-40年 | ビリー・ホリデイ (vo)、ロイ・エルドリッジ (tp)、ベニー・グッドマン(cl)、ベン・ウェブスター (ts)、テディ・ウィルソン (p)、ジョン・トゥルーハート(g)、ジョン・カービー (b)、コージー・コール(ds) ほか

Lady In Satin* ——— *125
Columbia | 1958年2月19-21日 | ビリー・ホリデイ(vo)、レイ・エリス(arr, cond)

Lady Sings The Blues* ——— *101
Verve | 1954年9月3日、1956年6月7日 | ビリー・ホリデイ(vo)、ハリー・エディソン、チャーリー・シェイヴァース(tp)、トニー・スコット(cl, arr)、ウィリー・スミス(as)、ポール・クィニシェット(ts)、ボビー・タッカー、ウィントン・ケリー(p)、バーニー・ケッセル、ケニー・バレル (g)、レッド・カレンダー、アーロン・ベル (b)、チコ・ハミルトン、レニー・マクブラウン(ds)

Lover Man* ——— *125
Decca | 1944-50年 | ビリー・ホリデイ(vo)、ボビー・タッカー (p)、マンデル・ロウ(g)、ジョン・レヴィ (b)、デンジル・ベスト(ds)、ボブ・ハガート・オーケストラ、ゴードン・ジェンキンス(arr, cond) ほか

Solitude* ——— *26
Clef | 1952年5月頃 | ビリー・ホリデイ (vo)、オスカー・ピーターソン(p)、バーニー・ケッセル (g)、レイ・ブラウン (b)、アルヴィン・ストーラー、J.C.ハード (ds)、チャーリー・シェイヴァース(tp)、フリップ・フィリップス(ts)

Bing Crosby

ビング・クロスビー
1903-1977 (アメリカ)

Bing: A Musical Autobiography* ——— *11
Decca | 1954年4-6月 | ビング・クロスビー (vo)、ジョン・スコット・トロッター・オーケストラ ほか

Merry Christmas* ——— *210
Decca | 1942-51年 | ビング・クロスビー (vo)、アンドリュース・シスターズ(vo)、ケン・ダービー・シンガーズ(cho)、ヴィック・ショーエン・オーケストラ、ジョン・スコット・トロッター・オーケストラ、ほか【コンピレーション】

Sings Songs By George Gershwin* ——— *172
Decca | 1936-56年 | ビング・クロスビー (vo)、バディ・コール・トリオ、マティ・マルネック・オーケストラ、ヴィクター・ヤング・オーケストラ、スコット・トロッター・オーケストラ

Bing Crosby & Rosemary Clooney

ビング・クロスビー&ローズマリー・クルーニー
Rosemary Clooney: 1928-2002 (アメリカ)

Fancy Meeting You Here* ——— *136
RCA Victor | 1958年7月 | ビング・クロスビー、ローズマリー・クルーニー (vo)、ビリー・メイ(arr, cond)

Weightless (Becca Stevens Band)* — *219
Sunnyside | 2011年発表 | ベッカ・スティーヴンス・バンド［ベッカ・スティーヴンス(vo, g, etc)、リアム・ロビンソン(p, key, etc)、クリス・トルディーニ(b, etc)、ジョーダン・パールソン(ds, perc, etc)］、グレッチェン・パーラト(vo)、ラリー・キャンベル(g)

Betty Bennett
ベティ・ベネット
1921-（アメリカ）
Nobody Else But Me* — *11
Atlantic | 1955年10月4―7日 | ベティ・ベネット(vo)、アンドレ・プレヴィン(p, arr)、バーニー・ケッセル(g)、ラルフ・ペナ(b)、シェリー・マン(ds)、ショーティ・ロジャース(tp, arr)、ハリー・クリー(as, fl)、ボブ・クーパー(ts)、ジミー・ジュフリー(bs, arr) ほか

Betty Blake
ベティ・ブレイク
1937-2001（アメリカ）
Betty Blake Sings In A Tender Mood* — *100
Bethlehem | 1960年頃 | ベティ・ブレイク(vo)、マーカス・ベルグレイヴ(tp)、ズート・シムズ(ts)、ローランド・アレキサンダー(ts, arr)、テディ・チャールズ(vib, arr)、マル・ウォルドロン(p, arr)、ケニー・バレル(g)、アディソン・ファーマー、ユースティス・ギルメット(b)、エド・ショーネシー、チャーリー・パーシップ(ds)

Betty Carter
ベティ・カーター
1929-1998（アメリカ）
Dropping Things* — *100
Verve | 1990年5月25、26日 | ベティ・カーター(vo)、マーク・キャリー(p)、タラス・マティーン(b)、グレッグ・ハッチンソン(ds)、フレディ・ハバード(tp)、クレイグ・ハンディ(ts)
Meet Betty Carter And Ray Bryant* — *60
Epic | 1955年5月13、16日 | ベティ・カーター(vo)、レイ・ブライアント(p)、ウェンデル・マーシャル(b)、フィリー・ジョー・ジョーンズ(ds)、ジェローム・リチャードソン(fl)、クインシー・ジョーンズ(arr)
Round Midnight* — *100
Atco | 1962年8月-63年1月 | ベティ・カーター(vo)、コンテ・カンドリ(tp)、リッチー・カミュカ(ts)、ラス・フリーマン(p)、モンティ・バドウィッグ(b)、シェリー・マン(ds)、オリヴァー・ネルソン(arr, cond)
The Modern Sound Of Betty Carter* — *60
ABC Paramount | 1960年8月 | ベティ・カーター(vo)、リチャード・ウェス(arr, cond)

Billie Holiday
ビリー・ホリデイ
1915-1959（アメリカ）
All Or Nothing At All* — *27
Verve | 1956-57年 | ビリー・ホリデイ(vo)、ハリー・スウィーツ・エディソン(tp)、ベン・ウェブスター(ts)、ジミー・ロウルズ(p)、バーニー・ケッセル(g)、ジョー・モンドラゴン、レッド・ミッチェル(b)、アルヴィン・ストーラー、ラリー・バンカー(ds)
At Monterey 1958* — *101
Black Hawk | 1958年10月5日 | ビリー・ホリデイ(vo)、マル・ウォルドロン(p)、エディ・カーン(b)、ディック・バーク(ds)、バディ・デフランコ(cl)、ベニー・カーター(as)、ジェリー・マリガン(bs)

アンドレアス・ロトミストロウスキー (b)、ジョーダン・パールソン (ds)、小川慶太、マルセロ・ウォロスキ(per) ほか

Barbara Lea

バーバラ・リー
1929-2011 (アメリカ)

Barbara Lea* — *79
Prestige | 1956年10月18、19日 | バーバラ・リー (vo)、ジョニー・ウインドハースト(tp)、ディック・キャリー (alto horn)、リチャード・ロウマン (p)、アル・カサメンティ (g)、アル・ホール(b)、オシー・ジョンソン(ds)

Lea In Love* — *99
Prestige | 1957年4-5月 | バーバラ・リー(vo)、ジョニー・ウインドハースト(tp)、アーニー・カセラス(bs)、ディック・キャリー (p, alto horn)、ジミー・ライオン (p, cel)、ジミー・レイニー (g)、アル・カサメンティ、アル・ホール、ビヴァリー・ピアー (b)、オシー・ジョンソン(ds) ほか

Barry Manilow

バニー・マニロウ
1943- (アメリカ)

2:00 Am Paradise Cafe* — *183
Arista | 1984年4月20、21日 | バニー・マニロウ(vo, p, arr)、サラ・ヴォーン、メル・トーメ (vo)、ビル・メイズ (p, el-p)、マンデル・ロウ (g)、ジョージ・デュヴィヴィエ (b)、シェリー・マン (ds)、ジェリー・マリガン(bs)

Beady Belle

ビーディー・ベル
1999- (ノルウェー)

Belvedere* — *26
Jazzland | 2008年発表 | ビーディー・ベル [ベアテ・レック(vo, bgvo, arr)、マリュス・レクショー (b, el-b)]、ヨルン・オーイエン (key)、エリック・ホルム(ds) ほか

Becca Stevens

ベッカ・スティーヴンス
1984- (アメリカ)

Perfect Animal (Becca Stevens Band)* — *220
Core Port | 2014年 | ベッカ・スティーヴンス・バンド [ベッカ・スティーヴンス (vo, g, etc)、リアム・ロビンソン(vo, p, key)、クリス・トルディーニ(vo, b)、ジョーダン・パールソン(ds, per)]

Regina* — *220
Core Port | 2016年 | ベッカ・スティーヴンス (vo, g, etc)、ジェイコブ・コリアー (vo, p, etc)、リアム・ロビンソン (p, key, etc)、オリ・ロックバーガー (p)、マイケル・リーグ (bgvo, g, b, ds, etc)、クリス・トルディーニ (b, etc)、ジョーダン・パールソン (ds, perc, etc)、トロイ・ミラー (ds, etc)、アタッカ・クァルテット

Steve Haines And The Third Floor Orchestra* — *20
Justin Time | 2017-18年 | ベッカ・スティーヴンス (vo)、スティーヴ・ヘインズ (b, arr) ・アンド・ザ・サード・フロアー・オーケストラ、ケヴィン・ジェラルディ (cond) ほか

Tea Bye Sea (Becca Stevens Band)* — *219
Core Port | 2008年 | ベッカ・スティーヴンス・バンド [ベッカ・スティーヴンス (vo, g, etc)、リアム・ロビンソン(voice, p, etc)、クリス・トルディーニ(voice, b, etc)、トミー・クレーン(voice, ds, frh)、コリン・キラレア (voice, g, ss, ts)]、デコダ・ストリング・カルテット

Capitol | 1958年5月7、8日 | アン・リチャーズ (vo)、ウォーレン・バーカー (arr)、ブライアン・ファーノン(cond)

Anna Maria Jopek
アンナ・マリア・ヨペック
1970- (ポーランド)
***Ulotne (Anna Maria Jopek & Branford Marsalis)* — 135**
AMJ | 2015年12月17年11月 | アンナ・マリア・ヨペック (vo)、ブランフォード・マルサリス (ts, ss)、ピヨートル・ナザルク (fl, bcl, zither, vo)、クリストフ・ヘルジン (p, cl, fl, harp)、マルチン・ボシレフスキ (p)、ロバート・クビスジン (b)、ミノ・シネル (per)、ストリング・カルテット

Anneli Drecker
アンネリ・ドレッカー
1969- (ノルウェー)
***A Suite Of Poems (Ketil Bjørnstad, Anneli Drecker)* — 226**
ECM | 2018年発表 | アンネリ・ドレッカー (vo)、ケテル・ビヨルンスタ (p)

Annette Peacock
アネット・ピーコック
1941- (アメリカ)
***The Perfect Release* — 60**
Aura | 1979年 | アネット・ピーコック (vo)、マックス・ミドルトン (key)、ロバート・アーワイ (g)、ジョン・マッケンジー (b)、リチャード・ベイリー (ds)、ダリル・リー・キュー (per)、レノックス・ラングトン (steel d, per)

Annie Ross
アニー・ロス
1930- (イギリス)
***A Gasser!* — 78**
World Pacific | 1959年3月 | アニー・ロス (vo)、ラス・フリーマン (p)、ジム・ホール (g)、モンティ・バドウィック (b)、メル・ルイス (ds)、ズート・シムズ (ts) ほか
***Fill My Heart With Songs* — 79**
Decca | 1963年6-7月 | アニー・ロス (vo)、ジョニー・スペンス (arr, cond)
***Sings A Song With Gerry Mulligan* — 79**
World Pacific | 1957年12月、58年9月 | アニー・ロス (vo)、ジェリー・マリガン (bs)、チェット・ベイカー、アート・ファーマー (tp)、ヘンリー・グライムス、ビル・クロウ (b)、デイヴ・ベイリー (ds)

Astrud Gilberto
アストラッド・ジルベルト
1940- (ブラジル)
***Look To The Rainbow* — 134**
Verve | 1965-66年 | アストラッド・ジルベルト (vo)、ギル・エヴァンス (arr, cond)
***The Astrud Gilberto Album* — 135**
Verve | 1965年1月27、28日 | アストラッド・ジルベルト (vo)、アントニオ・カルロス・ジョビン (g, vo)、マーティ・ペイチ (arr, cond)
***The Shadow Of Your Smile* — 135**
Verve | 1964-65年 | アストラッド・ジルベルト (vo)、ドン・セベスキー (arr, cond)

B

Banda Magda
バンダ・マグダ
2010結成 (アメリカ)
***Tigre* — 219**
Verve | 2017年発表 | マグダ・ヤニクゥ (vo, p, accor)、イグナシオ・ヘルナンデス (g)、

A

Aaron Neville
アーロン・ネヴィル
1941- (アメリカ)
Nature Boy: The Standards Album — ***25***
Verve | 2003年1月5-7日 | アーロン・ネヴィル (vo)、ロブ・マウンジー (p, org, key, per)、アンソニー・ウィルソン (g)、ロン・カーター (b)、グラディ・テイト(ds)、ロイ・ハーグローヴ (tp, flh)、マイケル・ブレッカー (ts) ほか

Abbey Lincoln
アビー・リンカーン
1930-2010 (アメリカ)
A Turtle's Dream — ***99***
Gitans | 1994年5-12月 | アビー・リンカーン (vo)、ロドニー・ケンドリック (p)、チャーリー・ヘイデン(b)、ヴィクター・ルイス(ds)、ロイ・ハーグローヴ(tp)、クリスチャン・マクブライド (b)、ジュリアン・ルーロウ (ts, ss)、ケニー・バロン(p)、パット・メセニー (g) ほか

Adela Dalto
アデラ・ダルト
1953- (アメリカ)
A Brazilian Affair — ***77***
Venus | 1994年3、9月 | アデラ・ダルト (vo, bgvo)、ジェリー・ゴンザレス (tp, per)、チャーリー・セパルヴェダ (flh)、トム・マローン (tb)、デヴィッド・サックス (woodwinds)、セルジオ・ブランダオ (cavaquinho, b)、ディック・オーツ(sax)、アロイシオ・アグイアー (p, key)、ホメロ・ルバンボ、エルナン・ホメロ、カルロス・ムニョス(g)、ニルソン・マッタ、グレッグ・ジョーンズ (b)、リッキー・セバスチャン、ポルティーニョ(ds)、カフェ、チャールズ・ネグリータ、フランク・コロン、ニッキー・マレロ、カニエル・ペンス(per) ほか

Akiko Yano
矢野顕子
1955- (日本)
Welcome Back — ***183***
Midi | 1988-89年 | 矢野顕子 (vo, p, syn, arr)、坂本龍一 (syn, arr)、パット・メセニー (g)、チャーリー・ヘイデン(b)、アンソニー・ジャクソン(el-b)、ピーター・アースキン(ds, per) ほか

Al Jarreau
アル・ジャロウ
1940-2017 (アメリカ)
Al Jarreau And The Metropole Orkest Live — ***59***
Concord | 2011年4月8、9日 | アル・ジャロウ (vo)、ヴィンス・メンドーザ (arr, cond)、ザ・メトロポール・オルケスト

Andrews Sisters, The
アンドリュース・シスターズ
1925結成 (アメリカ)
Bei Mir Bist Du Schön — ***159***
Universal | 1937-48年 | アンドリュース・シスターズ(vo) 【コンピレーション】

Andy Williams
アンディ・ウィリアムス
1927-2012 (アメリカ)
Young At Heart — ***11***
SSJ | 1960年 | アンディ・ウィリアムス (vo)、ハンク・ジョーンズ (p)、バリー・ガルブレイス、マンデル・ロウ(g)、エディ・

楽器略号

＊ここに掲載されていない楽器は楽器名をそのまま表記しています。

accor.....アコーディオン
afl...........アルト・フルート
arr...........編曲
as............アルト・サックス
b.............ベース
bcl..........バス・クラリネット
bfl...........バス・フルート
bgo.........ボンゴ
bgvo......バックグラウンド・ヴォーカル
bjo..........バンジョー
bs............バリトン・サックス
btb..........バス・トロンボーン
cel...........セレステ
cga.........コンガ
cho.........コーラス
cl.............クラリネット
cond......指揮者
cor..........コルネット
dir...........指揮
ds............ドラムス
el-............エレクトリック
fl..............フルート
flh...........フリューゲルホーン
frh..........フレンチホルン
g..............ギター
hca.........ハーモニカ
key.........キーボード
org.........オルガン
p..............ピアノ
per..........パーカッション
ss............ソプラノ・サックス
syn.........シンセサイザー
tb............トロンボーン
tp............トランペット
ts.............テナー・サックス
tu............チューバ
vib...........ヴァイブラフォン
vla...........ヴィオラ
vln...........ヴァイオリン
vo............ヴォーカル
vtb..........ヴァルブ・トロンボーン

ヴォーカリスト別データ&索引

データ＆索引の見方

＊本書に収録されているアルバムを**ヴォーカリスト、グループ別**に分類しています。データ＆索引は下記の構成になっています。

なお、《PART 2》第５章「日本のジャズ・ヴォーカル」のアルバムは、末尾にまとめて掲載しています。

①……… **Carmen McRae**

②……… カーメン・マクレエ

③……… 1922-1994（アメリカ）

④……… ***After Glow*** ———— ***28*** ………⑥

⑤……… Decca | 1957年3月6日、4月18日 | カーメン・マクレエ（vo, p）、レイ・ブライアント、ロンネル・ブライト(p)、アイク・アイザックス(b)、スペックス・ライト(ds)

① ヴォーカリスト、グループ名（欧文表記）
冠詞を除きアルファベット順に掲載

② ヴォーカリスト、グループ名（カタカナ表記）

③ 生没年、グループ結成年など。（　）内は出身国

④ アルバム・タイトル（原題）
同一ヴォーカリスト、グループで複数ある場合はアルファベット順に掲載

⑤ レコーディング・データ
「レーベル｜録音年月日または発表年｜参加ミュージシャンと担当楽器」の順に掲載。
楽器略号は317ページをご覧ください。【コンピレーション】は、シングル盤や異なるアルバムなどからの音源を集めたアルバムです。

⑥ 本文掲載ページ

後藤雅洋［ごとう・まさひろ］

１９４７年東京生まれ。慶應義塾大学在学中の67年、東京・四谷にジャズ喫茶「いーぐる」を開店。店主として50年以上店に立ち続ける一方、ジャズ評論家としても多数の著作を刊行。ジャズの魅力を精力的に伝道している。膨大な量に加え、偏向することのないニュートラルなジャズ聴取体験に基づく具体的かつ明晰な文章は、ジャズマニアのみならず多くの音楽ファンから圧倒的な支持を得ている。主な著書は『一生モノのジャズ名盤５００』『厳選５００ジャズ喫茶の名盤』（小学館）、『ジャズ完全入門！』『新ジャズの名演・名盤』などがある。

一生モノのジャズ・ヴォーカル名盤５００

二〇二〇年二月四日　初版第一刷発行

著者　後藤雅洋
発行人　水野麻紀子
発行所　株式会社小学館
〒一〇一－八〇〇一　東京都千代田区一ツ橋二ノ三ノ一
電話　編集：〇三－三二三〇－五八九〇
販売：〇三－五二八一－三五五五

印刷・製本　中央精版印刷株式会社

Printed in Japan ISBN 978-4-09-825366-1